이패스 소방사관 동영상 강의
www.kfs119.co.kr

2025
소방공무원
시험대비

진수眞髓(가장 중요하고 본질적인)
소방학개론
단원별 기출·예상문제

저자 김진수

**470제 이상의
기출·예상문제를 통해
실력 UP!**

소방학개론 출제 경향 분석
2024 최신 기출문제 반영
문항별 상세한 해설 수록

epasskorea

머 / 리 / 말

안녕하세요, 소방관을 꿈꾸는 예비 소방공무원 여러분! 이패스 소방사관의 김진수입니다.
"First In, Last Out"이라는 문구는 소방공무원을 꿈꾸는 분들에게 익숙할 것입니다.

여러분의 헌신적인 마음을 존경하며, 꿈을 이룰 수 있도록 『김진수 소방학개론 단원별 문제풀이』를 집필했습니다. 이 책은 「소방공무원 채용시험에 관한 예규」에 맞춰 작성되었습니다.

이 책의 주요 특징은 다음과 같습니다.

기본에 충실한 문제
소방학개론 기본서를 충실히 학습했다면 충분히 해결할 수 있는 문제들입니다.

파트별 연습문제
각 단원별 예상문제와 기출 문제를 수록하여 문제 유형을 바로 확인할 수 있습니다.

알찬 해설
각 문제마다 정확한 해설을 제공하여 문제를 이해하는 데 도움이 됩니다.

소방학개론은 소방공무원 시험에서 중요한 과목으로, 이를 이해하는 것은 합격에 필수적입니다. 이 책은 소방학개론 관련 모든 주제를 다루며, 실전 시험에 대비한 내용을 중점적으로 다룹니다. 과거 시험 문제를 바탕으로 예상 문제와 핵심 내용을 집중적으로 설명하며, 공부한 내용을 실전에서 얼마나 잘 활용할 수 있는지 확인할 수 있습니다.

마지막으로, 이 책은 소방공무원 시험 대비를 효율적으로 할 수 있도록 구성되었습니다.
이 책을 통해 자신감을 키우고, 소방공무원 시험 합격에 큰 도움이 되기를 바랍니다.
여러분 모두 멋진 소방관의 꿈을 이루길 기원합니다!

2024년 7월
저자 김진수

소방학개론 출제 범위(제3조 관련)

분 야		내 용
소방조직	1) 소방조직	– 소방의 발전 과정 – 소방행정체제와 기능 및 책임 – 소방조직관리의 기초이론 – 소방자원관리(인적, 물적, 재정적 자원관리 개요) – 민간 소방조직의 종류와 역할 (의용소방대, 소방안전관리자, 위험물안전관리자, 소방시설 설계·시공·감리·점검, 소방용 기계·기구의 제조·검정)
	2) 소방기능	– 화재의 예방·경계·진압·조사활동 – 소방시설의 설치유지 및 안전관리 – 위험물 안전관리 – 구조·구급 행정관리와 구조·구급 활동 – 재난대응활동 등 소방조직 및 소방기능 관련 내용
재난관리	1) 재난 및 재난관리의 개념	– 재난의 특징과 유형 – 재난관리의 개념과 단계별 관리사항
	2) 우리나라의 재난관리 (재난 및 안전관리기본법)	– 안전관리기구 및 기능 – 긴급구조 – 안전관리계획, 예방, 대비, 응급대책, 복구, 재정 및 보상 등 재난관리 관련 내용
연소이론	1) 연소개요 등	– 연소 반응식과 에너지 수지 – 연소의 조건 및 형태 – 발화의 조건 및 과정
	2) 연기 및 화염	– 연기의 정의 – 연소 가스 – 화염의 형태 및 열방사 – 열전달 방식 등 연소 관련 내용
	3) 폭발개요 및 분류	– 폭발의 조건 – 화학적 폭발 (물리적 폭발과 개념 구분) – 기상 폭발과 응상 폭발 – 폭연과 폭굉 – 가스·분진·분해 폭발 – BLEVE 등 폭발 관련 내용
화재이론	1) 화재의 정의 및 분류	– 화재의 정의 – 화재의 종류(일반, 유류, 전기, 금속, 가스)와 종류별 기본 소화 방법
	2) 건물화재의 성상	– 화재의 진행단계별 특성 – 특수현상(플래시오버, 백드래프트 등)과 대처법
	3) 위험물화재의 성상	– 위험물의 류별(제1류~제6류) 특성과 소화방법 – 보일오버 등 위험물 화재의 특수 현상과 대처법
	4) 화재조사	– 화재조사의 개요(목적, 방법, 절차 등) – 화재 원인 및 피해 조사 기초 등 화재 관련 내용
소화이론	1) 소화 원리	– 소화의 기본 원리(방법) – 소화 방법(냉각·질식·제거·부촉매 효과)별 소화 수단
	2) 소화약제	– 물 소화약제 소화원리 – 포 소화약제 소화원리 – 이산화탄소 소화약제의 소화원리 – 분말 소화약제 종류와 특성 및 소화원리 – 청정소화약제의 개념과 요건
	3) 소방시설	– 소화설비의 종류와 작동 원리 – 경보설비의 종류와 작동 원리 – 피난설비의 종류와 사용법 – 소화용수설비의 종류와 사용법 – 소화활동설비의 종류와 사용법 등 소화 관련 내용 ※ 소방시설의 구체적 설치기준 제외

출제경향분석

최근 6개년 출제 현황

출제파트(챕터)			19년	20년	21년	22년	23년	24년	계	비중
Ⅰ 연소이론		연소반응식과 에너지 수지	1			1			1	1%
		연소의 조건 및 형태	1	2	2	3	2	4	13	12%
		발화의 조건 및 과정	1		1	1		1	3	3%
		연기의 정의		1	1				2	2%
		연소가스	1				1		1	1%
		화염의 형태 및 열방사								
		열전달 방식 등						1	1	1%
		폭발의 조건								
		화학적 폭발과 물리적 폭발 개념구분		1			1		2	2%
		기상 폭발과 응상 폭발								
		폭연과 폭굉					1	1	2	2%
		가스 폭발·분진 폭발·분해 폭발			1	1	1		3	3%
		BLEVE 등 폭발 관련 내용				1		1	2	2%
Ⅱ 화재이론		화재의 정의 및 분류	1	1			1	2	4	4%
		건물 화재의 진행단계별 특성	1	2	1	1	2	1	7	6%
		특수현상(Flash Over, Back Draft)과 대처법					1	2	4	4%
		위험물 유별(제1류~제6류) 특성과 소화방법	3	2	1	2	2	2	9	8%
		건축물의 방화계획								
		화재조사의 개요(목적, 방법, 절차 등)		1		1			2	2%
		화재원인 및 피해조사 기초				1	1	1	3	3%
Ⅲ 소화이론			소화의 기본원리(방법)			1				1	1%
		소화방법별 소화수단(제거·질식·냉각·부촉매 효과)		1	1			1	3	3%
	소화약제	물 소화약제			1	1			2	2%
		포 소화약제			1	2	1	1	5	5%
		이산화탄소 소화약제	1					1	1	1%
		분말 소화약제	1				1		1	1%
		할로겐화합물 및 불활성기체 소화약제	1			1			2	2%
	소방시설	소화설비의 종류와 작동원리	2	2	2	2	2		8	7%
		경보설비의 종류와 작동원리					1	2	3	3%
		피난구조설비의 종류와 사용법				1			1	1%
		소화용수설비의 종류와 사용법								
		소화활동설비의 종류와 사용법	1				1		1	1%
Ⅳ 재난관리		재난의 특징과 유형				1	1	1	3	3%
		재난관리의 개념과 단계별 관리상황	1				1		1	1%
		우리나라의 재난관리(예방·대비·대응·복구)	2	3	3	2		1	9	8%
Ⅴ 소방조직		소방의 발전과정	1	1	1		1	2	5	5%
		소방행정체제와 기능 및 책임		1					1	1%
		소방조직관리의 기초이론			1				1	1%
		소방자원관리(인적·물적·재정적)								
		민간소방 조직의 종류와 역할								
		화재의 예방·경계·진압·조사활동	1				1		1	1%
		소방시설의 설치·유지 및 안전관리								
		위험물 안전관리						1	1	1%
		구조·구급 행정관리와 구조·구급 활동								

좀 더 자세한 내용 및 수험정보 등은 당사 홈페이지 (www.kfs119.co.kr) 참조

연도별 시험 난이도 및 총평

2021년 소방공무원 시험은 전체적으로 난이도가 상향되었습니다. 특히 선택지의 지문이 난해해져서 수험생들이 문제를 푸는 데 많은 시간이 소요되었습니다. 이로 인해 다른 과목에도 영향을 줄 수 있다고 생각됩니다. 합격을 위해서는 보통 75~80점대 정도면 충분할 것으로 예상됩니다. 따라서 앞으로 시험을 준비하는 수험생들은 기본서에 충실해야 합니다. 너무 지엽적으로 공부하기보다는 기본적인 내용을 중심으로 공부하는 것이 중요합니다.

2022년 소방공무원 시험은 이전 시험들과 비교해 난이도가 상당히 올라갔습니다. 필수과목으로 변경된 첫 시험이었을 뿐만 아니라, 완전연소 반응식과 이상기체 상태방정식을 활용한 계산 문제 등에서 큰 어려움이 있었습니다. 서술형 문제도 전문적인 내용을 다루어 기본적인 사항보다는 더 높은 수준의 이해가 요구되었습니다. 계산 문제는 자격증 시험을 볼 때와 유사한 난이도로 소수점까지 활용해야 하는 부분도 있었습니다. 이러한 문제들은 소방사 수준 이상의 지식이 필요한 것처럼 느껴졌습니다.

2023년 소방공무원 시험은 전체적인 과목 개편과 문항 수 조절(25문항), 필기시험 부분의 비중이 50%로 낮아지면서 난이도가 조절된 것으로 보입니다. 하지만 이로 인해 난이도가 낮아진 것은 아닙니다. 기본적인 내용을 이해하지 못하면 여전히 어려운 문제를 해결하기 어려울 수 있습니다. 문제 유형은 전체적으로 종전에 출제되던 형태와 유사하며, 상자형 문제가 다수 출제되었습니다. 소방사 시험 출제 수준은 소방업무를 수행하는 데 필요한 기본적인 능력과 지식을 검정하는 것이며, 올해 시험 수준이 내년에도 비슷할 것으로 예상됩니다.

2024년 소방공무원 시험의 난이도는 전년에 비해 크게 높아진 것으로 보이지 않습니다. 서술형 문제는 대체로 괜찮았지만, 일부 계산 문제는 난이도가 높아 고민을 초래했을 것으로 예상됩니다. 문제 유형은 종전에 출제되던 형태와 유사하며, 〈보기〉를 제시하고 여러 가지를 고르는 상자형 문제가 다수 출제되었습니다. 문제 수준은 소방사 시험에 적합한 수준이었지만, 일부 계산 문항은 상당한 어려움을 주었습니다. 내년 시험 역시 이번 시험과 비슷한 수준으로 예상되며, 소방학개론을 학습할 때는 새로운 공식을 포함하여 기본서의 원리를 충실히 이해하고 심화학습, 기출문제풀이, 단원별 문풀, 최종 모의고사 그리고 총정리까지의 과정을 수행하는 것이 중요할 것입니다.

학 / 습 / 전 / 략

효율적인 학습방법

【1단계】 소방학개론 기초 내용 둘러보기

소방학개론에 대한 전반적인 내용을 간단하게 알아보는 과정입니다. 이 과정은 본격적인 학습에 앞서 소방학개론의 주요 주제와 내용을 살펴보며, 큰 그림을 파악하는 데 도움을 줍니다. 이 과정은 부담 없이 시작할 수 있도록 설계되었으며, 동영상 강좌로 제공되어 짧은 시간 안에 전체 내용을 확인할 수 있습니다. 둘러보기 과정을 통해 소방학개론의 주요 주제인 화재의 발생 원리, 소방 시스템 및 장비, 소방 기술 등에 대한 기본 개념을 이해할 수 있습니다. 또한, 강의를 통해 실제 사례나 사진 등을 통해 시각적으로도 이해를 돕는 다양한 자료가 제공됩니다.

이 과정을 통해 소방학개론에 대한 기본적인 이해를 바탕으로 본격적인 학습에 임할 수 있으며, 소방공무원으로의 꿈을 향한 첫 걸음을 내딛을 수 있습니다.

【2단계】 소방학개론 기본 내용으로 돌입하기

본 기본 과정은 시험 대비에 있어서 매우 중요한 부분입니다. 이 과정은 시험 출제 부분과 출제 경향에 맞게 구성된 본 교재를 바탕으로 최소 2회독을 목표로 공부하는 것이 효과적입니다. 너무 서두르지 말고 천천히 기본서 내용을 정리하는 단계로, 소방조직과 재난관리 부분은 암기를 중점적으로 학습해야 합니다.

특히 연소이론, 화재이론, 소화이론 부분에는 집중적으로 시간을 투자해야 합니다. 연소이론은 연소의 정의뿐만 아니라 열, 연기, 연소가스 등 다양한 물질에 대한 내용 및 폭발 관련 내용을 이해해야 합니다. 화재이론은 화재의 분류와 건축물화재 성상, 위험물화재의 성상 등을 학습하는 부분으로, 이해를 바탕으로 학습해야 합니다. 마지막으로 소화이론은 소화원리, 소화약제, 소방시설 등을 학습하는데, 이 또한 원리의 이해를 기반으로 학습해야 합니다.

이러한 과정을 통해 소방학개론을 이해하며 학습하는 것이 중요합니다. 기본 과정의 동영상 강좌도 48강으로 구성되어 있어, 계획에 맞춰 효율적으로 학습할 수 있습니다. 함께 본 교재와 강의를 활용하여 준비에 최선을 다해보시기를 권장합니다.

【3단계】 소방학개론 심화 및 문제풀이

이전에 학습한 내용을 보다 심도 있게 다루고 문제를 푸는 연습을 하는 시기입니다. 이전 단계에서는 소방학개론의 기본 개념을 소개하고 주요 주제를 살펴보았습니다. 이제는 그 개념들을 바탕으로 더 깊이 있는 내용을 다루고 문제를 해결하는 방법을 익히는 단계입니다.

또한, 실제 시험과 유사한 형식의 문제들을 풀어보면서 이론을 실전에 적용하는 연습을 할 수 있습니다. 문제를 푸는 과정에서 이론을 어떻게 적용해야 하는지를 배우고, 문제 해결 능력을 향상시키는 것이 이 과정의 목표입니다.

시험 대비를 위해서는 이러한 문제 풀이 연습이 매우 중요합니다. 어떤 문제가 출제될지는 미리 예측하기 어렵지만, 과거의 경험을 토대로 유사한 유형의 문제들을 풀어보고 반복 연습하는 것이 도움이 될 것입니다. 따라서 이 과정을 통해 문제 해결 능력을 향상시키고 실전에 대비할 수 있도록 노력해보세요.

【4단계】 소방학개론 기출 및 총정리

본 과정은 시험에 대비한 마지막 단계로서, 그 동안 출제되었던 기출문제를 풀어보며 소방학개론을 전반적으로 마무리하는 과정입니다. 기출문제를 풀며 소방학개론의 내용을 다시 한 번 정리하고 복습하는 시간이기도 합니다. 이는 새로운 정보의 입력이 아닌, 기존의 내용을 점검하고 기억을 되새기는 과정입니다. 중요한 점은, 각자의 처한 여건에 맞추어 전략적인 계획 하에 학습을 진행하고, "나는 합격한다"는 신념을 가지고 꾸준히 노력하는 것입니다. 억지로 하는 공부가 아니라 자신의 열정과 의지를 바탕으로 한 수험 생활이 핵심입니다. 모두가 열정적인 수험생이 되어 자신의 꿈을 이루길 바랍니다. 함께 힘을 모아 최종 목표인 합격을 향해 나아가길 기원합니다.

차 /례

PART 01 문제편

CHAPTER 01. 소방조직 ·· 12

CHAPTER 02. 재난관리 ·· 26

CHAPTER 03. 연소이론 ·· 43

CHAPTER 04. 화재이론 ·· 73

CHAPTER 05. 소화이론 ·· 105

PART 02 해설편

CHAPTER 01. 소방조직 정답 및 해설 ·········· 136

CHAPTER 02. 재난관리 정답 및 해설 ·········· 146

CHAPTER 03. 연소이론 정답 및 해설 ·········· 161

CHAPTER 04. 화재이론 정답 및 해설 ·········· 174

CHAPTER 05. 소화이론 정답 및 해설 ·········· 188

PART

01

문제편

Chapter01. 소방조직
Chapter02. 재난관리
Chapter03. 연소이론
Chapter04. 화재이론
Chapter05. 소화이론

CHAPTER 01 소방조직

01 "소방"이라는 용어를 최초로 사용한 시기는 언제인가?

① 고려시대
② 조선시대
③ 갑오경장 때(1894년 이후)
④ 정부수립(1948년~1970년)

02 우리나라 소방 역사에 대한 설명으로 옳은 것만을 모두 고른 것은? ○ 21년 기출

> ㄱ. 고려시대에는 소방(消防)을 소재(消災)라 하였으며, 화통도감을 신설하였다.
> ㄴ. 조선시대 세종 8년에 금화도감을 설치하였다.
> ㄷ. 1915년에 우리나라 최초 소방본부인 경성소방서를 설치하였다.
> ㄹ. 1945년에 중앙소방위원회 및 중앙소방청을 설치하였다.

① ㄱ, ㄴ
② ㄱ, ㄴ, ㄷ
③ ㄴ, ㄷ, ㄹ
④ ㄱ, ㄴ, ㄷ, ㄹ

03 우리나라 최초의 소방서가 설립된 시기는?

① 미군정시대
② 조선시대
③ 일제강점기
④ 정부수립시기(1948년)

04 다음에서 설명하는 내용의 시기로 적당한 것은?

> • 금화제도를 두었다.
> • 화재예방을 위하여 양곡창고에는 금화를 담당하는 금화관리를 배치하였다.
> • 화약을 제조하고 특별 관리를 하는 화통도감을 두었다.

① 삼국시대
② 통일신라시대
③ 고려시대
④ 조선시대

05 해방 이후의 소방조직 변천과정을 과거부터 현재까지 옳게 나열한 것은? ○ 19년 기출

> ㄱ. 중앙에는 중앙소방위원회를 두고, 지방에는 도소방 위원회를 두어 독립된 자치소방제도를 시행하였다.
> ㄴ. 소방행정이 경찰행정 사무에 포함되어 시·군까지 일괄적으로 관리하는 국가소방체제로 전환되었다.
> ㄷ. 서울과 부산은 소방본부를 설치하였고, 다른 지역은 국가소방체제로 국가소방과 자치소방의 이원화시기였다.
> ㄹ. 소방사무가 시·도 사무로 전환되어 전국 시·도에 소방본부가 설치되었다.

① ㄱ → ㄴ → ㄷ → ㄹ
② ㄱ → ㄴ → ㄹ → ㄷ
③ ㄴ → ㄱ → ㄷ → ㄹ
④ ㄴ → ㄱ → ㄹ → ㄷ

06 조선시대에 대한 설명으로 잘못된 것은?

① 금화법령이 만들어졌다.
② 금화조직이 설치되었다.
③ 양곡창고에 금화관리자를 배치하였다.
④ 5가구를 하나로 묶어 화재발생예방과 치안을 위한 5가작통법을 시행하였다.

07 우리나라 소방의 발전과정에 대한 설명 중 옳지 않은 것은? ○ 18년 기출

① 최초의 소방관서는 금화도감이다.
② 일제강점기에 최초의 소방서가 설치되었다.
③ 갑오개혁 이후 '소방'이라는 용어를 처음 사용하였다.
④ 대한민국 정부수립과 동시에 소방본부가 설치되었다.

08 1992년~ 현재까지 우리나라 소방행정체제는?

① 국가소방행정체제
② 지방소방행정체제
③ 기초자치소방행정체제
④ 광역자치소방행정체제

09 우리나라 소방행정에 관한 설명으로 옳은 것은?   ○ 20년 기출

① 미군정 시대에는 소방행정을 경찰에서 분리하여 자치 소방행정체제를 도입하였다.
② 1972년 전국 시·도에 소방본부를 설치·운영하고 광역소방행정체제로 전환하였다.
③ 소방공무원은 공무원 분류상 경력직 공무원 중 특수 경력직 공무원에 해당한다.
④ 소방공무원의 징계 중 경징계에는 정직, 감봉, 견책이 있다.

10 우리나라 소방의 역사로 잘못 설명된 것은?

① 세종 8년 2월(1426년 2월) - 성문도감과 금화도감이 합병되면서 수성금화도감으로 개편되었다.
② 1958년 - 우리나라 최초의 소방법 제정·공포
③ 2003년 - 소방기본법 등 소방4분법 제정
④ 2004년 - 소방방재청 개청

11 우리나라 소방 역사에 대한 설명으로 옳지 않은 것은?   ○ 20년 기출

① 조선 시대인 1426년(세종 8년) 금화도감이 설치되었다.
② 일제강점기인 1925년 최초의 소방서가 설치되었다.
③ 미군정 시대인 1946년 중앙소방위원회가 설치되었다.
④ 대한민국 정부 수립 이후인 1948년 소방법이 제정·공포 되었다.

12 우리나라 소방행정체제의 변천과정에 관한 내용으로 옳지 않은 것은?

① 중앙소방위원회 설치(1946) 당시에는 자치소방체제였다.
② 정부수립(1948) 당시에는 국가소방체제였다.
③ 중앙소방학교 설립(1978) 당시에는 국가소방과 자치소방의 이원적 체제였다.
④ 대구지하철 화재 발생(2003) 당시에는 국가소방체제였다.

13 민간 소방조직의 설치에 관한 설명으로 옳지 않은 것은?   ○ 18년 기출

① 주유취급소에는 위험물안전관리자를 선임해야 한다.
② 소방안전관리대상물에는 소방안전관리자를 선임해야 한다.
③ 소방업무를 체계적으로 보조하기 위해 의용소방대를 설치한다.
④ 제4류 위험물을 저장·취급하는 제조소에는 반드시 자체 소방대를 설치해야 한다.

14 징계의 종류에 해당되지 않는 것은?

① 파면   ② 해임
③ 경고   ④ 감봉

15 다음 설명 중 잘못된 것은?

① 시보임용기간 중에도 신분의 보장을 받도록 되어 있다.
② 병역법에 따른 병역의무복무를 위하여 군에 입대하거나 군 복무중인 경우 임용유예 대상이 될 수 있다.
③ 소방공무원의 보직 부여에 있어서 전공, 교육, 적성 등을 고려하여 보직을 부여하도록 되어 있다.
④ 소방간부후보생을 소방위로 임용할 때에는 최하급 소방기관에 보직하여야 한다.

16 징계에는 징계의 경중에 따라 중징계와 경징계로 구분된다. 다음 중 경징계에 해당하는 것은?

① 견책   ② 정직
③ 해임   ④ 강등

17 소방서 설치기준에 대한 설명으로 바르지 못한 것은?

① 소방서는 시·군·자치구 단위로 설치한다.
② 시·군·자치구에 설치된 소방서에 119안전센터의 수가 5개를 초과하는 경우에는 소방서 1개를 추가로 설치할 수 있다.
③ 소방업무의 효율적인 수행을 도모하기 위하여 특히 필요한 경우에는 인근 시·군 또는 자치구를 포함한 지역을 단위로 설치할 수 있다.
④ 관광단지의 개발 등에 따라 대형화재의 위험이 있거나 소방수요가 급증하여 특별한 소방대책이 필요한 경우에도 소방서의 설치기준과 증설기준에 따라 소방서를 설치하여야 한다.

18 소방서 설치의 기본단위에 해당되지 않는 것은?

① 시
② 군
③ 도
④ 자치구

19 119출장소 설치기준에 대한 설명으로 바르지 못한 것은?

① 소방서가 설치되지 않은 시·군·구 지역에 119출장소를 설치할 수 있다.
② 소방서의 관할구역에 설치된 119안전센터의 수가 5개를 초과하는 경우에는 119출장소를 설치할 수 있다.
③ 이미 119출장소가 설치된 지역에는 119출장소를 추가로 설치할 수 없다.
④ 석유화학단지·공업단지·주택단지 또는 문화관광단지의 개발 등으로 대형 화재의 위험이 있거나 소방 수요가 급증하여 특별한 소방대책이 필요한 지역에는 119출장소를 추가로 설치할 수 있다.

20 소방공무원의 일반적인 의무사항에 해당하지 않는 것은?

① 비밀엄수의 의무
② 평등의 의무
③ 복종의 의무
④ 제복착용의 의무

21 소방공무원의 보직관리의 원칙에 대한 내용으로 잘못된 것은?

① 소속 소방공무원에 대하여 하나 이상의 직위를 부여하여야 한다.
② 소방공무원을 보직함에 있어서는 당해 소방공무원의 전공분야·교육훈련·근무경력 및 적성 등을 고려하여 능력을 적절히 발전시킬 수 있도록 하여야 한다.
③ 상위계급의 직위에 하위계급자를 보직하는 경우에는 당해기관에 상위계급의 결원이 있고, 소방공무원승진임용규정에 의한 승진임용후보자가 없는 경우에 한한다.
④ 특수한 자격증 소지자는 특별한 사정이 없는 한 그 자격증과 관련된 직위에 보직하여야 한다.

22 공무원의 구분에서 소방공무원, 검사, 외무공무원 등은 어느 공무원에 해당하는가?

① 일반직   ② 특정직
③ 특수경력직   ④ 별정직

23 소방공무원법상 최하급 소방기관에 해당하는 것은?

① 소방청   ② 지방소방학교
③ 중앙소방학교   ④ 소방서

24 소방령 이상의 소방공무원 임용권자는 누구인가?

① 대통령   ② 소방청장
③ 중앙소방학교장   ④ 시·도지사

25 소방정의 계급정년은 몇 년인가?

① 14년   ② 6년
③ 11년   ④ 4년

26 소방공무원의 임용에 중 신분의 발생, 변경, 소멸 등에 있어 성격이 다른 하나는 무엇인가?

① 승진　　　　　　　　　　② 강임
③ 정직　　　　　　　　　　④ 해임

27 화재조사활동 중 소방본부 종합상황실이 소방청의 종합상황실에 보고해야 하는 화재에 해당하지 않는 것은?　　　　　　　　　　　　　　　　　　　　　　　　　　　　○ 19년 기출

① 사망자가 6명 발생한 화재　　　　② 사상자가 11명 발생한 화재
③ 재산피해액이 70억 원 발생한 화재　④ 이재민이 50명 발생한 화재

28 화재조사활동 중 소방본부 종합상황실이 소방청의 종합상황실에 보고해야 하는 화재에 해당하지 않는 것은?

① 사망자가 8명 발생한 화재
② 사상자가 15명 발생한 화재
③ 재산피해액이 90억 원 발생한 화재
④ 이재민이 80명 발생한 화재

29 화재예방, 소방활동 또는 소방훈련을 위하여 사용되는 소방신호에 해당하는 것은?　○ 18년 기출

① 대응 신호　　　　　　　　② 경계 신호
③ 복구 신호　　　　　　　　④ 대비 신호

30 다음은 의용소방대에 대한 설명이다. 옳지 않은 것은?

① 의용소방대의 대장의 임기는 2년이다.
② 의용소방대의 정년은 65세이다.
③ 의용소방대는 소방본부장 또는 소방서장의 업무를 보조한다.
④ 의용소방대의 설치권자는 시·도지사 또는 소방서장이다.

31 다음 소방신호의 종류 및 방법으로 적합하지 않는 것은?

① 경계신호 : 1타와 연2타를 반복
② 발화신호 : 난타
③ 해제신호 : 상당한 간격을 두고 1타씩 반복
④ 소방대의 비상소집을 할 경우에는 발화신호를 사용한다.

32 소방신호에 관한 설명이다. 옳은 것은?

① 소방신호에는 예방신호, 발화신호, 해제신호, 훈련신호로 구분할 수 있다.
② 사이렌에 의한 발화신호 방법은 5초 간격을 두고 5초씩 3회로 울린다.
③ 소방대의 비상소집은 발화신호를 사용할 수 있다.
④ 소방신호는 소방활동 시에만 사용되는 것이다.

33 「소방기본법」 및 같은 법 시행규칙상 화재예방, 소방활동 또는 소방훈련을 위하여 사용되는 소방신호의 종류와 방법에 관한 내용으로 옳은 것은?   ● 23년 기출

① 소방신호의 방법으로는 타종신호, 싸이렌신호, 음성신호가 있다.
② 소방대의 비상소집을 하는 경우에는 훈련신호를 사용할 수 있다.
③ 타종신호로 하는 경우 경계신호는 5초 간격을 두고 30초씩 3회로 한다.
④ 소방신호의 종류에는 비상신호, 훈련신호, 해제신호, 경계 신호가 있다.

34 소방기본법의 화재 등의 통지에서 연막(煙幕) 소독을 하려는 자는 시·도의 조례로 정하는 바에 따라 관할 소방본부장 또는 소방서장에게 신고하지 않아도 되는 지역은?

① 시장지역
② 공장·창고가 밀집한 지역
③ 석유화학제품을 생산하는 공장이 있는 지역
④ 소방시설·소방용수시설 또는 소방출동로가 없는 지역

35 소방조직의 원리에 해당하지 않는 것은? ○ 21년 기출

① 조정의 원리
② 계층제의 원리
③ 명령 분산의 원리
④ 통솔 범위의 원리

36 다음 중 소방활동구역에 출입할 수 있는 사람이 아닌 것은?

① 소방활동구역 안에 있는 소방대상물의 소유자·관리자 또는 점유자
② 전기·가스·수도·통신·기계의 업무에 종사하는 사람으로서 원활한 소방활동을 위하여 필요한 사람
③ 취재인력 등 보도업무에 종사하는 사람
④ 그 밖에 소방대장이 소방활동을 위하여 출입을 허가한 사람

37 119구조대의 종류에 관한 설명으로 잘못된 것은?

① 일반구조대는 소방서마다 편성·운영한다.
② 특수구조대는 화학구조대, 수난구조대, 산악구조대, 고속국도구조대, 지하철구조대로 구분된다.
③ 직할구조대는 소방청 또는 소방본부에 설치한다.
④ 수난구조대는 자연공원 등 산악지역을 관할하는 소방서에 설치한다.

38 국제구조대의 편성과 운영에 대한 설명으로 잘못된 것은?

① 외교부장관은 국제구조대를 편성·운영할 수 있다.
② 소방청장은 외교부장관과 협의를 거쳐 국제구조대를 재난발생국에 파견할 수 있다.
③ 소방청장은 국제구조대를 국외에 파견할 것에 대비하여 구조대원에 대한 교육훈련 등을 실시할 수 있다.
④ 소방청장은 국제구조대를 재난발생국에 파견하기 위하여 필요한 경우 관계 중앙행정기관의 장 또는 시·도지사에게 직원의 파견 및 장비의 지원을 요청할 수 있다.

39 다음 중 인명구조 우선순위로 옳은 것은?

① 긴급환자 → 비응급환자 → 응급환자 → 지연(사망)환자
② 긴급환자 → 응급환자 → 지연(사망)환자 → 비응급환자
③ 긴급환자 → 응급환자 → 비응급환자 → 지연(사망)환자
④ 지연(사망)환자 → 긴급환자 → 응급환자 → 비응급환자

40 구조 요청의 거절에 대한 사항으로 잘못된 것은?

① 구조요청을 거절한 구조대원은 구조 거절 확인서를 작성하여 소속 소방관서장에게 보고하고, 소속 소방관서에 5년간 보관하여야 한다.
② 단순 문 개방의 요청을 받은 경우
③ 동물의 단순 처리·포획·구조 요청을 받은 경우
④ 시설물에 대한 단순 안전조치 및 장애물 단순 제거의 요청을 받은 경우

41 다음 중 인명구조의 순서가 바르게 나열된 것은?

① 신체를 구출한다(신체구출) → 생명을 구한다(구명) → 육체적 · 정신적 고통을 경감시켜준다(고통경감) → 재산을 보호한다(재산보호)
② 생명을 구한다(구명) → 신체를 구출한다(신체구출) → 육체적 · 정신적 고통을 경감시켜준다(고통경감) → 재산을 보호한다(재산보호)
③ 생명을 구한다(구명) → 육체적 · 정신적 고통을 경감시켜준다(고통경감) → 신체를 구출한다(신체구출) → 재산을 보호한다(재산보호)
④ 생명을 구한다(구명) → 신체를 구출한다(신체구출) → 재산을 보호한다(재산보호) → 육체적 · 정신적 고통을 경감시켜준다(고통경감)

42 119구조대의 출동구역에 대한 설명으로 옳지 않은 것은?

① 소방청에 설치하는 테러대응구조대 - 전국
② 소방본부에 설치하는 테러대응구조대 - 전국
③ 소방서에 설치하는 일반구조대 - 소방서 관할구역
④ 소방본부에 설치하는 직할구조대 - 관할 시 · 도

43 119 구조 · 구급대의 편성 · 운영권자에 해당하지 않는 사람은?

① 소방청장
② 소방본부장
③ 행정안전부장관
④ 소방서장

44 119 구급대의 종류에 대한 설명으로 잘못된 것은?

① 일반구급대는 소방서마다 편성 · 운영 한다.
② 소방서가 설치되지 아니한 시 · 군 · 구의 경우에는 인근 시 · 군 · 구 지역의 소방서에 설치 할 수 있다.
③ 고속국도구급대는 소방청에 설치할 수 있다.
④ 고속국도구급대는 소방본부 또는 고속국도를 관할하는 소방서에 설치할 수 있다.

45 119구급대의 출동구역에 대한 설명으로 옳지 않은 것은?

① 일반구급대 – 구급대가 설치되어 있는 지역 관할 시·도
② 소방서에 설치하는 고속국도구급대 – 구급대가 설치되어 있는 지역 관할 시·도
③ 대형재난이 발생한 경우 – 소방청장등의 요청이나 지시에 따라 출동구역 밖으로 출동할 수 있다.
④ 구급대는 어떠한 경우에도 출동구역 밖으로 출동할 수 없다.

46 구급 요청의 거절에 대한 사항으로 잘못된 것은?

① 섭씨 38도 이상의 고열 또는 호흡곤란이 있는 감기환자는 거절할 수 있다.
② 만성질환자로서 검진 또는 입원 목적의 이송 요청자는 거절할 수 있다.
③ 단순 열상(裂傷) 또는 찰과상(擦過傷)으로 지속적인 출혈이 없는 외상환자는 거절할 수 있다.
④ 혈압 등 생체징후가 안정된 타박상 환자는 거절할 수 있다.

47 1급 응급구조사가 되려는 사람은 다음의 어느 하나에 해당하는 사람으로서 보건복지부장관이 실시하는 시험에 합격한 후 보건복지부장관의 자격인정을 받아야 한다. 해당사항이 없는 사람은 누구인가?

① 대학 또는 전문대학에서 응급구조학을 전공하고 졸업한 사람
② 보건복지부장관이 인정하는 외국의 응급구조사 자격인정을 받은 사람
③ 2급 응급구조사로서 응급구조사의 업무에 3년 이상 종사한 사람
④ 보건복지부장관이 지정하는 응급구조사 양성기관에서 양성과정을 마친 사람

48 소방행정조직의 발전 과정에 관한 설명으로 옳지 않은 것은? ● 24년 기출

① 1426년(세종 8년)에 독자적인 소방 관리를 위해 금화도감을 설치하였으며 이후 성문도감과 병합하여 수성금화도감으로 개편하였다.
② 1894년에 경무청이 설치되고, '소방'이란 용어가 처음으로 사용되었다.
③ 1948년에 대한민국 정부가 수립되고 국가 소방체제로 전환하면서 소방행정조직이 경찰에서 분리되었다.
④ 2017년에 「정부조직법」 개정으로 국민안전처를 해체하고 소방청을 개설하였다.

49 우리나라 소방 역사에 대한 설명으로 옳은 것만을 모두 고른 것은?

> ㄱ. 고려시대에는 소방(消防)을 소재(消災)라 하였으며, 화통도감을 신설하였다.
> ㄴ. 조선시대 세종 8년에 금화도감을 설치하였다.
> ㄷ. 1915년에 우리나라 최초 소방본부인 경성소방서를 설치하였다.
> ㄹ. 1945년에 중앙소방위원회 및 중앙소방청을 설치하였다.

① ㄱ, ㄴ
② ㄱ, ㄴ, ㄷ
③ ㄴ, ㄷ, ㄹ
④ ㄱ, ㄴ, ㄷ, ㄹ

50 우리나라 소방행정체제의 변천과정에 관한 내용으로 옳지 않은 것은? ○ 23년 기출

① 중앙소방위원회 설치(1946) 당시에는 자치소방체제였다.
② 정부수립(1948) 당시에는 국가소방체제였다.
③ 중앙소방학교 설립(1978) 당시에는 국가소방과 자치소방의 이원적 체제였다.
④ 대구지하철 화재 발생(2003) 당시에는 국가소방체제였다.

51 소방 조직의 설치가 시기 순으로 옳게 나열된 것은? ○ 24년 기출

① 내무부 소방과 — 내무부 소방국 — 도 소방위원회 — 시·도 소방본부
② 도 소방위원회 — 내무부 소방국 — 시·도 소방본부 — 소방방재청
③ 중앙소방위원회 — 내무부 소방국 — 도 소방위원회 — 소방방재청
④ 내무부 소방국 — 중앙소방위원회 — 소방방재청 — 소방청

52 소방조직의 원리에 해당하지 않는 것은?

① 조정의 원리
② 계층제의 원리
③ 명령 분산의 원리
④ 통솔 범위의 원리

53 「소방기본법」 및 같은 법 시행규칙상 화재예방, 소방활동 또는 소방훈련을 위하여 사용되는 소방신호의 종류와 방법에 관한 내용으로 옳은 것은?

① 소방신호의 방법으로는 타종신호, 싸이렌신호, 음성신호가 있다.
② 소방대의 비상소집을 하는 경우에는 훈련신호를 사용할 수 있다.
③ 타종신호로 하는 경우 경계신호는 5초 간격을 두고 30초씩 3회로 한다.
④ 소방신호의 종류에는 비상신호, 훈련신호, 해제신호, 경계 신호가 있다.

CHAPTER 02 재난관리

01 재산 및 인명보호를 위한 재난관리 중 재난 현장에서 소방이 중추적인 역할을 하는 것은 어느 것인가?

① 예방
② 대비
③ 복구
④ 대응

02 재난관리의 단계별 주요 활동 중 '긴급통신수단 구축'이 해당되는 단계로 옳은 것은? ●18년 기출

① 대응 단계
② 대비 단계
③ 예방 단계
④ 복구 단계

03 재난 및 안전관리 기본법에서 긴급구조기관에 해당하지 않는 것은?

① 소방청
② 소방본부
③ 소방서
④ 해양경찰청

04 재난 및 안전관리 기본법에서 자연재난에 해당하지 않는 것은?

① 화산활동
② 감염병
③ 지진
④ 유성체의 충돌

05 재난 및 안전관리 기본법에서 중앙안전관리위원회의 위원장은 누구인가?

① 국무총리
② 행정안전부장관
③ 소방청장
④ 대통령

06 다음은 「재난 및 안전관리기본법」상 특별재난지역의 선포와 관련된 내용이다. ( ) 안에 들어갈 내용으로 옳은 것은? ○ 18년 기출

> (㉠)은(는) 대통령령으로 정하는 규모의 재난이 발생하여 특별한 조치가 필요하다고 인정하거나 지역 대책본부장의 요청이 타당하다고 인정하는 경우에는 (㉡)의 심의를 거쳐 해당 지역을 특별재난지역으로 선포할 것을 대통령에게 건의할 수 있다.

	㉠	㉡
①	중앙재난안전대책본부장	안전정책조정위원회
②	중앙안전관리위원회	중앙사고수습본부
③	중앙안전관리위원회	중앙재난안전대책본부장
④	중앙재난안전대책본부장	중앙안전관리위원회

07 재난 및 안전관리 기본법에서 중앙안전관리위원회에 관한 설명으로 옳지 못한 것은?

① 중앙위원회의 위원장은 국무총리가 된다.
② 중앙위원회에 상정될 안건을 사전에 검토하고 원활한 사무를 수행하기 위하여 중앙위원회에 안전정책조정위원회(이하 "조정위원회"라 한다)를 둔다.
③ 중앙위원회에 두는 안전정책조정위원회(이하 "조정위원회)의 위원장은 행정안전부장관이 된다.
④ 중앙위원회의 간사는 행정안전부의 재난안전관리사무를 담당하는 본부장이 된다.

08 재난 및 안전관리 기본법에서 중앙안전관리위원회의 심의 사항으로 옳지 않은 것은?

① 재난 및 안전관리에 관한 중요 정책에 관한 사항
② 안전기준관리에 관한 사항
③ 재난사태의 선포에 관한 사항
④ 국가기반시설의 지정에 관한 사항

09 「재난 및 안전관리 기본법」상 중앙안전관리위원회와 안전 정책조정위원회에 대한 설명으로 옳지 않은 것은? ○ 19년 기출

① 중앙안전관리위원회는 국무총리 소속으로 국무총리가 위원장이다.
② 중앙안전관리위원회는 재난사태의 선포에 관한 사항을 심의하고, 안전정책조정위원회는 특별재난지역의 선포에 관한 사항을 심의한다.
③ 안전정책조정위원회는 중앙위원회에 상정될 안건을 사전에 검토한다.
④ 안전정책조정위원회 위원장은 행정안전부장관이 된다.

10 재난 및 안전관리 기본법에서 지역안전관리위원회의 위원장이 될 수 있는 사람에 해당하지 않는 것은?

① 시장
② 군수
③ 구청장
④ 소방청장

11 재난안전법에서 지역위원회 등에 대한 지원 및 지도를 할 수 있는 사람은 누구인가?

① 국무총리
② 행정안전부장관
③ 소방청장
④ 소방본부장

12 재난 및 안전관리 기본법에서 중앙재난안전대책본부의 본부장은 누구인가?

① 행정안전부장관
② 시·도지사
③ 국무총리
④ 소방청장

13 「재난 및 안전관리 기본법」상 우리나라 재난관리체계에 관한 설명으로 옳지 않은 것은?

○ 20년 기출

① 재난 및 안전관리에 관한 중요 정책을 심의하기 위하여 국무총리 소속으로 중앙안전관리위원회를 둔다.
② 대통령령으로 정하는 대규모 재난의 대응·복구를 총괄 하기 위하여 행정안전부에 중앙재난안전대책본부를 둔다.
③ 소방서는 인명구조, 응급처치 등 긴급 조치를 담당하는 긴급구조지원기관에 해당한다.
④ 시·군·구 재난안전대책본부장은 시장·군수·구청장이며, 시·군·구 긴급구조통제단장은 소방서장이다.

14 재난 및 안전관리 기본법에서 해외재난 발생 시 중앙재난안전대책본부의 본부장의 권한을 행사하는 사람은 누구인가?

① 행정안전부장관　　　　　② 외교부장관
③ 국무총리　　　　　　　　④ 소방청장

15 다음 중 재난 및 사고유형별 재난관리주관기관의 업무로 바르게 연결된 것은 어느 것인가?

① 행정안전부 – 육상화물운송 사고
② 농림축산식품부 – 식용수(지방 상수도를 포함한다) 사고
③ 소방청 – 다중 밀집시설 대형화재
④ 해양경찰청 – 내륙에서 발생한 유도선 등의 수난 사고

16 「재난 및 안전관리 기본법 시행령」상 재난 및 사고 유형과 재난관리 주관기관의 연결이 옳지 않은 것은?

○ 24년 기출

① 저수지 사고 — 국토교통부
② 자연우주물체의 추락·충돌 — 과학기술정보통신부
③ 공동구 재난(국토교통부가 관장하는 공동구는 제외한다) — 행정안전부
④ 원자력안전 사고(파업에 따른 가동중단으로 한정한다) — 산업통상자원부

17 재난 및 안전관리 기본법에서 중앙사고수습본부의 본부장은 누구인가?

① 재난관리주관기관의 장   ② 행정안전부장관
③ 재난관리책임기관의 장   ④ 소방청장

18 재난 및 안전관리 기본법에서 지역재난안전대책본부장이 될 수 없는 사람은?

① 시·도지사   ② 소방본부장
③ 군수   ④ 시장

19 재난 및 안전관리 기본법에서 중앙재난안전상황실의 설치·운영권자는 누구인가?

① 시·도지사   ② 소방청장
③ 시장·군수·구청장   ④ 행정안전부장관

20 「재난 및 안전관리 기본법」상 긴급구조에 대한 설명으로 옳지 않은 것은? ● 19년 기출

① 중앙긴급구조통제단의 단장은 행정안전부장관이 된다.
② 시·도 긴급구조통제단의 단장은 소방본부장이 된다.
③ 시·군·구 긴급구조통제단의 단장은 소방서장이 된다.
④ 재난현장에서는 시·군·구 긴급구조통제단장이 긴급 구조활동을 지휘한다.

21 재난 및 안전관리 기본법에서 재난상황의 보고를 하여야 하는 사람으로 옳지 않은 것은?

① 시장·군수·구청장   ② 해양경찰서장
③ 소방청장   ④ 국가핵심기반관리기관의 장

22 해외재난상황의 보고 및 관리에서 재난상황의 보고절차로 옳게 설명한 것은?

① 재외공관의 장 → 외교부장관 → 행정안전부장관과 협의
② 외교부장관 → 행정안전부장관 → 국무총리와 협의
③ 재외공관의 장 → 행정안전부장관 → 외교부장관과 협의
④ 재외공관의 장 → 국무총리 → 대통령과 협의

23 다음 중 국가안전관리기본계획의 수립 지침 작성하는 사람은 누구인가?

① 대통령
② 국무총리
③ 행정안전부장관
④ 시·도지사

24 다음 중 시·도 안전관리계획의 수립 지침 작성하는 사람은 누구인가?

① 대통령
② 국무총리
③ 행정안전부장관
④ 시·도지사

25 다음 중 시·군·구 안전관리계획의 수립 지침 작성하는 사람은 누구인가?

① 시장·군수·구청장
② 국무총리
③ 행정안전부장관
④ 시·도지사

26 다음 중 재난의 예방과 관련 있는 사항은 어느 것인가?

① 국가핵심기반의 지정 및 관리
② 재난관리자원의 관리
③ 국가재난관리기준의 제정·운용 등
④ 위기경보의 발령 등

27 「재난 및 안전관리 기본법」상 재난관리 단계와 활동 내용의 연결이 옳지 않은 것은? ○ 23년 기출

① 예방 단계 – 위험구역의 설정
② 대비 단계 – 재난현장 긴급통신수단의 마련
③ 대응 단계 – 재난 예보·경보체계 구축·운영
④ 복구 단계 – 특별재난지역 선포 및 지원

28 「재난 및 안전관리 기본법」상 재난관리에 관한 내용으로 옳은 것은? ○ 20년 기출

① 예방 – 재난 발생을 사전에 방지하기 위하여 매년 재난대비훈련 계획을 수립하고, 관계 기관과 합동으로 재난대비훈련을 실시한다.
② 대비 – 재난을 효율적으로 관리하기 위하여 재난유형에 따라 위기관리 매뉴얼을 작성·운용한다.
③ 대응 – 재난 피해지역을 재해 이전 상태로 회복시키기 위하여 피해상황을 조사하고, 자체복구계획을 수립·시행한다.
④ 복구 – 재난의 수습활동을 효율적으로 하기 위하여 재난관리자원의 비축·관리 및 긴급통신수단을 마련한다.

29 재난 및 안전관리 기본법에서 특정관리 대상시설 등의 안전등급 및 안전점검 등에 있어서 B등급에 해당하는 경우 정기안전점검을 실시할 때 점검 회수를 바르게 설명한 것은 어느 것인가?

① 반기별 1회 이상
② 연 1회 이상
③ 월 1회 이상
④ 월 2회 이상

30 재난 및 안전관리 기본법에서 재난의 예방차원으로 재난안전분야 종사자는 재난 및 안전관리에 관한 전문교육을 받아야 하는데 교육실시권자는 누구인가?

① 대통령
② 행정안전부장관
③ 소방청장
④ 시·도지사

31 재난예방을 위한 긴급안전점검 하거나 그 결과에 따른 안전조치를 명령할 수 있는데 이의 실시권자는 누구인가?

① 소방서장 ② 소방본부장
③ 중앙대책본부장 ④ 행정안전부장관

32 재난 및 안전관리 기본법에서 재난현장의 통신이 끊기는 상황에 대비하여 긴급통신수단을 마련하여야 하는 사람은 누구인가?

① 소방서장 ② 재난관리책임기관의 장
③ 소방청장 ④ 행정안전부장관

33 재난 및 안전관리 기본법에서 재난관리책임기관의 장은 재난을 효율적으로 관리하기 위하여 재난 유형에 따라 위기관리 매뉴얼을 작성·운용하여야 한다. 이때 매뉴얼의 종류에 해당하지 않는 것은?

① 위기관리 표준매뉴얼 ② 위기대응 실무매뉴얼
③ 피해복구 실무매뉴얼 ④ 현장조치 행동매뉴얼

34 「재난 및 안전관리 기본법」상 재난현장에서 임무를 직접 수행하는 기관의 행동조치 절차를 구체적으로 수록한 문서는?   ◎ 22년 기출

① 재난대응 활동계획 ② 현장조치 행동매뉴얼
③ 위기대응 실무매뉴얼 ④ 위기관리 표준매뉴얼

35 재난이 발생하거나 발생할 우려가 있는 경우 사람의 생명·신체 및 재산에 미치는 중대한 영향이나 피해를 줄이기 위하여 긴급한 조치가 필요하다고 인정하면 중앙위원회의 심의를 거쳐 재난사태를 선포할 수 있다. 재난사태 선포권자는 누구인가?

① 행정안전부장관　　　　　　② 재난관리책임기관의 장
③ 소방청장　　　　　　　　　④ 국무총리

36 행정안전부장관 및 지방자치단체의 장은 재난사태가 선포된 지역에 대하여 어떠한 조치를 할 수 있는데 다음 중 조치사항으로 옳지 않은 것은?

① 재난경보의 발령
② 해당 지역에 대한 여행 등 이동 금지
③ 인력·장비 및 물자의 동원
④ 유치원·학교 등 휴업명령 및 휴원·휴교 처분의 요청

37 「재난 및 안전관리 기본법」상 재난현장에서 시·군·구긴급구조통제단장의 긴급구조 현장지휘 사항을 모두 고른 것은?　　　　　　　　　　　　　　　　　　　　　　　　○ 21년 기출

> ㄱ. 재난현장에서 인명의 탐색·구조
> ㄴ. 추가 재난의 방지를 위한 응급조치
> ㄷ. 사상자의 응급처치 및 의료기관으로의 이송
> ㄹ. 긴급구조에 필요한 재난관리자원의 관리

① ㄱ, ㄴ　　　　　　　　　　② ㄱ, ㄴ, ㄷ
③ ㄴ, ㄷ, ㄹ　　　　　　　　④ ㄱ, ㄴ, ㄷ, ㄹ

38 시·도 긴급구조통제단장과 시·군·구 긴급구조통제단장의 응급조치사항에 해당하지 않는 것은?

① 진화에 관한 응급조치
② 경보의 발령
③ 긴급수송에 관한 응급조치
④ 현장지휘통신체계의 확보

39 재난에 대한 징후를 식별하거나 재난발생이 예상되는 경우에는 그 위험 수준, 발생 가능성 등을 판단하여 그에 부합되는 조치를 할 수 있도록 위기경보를 발령할 수 있다. 이러한 위기경보의 발령권자는 누구인가?

① 해양경찰청장
② 재난관리책임기관의 장
③ 소방청장
④ 재난관리주관기관의 장

40 재난에 관한 예보·경보·통지나 응급조치를 실시하기 위하여 필요하면 전기통신시설의 소유자 또는 관리자에 대한 전기통신시설의 우선 사용 등의 조치를 요청할 수 있다. 요청권자가 아닌 사람은 누구인가?

① 행정안전부장관
② 소방청장
③ 시·도지사
④ 시장·군수·구청장

41 다음 중 재난의 대응에서 응급대책 등에 관한 여러가지 사항에 대한 명령권자로 바르게 된 것은?

① 응급부담 – 행정안전부장관
② 재난사태선포 – 행정안전부장관
③ 강제대피조치 – 시·도지사
④ 위험구역의 설정 – 시·도지사

42 「재난 및 안전관리 기본법」에 대한 내용이다. ( ) 안에 들어갈 용어로 옳은 것은? ○ 21년 기출

(가)은 대통령령으로 정하는 재난이 발생하거나 발생할 우려가 있는 경우 사람의 생명·신체 및 재산에 미치는 중대한 영향이나 피해를 줄이기 위하여 긴급한 조치가 필요하다고 인정하면 (나)의 심의를 거쳐 (다)을/를 선포할 수 있다.

	(가)	(나)	(다)
①	중앙재난안전대책본부장	안전정책조정위원회	재난사태
②	행정안전부장관	중앙안전관리위원회	재난사태
③	중앙재난안전대책본부장	중앙안전관리위원회	특별재난지역
④	행정안전부장관	안전정책조정위원회	특별재난지역

43 긴급구조에 관한 사항의 총괄·조정, 긴급구조기관 및 긴급구조지원기관이 하는 긴급구조활동의 역할 분담과 지휘·통제를 위하여 (   )에 중앙긴급구조통제단을 둔다. (   )에 알맞은 기관은?

① 행정안전부
② 소방청
③ 중앙위원회
④ 중앙대책본부

44 재난 및 안전관리 기본법에서 중앙긴급구조통제단의 단장은 누구인가?

① 행정안전부장관
② 소방청장
③ 행정안전부의 재난안전관리 사무를 담당하는 본부장
④ 소방청 차장

45 긴급구조지휘대의 구성자는 긴급구조통제단이 설치·운영되는 경우 통제단의 해당부서에 배치되는데 다음 중 지휘대의 구성자와 통제단의 해당부서의 배치가 잘못된 것은 어느 것인가?

	긴급구조지휘대 구성	통제단 해당부서
①	현장지휘요원	현장지휘부
②	자원지원요원	자원지원부
③	통신지원요원	대응계획부
④	안전관리요원	현장지휘부

46 재난 및 안전관리 기본법에서 중앙긴급구조통제단의 구성에 있어 현장지휘요원, 통신지원요원, 구급지휘요원은 중앙긴급구조통제단의 어느 조직에 해당되는가?

① 총괄지휘부 ② 자원지원부
③ 현장지휘부 ④ 대응계획부

47 재난관리 방식 중 분산관리에 대한 일반적인 설명으로 옳지 않은 것은? ○ 22년 기출

① 재난의 종류에 따라 대응방식의 차이와 대응계획 및 책임기관이 각각 다르게 배정된다.
② 재난 시 유관기관 간의 중복적 대응이 있을 수 있다.
③ 재난의 발생 유형에 따라 소관부처별로 업무가 나뉜다.
④ 재난 시 유사한 자원동원 체계와 자원유형이 필요하다.

48 재난 및 안전관리 기본법상 재난현장에서 긴급구조활동을 지휘하는 현장지휘권을 가진 사람은 누구인가?

① 시·군·구 긴급구조통제단장 ② 시·도 긴급구조통제단장
③ 중앙긴급구조통제단장 ④ 시·군·구 재난안전대책본부장

49 재난 및 안전관리 기본법상 재난현장에서 긴급구조활동을 지휘하는 현장지휘에 관한 사항으로 옳지 않은 것은?

① 재난현장에서 인명의 탐색·구조
② 긴급구조기관 및 긴급구조지원기관의 긴급구조요원·긴급구조지원요원 및 재난관리자원의 배치와 운용
③ 긴급구조지원기관 및 자원봉사자 등에 대한 임무의 부여
④ 응급조치를 위하여 재난관리책임기관의 장에 대한 관계 직원의 출동 등 필요한 조치의 요청

50 재난 및 안전관리 기본법에서 긴급구조대응계획의 수립에 있어 그에 포함되지 않는 계획은 무엇인가?

① 기본계획
② 기능별 긴급구조대응계획
③ 재난유형별 긴급구조대응계획
④ 재난장소별 긴급구조대응계획

51 재난 및 안전관리 기본법에서 긴급구조대응계획의 수립에 포함된 재난유형별 긴급구조대응계획에 포함될 사항으로 옳지 않은 것은?

① 긴급대피, 상황전파, 비상연락 등에 관한 사항
② 재난발생 단계별 주요긴급구조 대응활동사항
③ 주요 재난유형별 대응메뉴얼에 관한 사항
④ 비상경고 방송메시지 작성 등에 관한 사항

52 재난 및 안전관리 기본법에서 항공기 조난사고가 발생한 경우 항공기 수색과 인명구조를 위하여 항공기 수색·구조계획을 수립·시행하여야 하는 사람은 누구인가?

① 국방부장관　　　　　　　② 행정안전부장관
③ 소방청장　　　　　　　　④ 국무총리

53 (㉠)은 대통령령으로 정하는 규모의 재난이 발생하여 국가의 안녕 및 사회질서의 유지에 중대한 영향을 미치거나 피해를 효과적으로 수습하기 위하여 특별한 조치가 필요하다고 인정하거나 지역대책본부장의 요청이 타당하다고 인정하는 경우에는 (㉡)의 심의를 거쳐 해당 지역을 특별재난지역으로 선포할 것을 (㉢)에게 건의할 수 있다. ㉠, ㉡, ㉢ 에 들어갈 말을 순서대로 바르게 나열한 것은?

	㉠	㉡	㉢
①	소방청장	지역위원회	중앙대책본부장
②	중앙대책본부장	중앙위원회	대통령
③	중앙대책본부장	중앙대책본부	대통령
④	소방청장	중앙위원회	대통령

54 재난 및 안전관리 기본법에서 특별재난지역의 선포에서 "대통령령으로 정하는 규모의 재난"에 해당하려면 국고 지원 대상 피해 기준금액이 36억원인 시·군·구의 경우 얼마이상일 때 특별재난지역으로 선포가 가능 하겠는가?

① 36억원 이상
② 54억원 이상
③ 72억원 이상
④ 90억원 이상

55 지방자치단체는 재난관리에 드는 비용에 충당하기 위하여 매년 재난관리기금을 적립하여야 한다. 재난관리기금의 매년도 최저적립액은 얼마인가?

① 최근 3년 동안의 보통세의 수입결산액의 평균연액의 1% 에 해당하는 금액
② 최근 5년 동안의 보통세의 수입결산액의 평균연액의 3% 에 해당하는 금액
③ 최근 5년 동안의 보통세의 수입결산액의 평균연액의 2% 에 해당하는 금액
④ 최근 3년 동안의 보통세의 수입결산액의 평균연액의 3% 에 해당하는 금액

56 재난이나 그 밖의 각종 사고의 발생 원인과 재난 발생 시 대응과정에 관한 조사·분석·평가(위기관리 매뉴얼의 준수 여부에 대한 평가를 포함한다. 이하 "재난원인조사"라 한다)를 효율적으로 수행하기 위하여 재난안전분야 전문가 및 전문기관 등이 공동으로 참여하는 정부합동 재난원인조사단(이하 "재난원인조사단"이라 한다)을 편성하고, 현지에 파견하여 원인조사·분석을 실시할 수 있는 사람은 누구인가?

① 대통령 ② 국무총리
③ 행정안전부장관 ④ 소방청장

57 「재난 및 안전관리 기본법」상 재난의 분류가 다른 하나는?   ○ 20년 기출

① 「감염병의 예방 및 관리에 관한 법률」에 따른 감염병의 확산
② 황사로 인하여 발생하는 재해
③ 환경오염사고로 인하여 발생하는 대통령령으로 정하는 규모 이상의 피해
④ 「미세먼지 저감 및 관리에 관한 특별법」에 따른 미세 먼지 등으로 인한 피해

58 재난(재해)에 관한 설명으로 옳지 않은 것은?

① 아네스(Br. J. Anesth)는 재난을 크게 자연재난과 인적(인위) 재난으로 구분하였다.
② 존스(David K. Jones)는 재난을 크게 자연재난, 준자연재난, 인적(인위)재난으로 구분하였다.
③ 「재난 및 안전관리 기본법」 제3조 제1호에 따른 재난은 자연재난, 사회재난, 해외재난으로 구분된다.
④ 하인리히(H. W. Heinrich)의 도미노 이론은 재해발생과정을 유전적 요인 및 사회적 환경 → 개인적 결함 → 불안전 행동 및 불안전 상태 → 사고 → 재해(상해)라는 5개 요인의 연쇄작용으로 설명하였다.

59 존스(Jones)의 재해분류 중 기상학적 재해가 아닌 것은?   ○ 19년 기출

① 번개 ② 폭풍
③ 쓰나미 ④ 토네이도

60 다음은 재해 발생 과정에 관한 이론이다. 각 이론에서 재해 발생을 방지하기 위해 제거해야 하는 단계가 옳게 나열된 것은? ○ 24년 기출

> ㄱ. 하인리히(H. W. Heinrich)의 도미노 이론 : 사회적 환경 및 유전적 요소 → 개인적 결함 → 불안전한 행동 및 상태 → 사고 → 재해
> ㄴ. 버드(F. Bird)의 수정 도미노 이론 : 제어의 부족 → 기본원인 → 직접원인 → 사고 → 재해

	ㄱ	ㄴ
①	개인적 결함	직접원인
②	개인적 결함	기본원인
③	불안전한 행동 및 상태	직접원인
④	불안전한 행동 및 상태	기본원인

61 「재난 및 안전관리 기본법」상 재난관리 단계와 활동 내용의 연결이 옳지 않은 것은?

① 예방 단계 – 위험구역의 설정
② 대비 단계 – 재난현장 긴급통신수단의 마련
③ 대응 단계 – 재난 예보·경보체계 구축·운영
④ 복구 단계 – 특별재난지역 선포 및 지원

62 재난(재해)에 관한 설명으로 옳지 않은 것은? ○ 23년 기출

① 아네스(Br. J. Anesth)는 재난을 크게 자연재난과 인적(인위) 재난으로 구분하였다.
② 존스(David K. Jones)는 재난을 크게 자연재난, 준자연재난, 인적(인위)재난으로 구분하였다.
③ 「재난 및 안전관리 기본법」 제3조 제1호에 따른 재난은 자연재난, 사회재난, 해외재난으로 구분된다.
④ 하인리히(H. W. Heinrich)의 도미노 이론은 재해발생과정을 유전적 요인 및 사회적 환경 → 개인적 결함 → 불안전 행동 및 불안전 상태 → 사고 → 재해(상해)라는 5개 요인의 연쇄작용으로 설명하였다.

63 「재난 및 안전관리 기본법」상 재난현장에서 임무를 직접 수행하는 기관의 행동조치 절차를 구체적으로 수록한 문서는?

① 재난대응 활동계획
② 현장조치 행동매뉴얼
③ 위기대응 실무매뉴얼
④ 위기관리 표준매뉴얼

64 「재난 및 안전관리 기본법」상 재난관리 단계별 조치사항의 연결이 옳지 않은 것은? ● 21년 기출

① 예방단계 ― 재난방지시설의 관리
② 대비단계 ― 재난현장 긴급통신수단의 마련
③ 대응단계 ― 특별재난지역의 선포
④ 복구단계 ― 피해조사 및 복구계획 수립·시행

65 「재난 및 안전관리 기본법」상 재난관리의 대비단계 관리사항을 있는 대로 모두 고른 것은?

● 22년 기출

> ㄱ. 국가재난관리기준의 제정·운용
> ㄴ. 재난 예보·경보체계 구축·운영
> ㄷ. 재난안전분야 종사자 교육
> ㄹ. 재난안전통신망의 구축·운영

① ㄱ, ㄴ
② ㄱ, ㄹ
③ ㄱ, ㄴ, ㄹ
④ ㄴ, ㄷ, ㄹ

CHAPTER 03 연소이론

01 연소의 정의는 어느 것인가?

① 빛과 열을 수반하는 산화반응이다.
② 가연물이 타서 기체상태로 되는 것이다.
③ 전도, 대류, 복사의 과정을 거치는 반응이다.
④ 탄소와 수소가 화합하는 것이다.

02 연소의 3요소로 짝지어진 것은?

① 가연물, 조연물, 일정한 온도(점화에너지)
② 가연물, 물체, 일정한 온도(점화에너지)
③ 조연물, 물체 장소(공간)
④ 물체, 장소(공간), 공기

03 표면연소의 3요소라 할 수 없는 것은?

① 목재 ② 공기
③ 단열압축열 ④ 연쇄반응

04 연소에 관한 설명으로 옳은 것은? ● 24년 기출

① 작열연소 : 화염이 없는 표면연소이다.
② 분해연소 : 유황이나 나프탈렌이 열분해되면서 일어나는 연소이다.
③ 증발연소 : 액체에서만 발생하는 연소형태로서 액면에서 비등하는 기체에서 발생한다.
④ 자기연소 : 제3류 위험물과 같이 물질 자체 내의 산소를 소모하는 연소로서 연소속도가 빠르다.

05 연쇄반응과 관계가 없는 것은?

① 불꽃연소　　　　　　② 작열연소
③ 분해연소　　　　　　④ 증발연소

06 다음 중 가연성 물질과 관계가 없는 것은?

① 마그네슘　　　　　　② 아르곤
③ 우라늄　　　　　　　④ 일산화탄소

07 가연성 물질의 화재 위험성에 대한 설명으로 옳은 것은?　　　○ 22년 기출

① 비열, 연소열, 비점이 작거나 낮을수록 위험하다.
② 증발열, 연소열, 연소속도가 크거나 빠를수록 위험하다.
③ 표면장력, 인화점, 발화점이 작거나 낮을수록 위험하다.
④ 비중, 압력, 융점이 크거나 높을수록 위험하다.

08 가연물에 대한 개념이 옳게 설명된 것은?

① 산화반응이지만 발열반응이 아닌 것은 가연물이 될 수 없다.
② 구성원소가 산소로 되어 있는 유기물은 가연물이 될 수 없다.
③ 활성화에너지가 클수록 가연물이 되기 쉽다.
④ 산소와의 친화력이 작을수록 가연물이 되기 쉽다.

09 자연발화가 되기 쉬운 되기 쉬운 가연물의 조건으로 옳은 것은? ○ 18년 기출

① 발열량이 적다.
② 표면적이 작다.
③ 열전도율이 낮다.
④ 주위 온도가 낮다.

10 다음 설명 중 옳지 않은 것은?

① 바닥면적이 적고 밀폐된 장소에 설치할 수 있는 적절한 소화기로는 할론 1301이 있다.
② 자연발화란 외부로부터 열의 공급 없이 온도가 상승하여 발화하는 현상이다.
③ 화재강도는 화재하중과 밀접한 관계를 가지고 있다.
④ 산소와 화학반응을 일으키는 것은 모두 가연물이 될 수 있다.

11 연소 시 가연물질이 구비하여야 할 조건은 어느 것인가?

① 연소반응의 활성화에너지가 작아야 한다.
② 산소와의 결합력이 약한 물질이어야 한다.
③ 산소와 결합할 때 발열량이 작아야 한다.
④ 열전도율이 커야 한다.

12 가연물의 발화온도와 발화에너지에 관한 설명으로 옳은 것은? ○ 24년 기출

① 점화원에 의해서 가연물이 발화하기 시작하는 최저 온도를 발화점(ignition point)이라고 한다.
② 점화원을 제거해도 자력으로 연소를 지속할 수 있는 최저 온도를 연소점(fire point)이라고 한다.
③ 가연물의 최소발화에너지가 클수록 더 위험하다.
④ 가연물의 연소점은 발화점보다 높다.

13 화재의 3요소에는 산소 공급원이 있다. 이 산소 공급원이 될 수 없는 것은?

① 공기
② 산화제
③ 환원제
④ 바람

14 질소(N_2)가 불에 타지 않는 이유는?

① 질소는 어떠한 물질과도 화합하지 아니하므로
② 질소는 산소와 화합하는 흡열반응을 하기 때문에
③ 질소는 산소와 산화반응을 하므로
④ 질소는 산소와 같이 공기성분으로 산소와 화합할 수 없기 때문에

15 연소에 대한 아래의 설명 중에서 틀린 것은?

① 다른 물질에 비해 인화점이 높은 물질은 발화점 또한 항상 높다.
② 인화점은 착화의 용이성을 나타내는 지표가 될 수 있다.
③ 발화점은 점화원이 없는 상태에서 가연성 혼합기가 발화하는데 필요한 최저온도이다.
④ 인화점은 화염에 의해 발화 가능한 혼합기가 형성되는 최저온도이다.

16 연소에 대한 설명으로 옳지 않은 것은? ○ 20년 기출

① 액체가연물의 인화점은 액면에서 증발된 증기의 농도가 연소하한계에 도달하여 점화되는 최저온도이다.
② 연소하한계가 낮고 연소범위가 넓을수록 가연성 가스의 연소위험성이 증가한다.
③ 액체가연물의 연소점은 점화된 이후 점화원을 제거하여도 자발적으로 연소가 지속되는 최저온도이다.
④ 파라핀계 탄화수소화합물의 경우 탄소수가 적을수록 발화점이 낮아진다.

17 연소의 이론으로 옳지 않은 것은?

① 착화온도와 화재의 위험은 반비례한다.
② 인화점과 화재의 위험은 반비례한다.
③ 인화점이 낮은 것은 착화온도가 높다.
④ 연소의 범위가 넓은 것일수록 위험성이 크다.

18 연소의 이론에서 옳지 않은 사항은?

① 인화점이 낮은 것일수록 위험성이 크다.
② 착화점이 낮은 것일수록 위험성이 크다.
③ 화염 전달속도가 늦을수록 위험성이 크다.
④ 발화에너지가 작을수록 위험성이 크다.

19 공기의 평균분자량이 29라고 할 때 탄산가스의 증기비중은 얼마인가?

① 0.65　　　　　　　② 0.96
③ 1.04　　　　　　　④ 1.52

20 "압력이 일정할 때 기체의 부피는 온도에 비례하여 변화한다."라는 법칙과 관계가 있는 것은?

① 보일의 법칙　　　　② 샤를의 법칙
③ 보일-샤를의 법칙　　④ 뉴턴의 제1법칙

21 온도단위에 대한 설명으로 틀린 것은?

① 섭씨는 1기압에서 물의 빙점을 0[℃], 비점은 100[℃]로 한 것이다.
② 화씨는 대기압에서 물의 빙점을 32[℉], 비점은 212[℉]로 한다.
③ 켈빈온도는 1기압에서 물의 빙점을 0[K], 비점은 273.18[K]로 한 것이다.
④ 랭킨온도는 온도차를 말할 때는 화씨와 같으나 0[℉]가 459.71[R]로 된다.

22 밀폐 용기 속의 액화 이산화탄소를 가열하여 액체와 기체의 밀도가 서로 같아지게 될 때의 온도를 무엇이라 하는가?

① 임계점
② 표준비점
③ 삼중점 온도
④ 평형온도

23 액체의 성질에 대한 설명 중 틀린 것은?

① 비점이 낮은 액체일수록 증기압이 낮다.
② 액체의 증기압이 클수록 증발속도는 빠르다.
③ 액체의 증기압은 온도에 따라 달라진다.
④ 비점은 증기압이 대기압과 같아지는 온도이다.

24 인화성액체에 불꽃을 접하여 발화될 수 있는 최저온도를 무엇이라고 하는가?

① 인화점
② 발화점
③ 자연발화점
④ 연소점

25 어떤 인화성 액체가 공기 중에서 열을 받아 점화원의 존재하에 지속적인 연소를 일으킬 수 있는 최저온도를 무엇이라고 하는가?

① 발화점(Ignition Temperature)   ② 인화점(Flash Point)
③ 연소점(Fire Point)   ④ 산화점(Oxidation Point)

26 인화점에 대한 설명으로 틀린 것은?

① 가연성 액체의 발화와 깊은 관계가 있다.
② 반드시 점화원의 존재와 연관된다.
③ 연소가 지속적으로 확산될 수 있는 최저온도이다.
④ 연료의 조성, 점도, 비중에 따라 달라진다.

27 그림에서 'A'에 대한 설명으로 옳지 않은 것은?   ● 22년 기출

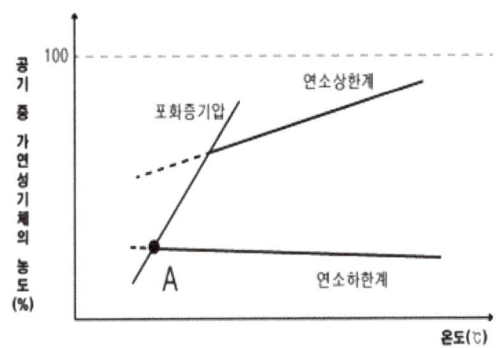

① 외부에너지에 의해 발화하기 시작하는 최저연소온도이다.
② 물질적 조건과 에너지 조건이 만나는 최저연소온도이다.
③ 화학양론비(stoichiometric ratio)에서의 최저연소온도이다.
④ 가연성 혼합기를 형성하는 최저연소온도이다

28 가연성 가스의 연소범위를 옳게 표현한 것은?

① 가연성 가스와 공기가 일정한 혼합률로 되었을 때 점화원에 의하여 연소하는 가스의 농도범위를 말함
② 가연성 가스와 공기의 혼합기체가 폭발하는 데 필요한 혼합기체의 어떤 온도범위를 말함
③ 폭발에 의하여 피해를 입는 범위를 말함
④ 폭발에 의하여 폭풍이 전해지는 범위를 말함

29 가연성 가스를 공기 중에서 연소시키고자 할 때 공기 중의 산소농도가 증가하면 발생되는 현상으로 맞는 것만을 모두 고른 것은? ○ 19년 기출

ㄱ. 연소속도가 빨라진다.	ㄴ. 발화점이 높아진다.
ㄷ. 화염의 온도가 높아진다.	ㄹ. 폭발범위가 좁아진다.
ㅁ. 점화에너지가 작아진다.	

① ㄱ, ㄴ, ㄹ
② ㄱ, ㄷ, ㄹ
③ ㄱ, ㄷ, ㅁ
④ ㄴ, ㄷ, ㅁ

30 다음은 연소한계에 관한 설명들이다. 옳지 않은 것은?

① 가연성 혼합기체라도 적당한 혼합비율의 범위 내에 연료와 산소가 혼합되지 않으면 점화원의 존재하에도 발화하지 않는다.
② 연소한계는 하한계(Lower Limit)와 상한계(Upper Limit)가 있다.
③ 연소한계를 일명 폭발한계라고도 해석할 수 있다.
④ 가연성 기체라면 점화원의 존재하에 그 농도와 관계없이 발화한다.

31 최소산소농도(MOC : Minimum Oxygen Concentration)에 대한 설명으로 옳지 않은 것은?

○ 21년 기출

① 연소상한계에 의해 최소산소농도가 결정된다.
② 연소할 때 화염이 전파되는 데 필요한 임계산소농도를 말한다.
③ 완전연소반응식의 산소 몰수에 의해 최소산소농도가 결정된다.
④ 프로판(C_3H_8) 1몰(mol)이 완전 연소하는 데 필요한 최소산소농도는 10.5 %이다.

32 가연성 기체 또는 액체의 연소범위에 대한 설명으로 옳지 못한 것은?

① 하한이 낮을수록 발화위험이 높다.
② 연소범위가 넓을수록 발화위험이 크다.
③ 상한이 높을수록 발화위험이 작다.
④ 연소범위는 주위 온도에 관계가 깊다.

33 메틸알코올(CH_3OH)의 최소산소농도(MOC : Minimum Oxygen Concentration, %)로 옳은 것은? (CH_3OH의 연소 상한계는 37 %, 연소범위의 상·하한 폭은 30 %이다.)

○ 22년 기출

① 5.0
② 8.5
③ 10.5
④ 14.0

34 가연성 가스 중 위험도가 가장 큰 물질은? (단, 연소범위는 메탄 5 %~15 %, 에탄 3 %~12.4 %, 프로판 2.1 %~9.5 %, 부탄 1.8 %~8.4 %이다.)

○ 20년 기출

① 메탄
② 에탄
③ 프로판
④ 부탄

35 다음의 가연성 물질 중 위험도가 가장 높은 것은?

구분	수소	에틸렌	디에틸에테르	산화에틸렌
연소범위	4~75%	3~36%	1.9~48	3~80

① 수소
② 에틸렌
③ 디에틸에테르
④ 산화애틸렌

36 다음의 가연성 가스(A, B, C) 중 위험도가 낮은 것에서 높은 순서로 옳게 나열한 것은?

◎ 24년 기출

> A : 연소하한계 = 2 vol%, 연소상한계 = 22 vol%
> B : 연소하한계 = 4 vol%, 연소상한계 = 75 vol%
> C : 연소하한계 = 1 vol%, 연소상한계 = 44 vol%

① A, B, C
② A, C, B
③ B, A, C
④ C, B, A

37 가연성 가스 3종이 다음과 같이 혼합되어 있을 때 르샤틀리에(Le Chatelier)식에 따라 부피비로 계산된 혼합가스의 연소하한계[vol%]는?

◎ 24년 기출

> • 혼합가스 내 각 성분의 체적(V) : V_A = 20 vol%, V_B = 40 vol%, V_C = 40 vol%
> • 각 성분의 연소하한계(L) : L_A = 4 vol%, L_B = 20 vol%, L_C = 10 vol%

① 약 4.3
② 약 9.1
③ 약 11.0
④ 약 12.8

38 MOC(Minimum Oxygen Concentration : 최소 산소 농도)가 가장 작은 물질은?

구분	메탄(CH₄)	에탄(C₂H₆)	프로판(C₃H₈)	부탄(C₄H₁₀)
LFL(연소하한계)	5	3	2.1	1.8

① 메탄(CH_4) ② 에탄(C_2H_6)
③ 프로판(C_3H_8) ④ 부탄(C_4H_{10})

39 가연물이 서서히 산화되어 축적, 발열, 발화하는 현상을 무엇이라 하는가?

① 분해연소 ② 자기연소
③ 자연발화 ④ 폭굉

40 자연발화에 영향을 주는 인자로서 관계가 없는 것은?

① 열의 축적 ② 열의 전도율
③ 공기의 유통 ④ 전기적 스파크

41 자연발화를 방지하고자 한다. 이에 대한 설명으로 옳지 않은 것은?

① 습도가 높은 것을 피한다. ② 저장실의 온도를 높인다.
③ 통풍을 잘 시킨다. ④ 열이 쌓이지 않게 퇴적방법에 주의한다.

42 열원은 화학열, 전기열, 기계열, 원자력열로 분류할 수 있는데 다음 중 화학열로 볼 수 없는 것은?

① 자연발열 ② 압축열
③ 연소열 ④ 분해열

43 블레비(BLEVE: Boiling Liquid Expanding Vapor Explosion)현상의 특징으로 옳지 않은 것은?

◦ 21년 기출

① 액화가스 저장탱크에서 일어날 수 있다는 점에서는 증기운 폭발과 같다.
② 액화가스 저장탱크에서 물리적 폭발이 순간적으로 화학적 폭발로 이어지는 현상이다.
③ 블레비의 규모는 파열 시 액체의 기화량에는 차이가 있으나 탱크의 용량에 따른 차이는 없다.
④ 직접 열을 받은 부분이 액화가스 저장탱크의 인장 강도를 초과할 경우 기상부에 면하는 지점에서 파열하게 된다.

44 폭발발생원인 중 물리적 또는 기계적인 원인인 것은?

① 증기운 폭발
② 증기폭발
③ 분해폭발
④ 석탄분진의 폭발

45 디토네이션(Detonation)에 대한 설명으로 틀린 것은?

① 발열반응으로 연소의 전파속도가 그 물질 내에서 음소보다 느린 것을 말한다.
② 물질 내 충격파가 발생하여 반응을 일으키고 또한 반응을 유지하는 현상이다.
③ 충격파에 의해 유지되는 화학반응 현상이다.
④ 반응의 전파속도가 그 물질 내에서 음속보다 빠른 것을 말한다.

46 연소반응의 디토네이션(Detonation) 현상에서의 열에너지 공급원은?

① 전도
② 대류
③ 복사
④ 충격파

47 다음은 열의 전달 형태에 대한 설명이다. ( ) 안에 들어갈 내용으로 옳은 것은? ○ 18년 기출

> 가. 일반적으로 화재의 초기단계에서 열의 전달은 (㉠)에 기인한다.
> 나. 화재 시 연기가 위로 향하는 것이나 화로(火爐)에 의해 실내의 공기가 따뜻해지는 것은 (㉡)에 의한 현상이다.

	㉠	㉡
①	전도	대류
②	복사	전도
③	전도	비화
④	대류	전도

48 폭연에 대한 설명 중 옳은 것은?

① 발열반응으로서 연소의 전파속도가 그 물질 내의 음속보다 느린 것을 말한다.
② 중요한 가열기구의 충격파에 의한 충격압력을 말한다.
③ 혼합비가 연소범위 상한보다 약간 높은 곳에서 발생하는 것을 말한다.
④ 발열반응으로서 연소의 전파속도가 음속보다 빠른 현상을 말한다.

49 다음 중 분진에 의한 화재의 위험성이 없는 것은?

① 마그네슘
② 수산화칼슘
③ 유황
④ 알루미늄

50 작열연소의 형태를 보여주지 못한 것은?

① 목재
② 경유
③ 숯
④ 종이

51 액체 연료의 증발형태에 연소 시 관련이 없는 것은?

① 액면연소 ② 등심연소
③ 분해연소 ④ 분무연소

52 숯, 코크스가 연소되는 형태는 다음 중 어느 것인가?

① 표면연소 ② 자기연소
③ 증발연소 ④ 분해연소

53 〈보기〉에서 표면연소에 해당하는 것을 옳게 고른 것은?   ㅇ 18년 기출

〈보기〉	
ㄱ. 숯	ㄴ. 목탄
ㄷ. 코크스	ㄹ. 플라스틱

① ㄱ, ㄴ, ㄷ ② ㄱ, ㄴ, ㄹ
③ ㄱ, ㄷ, ㄹ ④ ㄴ, ㄷ, ㄹ

54 공기 중의 산소는 필요하지 않고 분자 중에 함유하고 있는 산소가 열분해에 의하여 산소를 발생하여 연소하는 형태를 무슨 연소라고 하는가?

① 증발연소 ② 자기연소
③ 분해연소 ④ 표면연소

55 불완전연소에 관한 설명으로 옳지 않은 것은? ○ 24년 기출

① 산소 과잉 상태에서 발생한다.
② 불꽃이 저온 물체와 접촉하여 온도가 내려갈 때 발생한다.
③ 일산화탄소, 그을음과 같은 연소생성물이 발생한다.
④ 연소실 내 배기가스의 배출이 불량할 때 발생한다.

56 백드래프트(back draft)에 대한 설명으로 옳은 것은? ○ 21년 기출

① 불완전 연소에 의해 발생된 일산화탄소가 가연물로 작용하여 폭발하는 현상이다.
② 화재 진압 시 지붕 등 상부를 개방하는 것보다 출입문을 먼저 개방하는 것이 효과적인 전술이다.
③ 밀폐된 실내에서 발생되는 현상으로, 출입문을 한 번에 완전히 개방하여 연기를 일순간에 배출해야 폭발력을 억제할 수 있다.
④ 연료지배형화재가 진행되고 있는 공간에 산소가 일시적으로 다량 공급됨에 따라 가연성가스가 폭발적으로 연소하는 현상이다.

57 백드래프트(back draft)의 발생 징후로 옳지 않은 것은? ○ 24년 기출

① 유리창 안쪽에 타르와 유사한 물질이 흘러내려 얼룩진 경우
② 창문을 통해 보았을 때 건물 내에서 연기가 소용돌이치는 경우
③ 화염은 보이지 않지만 창문과 문손잡이가 뜨거운 경우
④ 균열된 틈이나 작은 구멍을 통하여 건물 밖으로 연기가 밀려 나오는 경우

58 다음 중 블레비(BLEVE) 현상을 설명한 것은 어느 것인가?

① 물이 점성이 뜨거운 기름 표면 아래서 끓을 때 화재를 수반하지 않고 오버 플로(Over Flow) 되는 현상
② 물이 연소유의 뜨거운 표면에 들어갈 때 발생하는 오버 플로 현상
③ 탱크바닥에 물과 기름의 에멀션이 섞여 있을 때 물의 비등으로 인하여 급격하게 오버 플로되는 현상
④ 액화가스를 저장하는 용기주변에 화재 등의 발생으로 용기를 가열하는 경우 액화가스의 비등으로 압력이 급격히 상승한 경우 용기가 파열되는 현상

59 블레비(BLEVE)에 관한 설명으로 옳지 않은 것은? ○ 24년 기출

① 가연물이 비점 이상으로 가열될 때 발생한다.
② 저장탱크의 기계적 강도 이상의 압력이 형성될 때 발생한다.
③ 저장탱크 균열로 인한 액상, 기상의 동적 평형 상태가 유지된다.
④ 저장탱크의 외부 표면에 열전도성이 작은 물질로 단열 조치하여 예방한다.

60 액화가스를 저장하는 용기주변에 화재 등의 발생으로 용기를 가열하는 경우 액화가스의 비등으로 압력이 급격히 상승한다. 이때 안전장치(안전밸브, 봉판)를 통하여 이루어지는 압력의 완화율 보다 내부의 압력증가율이 큰 경우 용기가 파열되는 현상은?

① SLOP OVER   ② FROTH OVER
③ BOIL OVER   ④ BLEVE

61 연료지배형화재와 환기지배형화재에 대한 설명으로 옳지 않은 것은? ○19년 기출

① 환기지배형화재는 공기공급이 충분하지 않으므로 불완전연소가 심하다.
② 연료지배형화재는 공기공급이 충분한 조건에서 발생한 화재가 일반적이다.
③ 연료지배형화재는 주로 큰 창문이나 개방된 공간에서, 환기지배형화재는 내화구조 및 콘크리트 지하층에서 발생하기 쉽다.
④ 일반적으로 플래시오버 전에는 환기지배형화재가, 이후 에는 연료지배형화재가 지배적이다.

62 연소의 주요 생성물을 분류하면 크게 4종류로 구분할 수 있다. 이에 해당되는 것은?

① 연소가스, 불꽃, 열, 연기
② 연기, 불꽃, 열, 산소
③ 연소가스, 불꽃, 연기, 암모니아
④ 연소가스, 일산화탄소, 불꽃, 열

63 건물화재 시 사망 원인 중 가장 큰 비중을 차지하는 것은?

① 연소가스에 의한 질식   ② 화상
③ 열충격   ④ 기계적 상해

64 건물 내부에서 화재가 발생하여 연기로 인한 의식불명 또는 질식을 가져오는 유해 성분은 어느 것인가?

① 일산화탄소(CO)   ② 이산화탄소(CO_2)
③ 수소(H_2)   ④ 수증기(H_2O)

65 연소가스 중 가장 많은 양을 차지하고 있으며 가스 그 자체의 독성은 거의 없으나 다량이 존재할 경우 사람의 호흡속도를 증가시키고 이로 인해 화재가스에 혼합된 유해가스의 혼입을 증가시켜 위험을 가중시키는 가스는?

① 일산화탄소(CO)　　　　　　② 이산화탄소(CO_2)
③ 이산화황(SO_2)　　　　　　④ 암모니아(NH_3)

66 화재 시 발생되는 연소가스 중 적은 양으로는 인체에 거의 해가 없으나 많은 양을 흡입하면 질식을 일으키며, 소화약제로도 사용되는 가스는?

① 일산화탄소(CO)　　　　　　② 이산화탄소(CO_2)
③ 수증기(H_2O)　　　　　　　④ 수소(H_2)

67 화재 시 흡입된 일산화탄소의 화학적 작용에 대하여 사람이 질식, 사망하게 되는데, 다음 중 인체 내의 어떠한 물질과 작용하는가?

① 적혈구　　　　　　　　　　② 백혈구
③ 혈소판　　　　　　　　　　④ 헤모글로빈

68 화재 시 발생하는 연소가스에 포함되어 인체에서 혈액의 산소 운반을 저해하고 두통, 근육조절의 장해를 일으키는 것은?

① 이산화탄소(CO_2)　　　　　② 일산화탄소(CO)
③ 시안화수소(HCN)　　　　　④ 황화수소(H_2S)

69 연소 시 생성물로서 인체에 유해한 영향을 미치는 것으로 옳지 않은 것은?

① 암모니아는 냉매로 쓰이고 있으므로 누출 시 동해(凍害)의 위험이있고, 자극성이다.
② 황화수소가스는 자극성이며 조금만 호흡해도 감지능력을 상실케 한다.
③ 일산화탄소는 헤모글로빈과의 결합력이 극히 강하여 질식작용에 의한 독성을 나타낸다.
④ 아크롤레인은 독성은 약하나 화학제품의 연소 시 소량 발생하므로 쉽게 치사농도에 이르진 않게 된다.

70 다음 설명에 해당하는 연소가스는? ○ 19년 기출

> 청산가스라고도 하며, 인체에 대량 흡입되면 헤모글로빈과 결합되지 않고도 질식을 유발할 수 있다.

① 암모니아(NH_3)   ② 시안화수소(HCN)
③ 이산화황(SO_2)   ④ 일산화탄소(CO)

71 연소생성물 중 시안화수소를 발생하는 물질은?

① 폴리에틸렌(PE)   ② 폴리우레탄(PU)
③ 폴리염화비닐(PVC)   ④ 폴리프로필렌(PP)

72 화재 시 발생하는 연소가스 중 유황성분이 포함되어 있는 물질의 불완전연소에 의하여 발생하는 가스는?

① 이산화황(SO_2)   ② 황산(H_2SO_4)
③ 황화수소(H_2S)   ④ 황산납($PbSO_4$)

73 화재 시 발생되는 독성가스 중에서 달걀 썩는 냄새가 나는 특징이 있는 가스는?

① 황화수소(H_2S) ② 염화수소(HCl)
③ 시안화수소(HCN) ④ 이산화황(SO_2)

74 다음과 관계있는 연소생성가스로 옳은 것은? ○ 18년 기출

> 질소 함유물인 열경화성 수지 또는 나일론 등의 연소 시 발생하고, 냉동시설의 냉매로 많이 쓰이고 있으므로 냉동 창고 화재 시 누출가능성이 크며, 허용 농도는 25ppm이다.

① 포스겐($COCl_2$) ② 암모니아(NH_3)
③ 일산화탄소(CO) ④ 시안화수소(HCN)

75 가연물질이 열분해되어 생성된 가스 중 독성이 가장 큰 것은?

① 일산화탄소 ② 염화수소
③ 이산화탄소 ④ 포스겐가스

76 PVC (폴리염화비닐)이 연소할 때 생성되는 연소가스에 해당하지 않는 것은?

① 염화수소(HCl) ② 이산화탄소(CO_2)
③ 일산화탄소(CO) ④ 이산화질소(NO_2)

77 독성이 매우 높은 가스로서 석유제품, 유지류 등이 연소할 때 생성되는 가스?

① 시안화수소(HCN) ② 암모니아(NH_3)
③ 포스겐($COCl_2$) ④ 아크롤레인(CH_2CHCHO)

78 일반 고체가연성 물질이 연소 시 발생하는 물질 중 가장 거리가 먼 것은?

① 아황산가스(SO_2) ② 일산화탄소(CO)
③ 이산화탄소(CO_2) ④ 사염화탄소(CCl_4)

79 목재와 같은 일반 가연물이 탈 때 생기는 연소가스의 종류가 아닌 것은?

① 포스겐($COCl_2$) ② 일산화탄소(CO)
③ 이산화탄소(CO_2) ④ 수증기(H_2O)

80 목재류의 연소가 주종이 되는 화재에서 발생하는 가스 중 인명피해를 가장 많이 주는 것은?

① 이산화탄소(CO_2) ② 일산화탄소(CO)
③ 시안화수소(HCN) ④ 포스겐($COCl_2$)

81 산소 결핍증은 산소의 농도가 최소 몇 [%] 정도일 때인가?

① 15 ② 21
③ 25 ④ 30

82 가연성 물질의 연소 생성물인 연기가 인체에 미치는 영향과 가장관계가 없는 것은?

① 시각적 장애 ② 심리적 두려움
③ 질식, 통증 ④ 촉각의 둔화

83 화재 시 발생되는 것 중 일반적으로 인체에 가장 많은 피해를 주는 것은?

① 연소가스
② 화염
③ 열
④ 연기

84 화재 시 연기가 인체에 영향을 미치는 요인 중 가장 중요한 것은?

① 연기 중의 미립자
② 일산화탄소의 증가와 산소의 감소
③ 탄산가스의 증가로 인한 산소의 희석
④ 연기 속에 포함된 수분의 양

85 고층건축물에서 연기유동을 일으키는 요인을 모두 고른 것은?   ◐ 20년 기출

| ㄱ. 부력효과 | ㄴ. 바람에 의한 압력차 |
| ㄷ. 굴뚝효과 | ㄹ. 공기조화설비의 영향 |

① ㄱ, ㄴ
② ㄱ, ㄷ
③ ㄴ, ㄷ, ㄹ
④ ㄱ, ㄴ, ㄷ, ㄹ

86 문틈으로 연기가 새어 들어오는 화재를 발견했을 때 안전대책으로 잘못된 것은?

① 문을 열지 않고 젖은 수건이나 옷으로 문틈을 완전히 밀폐한다.
② 바닥에 엎드려 짧게 숨을 쉬면서 대비책을 강구한다.
③ 문을 열고 대피한다.
④ 창문으로 가서 외부에 자신의 위치를 알린다.

87 화재 시 발생하는 연기(smoke)에 대한 설명으로 옳지 않은 것은?   ◐ 21년 기출

① 연기의 수직 이동속도는 수평 이동속도보다 빠르다.
② 연기의 감광계수가 증가할수록 가시거리는 짧아진다.
③ 중성대는 실내 화재 시 실내와 실외의 온도가 같은 면을 의미한다.
④ 굴뚝효과는 건축물의 내부와 외부의 온도차에 의해 내부의 더운 공기가 상승하는 현상이다.

88 건물화재 시 계단실 내에서 연기의 상승속도는?

① 약 0.5~1[m/s] ② 약 1~2[m/s]
③ 약 3~5[m/s] ④ 약 5~7[m/s]

89 건물내부의 화재 시 발생한 연기의 농도가 감광계수로 10일 때 상황을 알맞게 설명한 것은?

① 화재 최성기 때의 농도
② 어두운 것을 느낄 정도의 농도
③ 연기감지기가 작동할 때의 농도
④ 출화실에서 연기가 분출할 때의 농도

90 건축물 내에서 화재가 발생하여 연기감지기가 작동할 정도면 감광계수는 얼마인가?

① 0.1 ② 0.3
③ 0.5 ④ 0.7

91 습기가 많을 때 그 전달속도가 빨라져 사람의 방호능력을 떨어뜨리고, 폐 속으로 급히 흡입하면 혈압이 떨어져 혈액순환 장애를 초래하여 사망에 이르게 하는 화재 시 연소 생성물은?

① 분진 ② 수분
③ 열 ④ 연기

92 화상 부위가 분홍색이 되고 분비액이 많은 화상의 정도는?

① 1도 화상 ② 2도 화상
③ 3도 화상 ④ 4도 화상

93 기체상 연료노즐에서의 연소에 대한 일반적인 설명으로 옳은 것을 있는 대로 모두 고른 것은?

○ 22년 기출

> ㄱ. 역화는 연료의 연소속도가 분출속도보다 빠를 때 불꽃이 연료노즐 속으로 빨려 들어가 연료노즐 속에서 연소하는 현상이다.
> ㄴ. 선화는 불꽃이 연료노즐 위에 들뜨는 현상으로 연료노즐에서 연료기체의 연소속도가 분출속도보다 느릴 때 발생하는 현상이다.
> ㄷ. 황염은 분출하는 기체연료와 공기의 화학양론비에서 공기량이 적을 때 발생한다.
> ㄹ. 연료노즐에서 흐름이 난류(turbulent)인 경우, 확산연소에서 화염의 높이는 분출 속도에 비례한다.

① ㄱ, ㄴ
② ㄷ, ㄹ
③ ㄱ, ㄴ, ㄷ
④ ㄱ, ㄴ, ㄷ, ㄹ

94 다음 용어 설명 중 적합하지 않은 것은?

① 자연발열이라 함은 어떤 물질이 외부로부터 열을 공급 받지 아니하고 온도가 상승하는 현상이다.
② 분해열이라 함은 화합물이 분해할 때 발생하는 열을 말한다.
③ 용해열이라 함은 어떤 물질이 분해될 때 발생하는 열을 말한다.
④ 연소열은 어떤 물질이 완전히 산화되는 과정에서 발생하는 열을 말한다.

95 화염의 직경이 0.1m 인 화원의 중심으로부터 1m 떨어진 물체에 전달되는 복사열유속[kW/m^2]은? (단, 화염의 열방출률은 120kW, 총 열방출에너지 중 복사된 열에너지 분율은 0.5, 원주율은 3으로 계산한다.)

○ 24년 기출

① 3.5
② 4.0
③ 4.5
④ 5.0

96 프로판(C_3H_8) 가스 3mol이 완전 연소 시 필요한 산소의 mol수는 얼마인가?

① 5
② 10
③ 15
④ 20

97 가연물의 연소 시 필요한 산소는 공기 중 체적비로 21%이다. 메탄(CH_4)의 완전연소 시 필요한 이론공기량은 메탄(CH_4)의 체적에 대하여 몇 배 인가?

① 약 2배
② 약 2.5배
③ 약 7배
④ 약 9.5배

98 1기압, 20 ℃인 조건에서 메탄(CH_4) 2 ㎥가 완전 연소하는 데 필요한 산소 부피는 몇 ㎥인가?

○ 21년 기출

① 2
② 3
③ 4
④ 5

99 할론 1301의 기체의 비중은 얼마인가? (공기의 분자량은 29이다. F의 원자량은 19, Br의 원자량은 80으로 하고 소숫점이하 셋째자리에서 반올림한다.)

① 2.76
② 4.93
③ 5.14
④ 9.74

100 20 ℃, 1기압의 프로판(C_3H_8) 1㎥를 완전연소시키는 데 필요한 20 ℃, 1기압의 산소 부피는 얼마인가?

○ 19년 기출

① 1㎥
② 3㎥
③ 5㎥
④ 7㎥

101 다음 가연성 기체 1[mol]이 완전 연소하는데 필요한 이론 공기량으로 틀린 것은? (단, 체적비로 계산하며 공기 중 산소의 농도를 21[vol%]로 한다.)

① 수소(H) - 약 2.38[mol]
② 메탄(CH_4) - 약 9.52[mol]
③ 아세틸렌(C_2H_2) - 약 16.97[mol]
④ 프로판(C_3H_8) - 약 23.81[mol]

102 800 ℃, 1기압에서 황(S) 1 kg이 공기 중에서 완전 연소할 때 발생되는 이산화황의 발생량(㎥)은? (단, 황(S)의 원자량은 32, 산소(O)의 원자량은 16이며, 이상기체로 가정한다.)   ○ 22년 기출

① 2.00
② 2.35
③ 2.50
④ 2.75

103 가연성 혼합기의 최소발화(점화)에너지(MIE, Minimum Ignition Energy)에 영향을 주는 요인에 관한 설명으로 옳지 않은 것은?   ○ 23년 기출

① 온도가 상승하면 최소발화에너지는 작아진다.
② 압력이 상승하면 최소발화에너지는 작아진다.
③ 열전도율이 낮아지면 최소발화에너지는 커진다.
④ 화학양론비 부근에서 최소발화에너지는 최저가 된다.

104 연소속도에 영향을 미치는 요인을 모두 고른 것은?   ○ 21년 기출

> ㄱ. 가연성 물질의 종류
> ㄴ. 촉매의 존재 유무와 농도
> ㄷ. 공기 중 산소량
> ㄹ. 가연성 물질과 산화제의 당량비

① ㄱ, ㄴ
② ㄱ, ㄴ, ㄷ
③ ㄴ, ㄷ, ㄹ
④ ㄱ, ㄴ, ㄷ, ㄹ

105 가연성 액체의 연소현상에 관한 설명으로 옳지 않은 것은? ○ 23년 기출

① 가연성 액체의 연소와 관련된 온도는 발화점, 연소점, 인화점 순으로 높다.
② 인화점과 발화점이 가까운 액체일수록 재점화가 어렵고 냉각에 의한 소화활동이 용이하다.
③ 인화점과 연소점의 차이는 외부 점화원을 제거했을 경우 화염 전파의 지속성 여부에 따라 구분된다.
④ 연소반응은 열생성률(heat production rate)이 외부로의 열손실률(heat loss rate)보다 큰 조건에서 지속된다.

106 가연성 액체의 인화점에 대한 설명으로 옳은 것은? ○ 19년 기출

① 증기가 연소범위의 하한계에 이르러 점화되는 최저온도
② 증기가 발생하기 시작하는 최저온도
③ 물질이 자체의 열만으로 착화하는 최저온도
④ 발생한 화염이 지속적으로 연소하는 최저온도

107 화재 시 연소생성물에 관한 설명으로 옳지 않은 것은? ○ 23년 기출

① 황화수소는 썩은 달걀과 비슷한 냄새가 난다.
② 연기로 인한 빛의 감소를 나타내는 감광계수는 가시거리와 반비례한다.
③ 일산화탄소는 산소와 헤모글로빈의 결합을 방해하여 질식에 이르게 할 수 있다.
④ TLV(Threshold Limit Value)로 측정한 독성가스의 허용 농도는 불화수소, 시안화수소, 암모니아, 포스겐 순으로 높다.

108 폭발에 대한 일반적인 설명으로 옳은 것은? ○ 22년 기출

① 아세틸렌과 산화에틸렌은 분해폭발을 일으키기 쉬운 물질이다.
② 상온에서 탱크에 저장된 중유가 유출되면 자유공간 증기운폭발이 일어난다.
③ 밀폐공간에서 조연성가스가 폭발범위를 형성하면 점화원에 의해 가스폭발이 일어난다.
④ 다량의 고온물질이 물속에 투입되었을 때 물의 갑작스러운 상변화에 의한 폭발현상을 반응폭주라 한다.

109 폭발에 관한 설명으로 옳은 것만을 〈보기〉에서 있는 대로 고른 것은?   ○ 23년 기출

> ㄱ. 증기폭발은 액체의 급속한 기화로 인해 체적이 팽창 되어 발생하는 현상이다.
> ㄴ. 가스폭발은 분진폭발보다 최소발화에너지가 크다.
> ㄷ. 분해폭발은 공기나 산소와 섞이지 않더라도 가연성 가스 자체의 분해 반응열에 의해 폭발하는 현상이다.
> ㄹ. 폭발(연소)범위는 초기온도 및 압력이 상승할수록 분자 간 유효충돌 할 가능성이 높아지기 때문에 넓어진다.

① ㄱ, ㄴ
② ㄷ, ㄹ
③ ㄱ, ㄴ, ㄹ
④ ㄱ, ㄷ, ㄹ

110 다음 설명에 해당하는 것은?   ○ 18년 기출

> 가연성 고체의 미분이 공기 중에 부유하고 있을 때에 어떤 점화원에 의해 에너지가 주어지면 폭발하는 현상을 말한다.

① 가스폭발
② 분무폭발
③ 분해폭발
④ 분진폭발

111 분진폭발에 영향을 미치는 인자에 관한 설명으로 옳지 않은 것은?   ○ 23년 기출

① 분진의 발열량이 클수록 폭발하기 쉽다.
② 분진의 부유성이 클수록 폭발이 용이해진다.
③ 분진폭발은 분진의 입자직경에 영향을 받는다.
④ 분진의 단위체적당 표면적이 작아지면 폭발이 용이해진다.

112 폭발에 대한 설명으로 옳지 않은 것은? ○ 21년 기출

① 폭연은 폭굉보다 폭발압력이 낮다.
② 분해폭발은 산소에 관계없이 단독으로 발열 분해반응을하는 물질에서 발생한다.
③ 물리적 폭발은 물질의 상태(기체, 액체, 고체)가 변하거나 온도, 압력 등 조건의 변화에 따라 발생한다.
④ 중합폭발은 가연성 액체의 무적(霧滴, mist)이 일정 농도이상으로 조연성 가스 중에 분산되어 있을 때 착화하여 발생한다.

113 폭연(deflagration)과 폭굉(detonation)에 관한 설명으로 옳은 것은? ○ 23년 기출

① 예혼합가스의 초기압력이 높을수록 폭굉유도거리가 길어진다.
② 화염전파속도는 폭연의 경우 음속보다 느리며, 폭굉의 경우 음속보다 빠르다.
③ 폭연은 폭굉으로 전이될 수 없으나 폭굉은 폭연으로 전이 될 수 있다.
④ 폭연은 화염면에서 온도, 압력, 밀도의 변화가 불연속적으로 나타난다.

114 다음은 폭연에서 폭굉으로 전이되는 과정이다. (   ) 안에 들어갈 단계로 옳은 것은? ○ 24년 기출

착화 → (ㄱ) → (ㄴ) → (ㄷ) → 폭굉파

	ㄱ	ㄴ	ㄷ
①	화염전파	압축파	충격파
②	화염전파	충격파	압축파
③	압축파	화염전파	충격파
④	압축파	충격파	화염전파

115 폭발에 대한 설명으로 옳지 않은 것은? ○ 20년 기출

① 증기폭발은 폭발물질의 물리적 상태에 따른 분류 중 기상폭발에 해당한다.
② 폭굉은 연소반응으로 발생한 화염의 전파 속도가 음속 보다 빠른 것을 말한다.
③ 블레비(BLEVE)는 액화가스저장탱크 등에서 외부열원에 의해 과열되어 급격한 압력 상승의 원인으로 파열되는 현상이며, 폭발의 분류 중 물리적 폭발에 해당한다.
④ 폭발은 물리적, 화학적 변화의 결과로 발생된 급격한 압력 상승에 의한 에너지가 외계로 전환되는 과정에서 파열, 폭음 등을 동반하는 현상을 말한다.

116 가연성 물질의 화재 위험성에 대한 설명으로 옳은 것은?

① 비열, 연소열, 비점이 작거나 낮을수록 위험하다.
② 증발열, 연소열, 연소속도가 크거나 빠를수록 위험하다.
③ 표면장력, 인화점, 발화점이 작거나 낮을수록 위험하다.
④ 비중, 압력, 융점이 크거나 높을수록 위험하다.

CHAPTER 04 화재이론

01 화재를 수반하지 않고 나타나는 현상으로 유류탱크 내에 존재하던 물이 뜨거워진 기름에 의해 비등하여 유류를 탱크 밖으로 흘러넘치게 하는 현상을 무엇이라 하는가?

① 보일 오버 ② 슬롭 오버
③ 프로스 오버 ④ 오일 오버

02 상부가 개방된 다양한 비점을 가진 유류탱크에서 화재 시 열류층을 형성하고 열이 탱크 저부에 있는 물에 도달되어 물이 비등하면서 상부의 기름을 탱크 밖으로 흘러넘치게 하는 현상은?

① 보일 오버 ② 슬롭 오버
③ 프로스 오버 ④ 오일 오버

03 유류화재 시 물이 포함된 소화약제를 방사하면 급격한 비등으로 수증기로의 부피 팽창에 의해 불붙은 유류를 탱크외부로 분출시키는 화재를 확대시키는 현상을 무엇이라 하는가?

① 보일 오버 ② 슬롭 오버
③ 프로스 오버 ④ 오일 오버

04 유류저장탱크 내 유류 표면에 화재 발생 시 뜨거운 열류층이 형성되고 그 열파가 장시간에 걸쳐 바닥까지 전달되어 하부의 물이 비점 이상으로 가열되면서 부피가 팽창해 저장된 유류가 탱크 외부로 분출되었다. 이에 해당하는 현상으로 옳은 것은? ● 24년 기출

① 보일오버(boil over) ② 슬롭오버(slop over)
③ 프로스오버(froth over) ④ 오일오버(oil over)

05 정전기발생 방지대책으로 잘못된 것은?

① 접지시설을 한다.
② 공기를 이온화시킨다.
③ 도체의 사용한다.
④ 상대습도를 70% 이하로 유지한다.

06 화재의 분류에서 A급 화재는 어떤 화재를 말하는가?

① 일반화재　　　　　　② 유류화재
③ 전기화재　　　　　　④ 금속화재

07 통전중인 전기시설물에서 발생한 화재로 단락(합선)등의 원인과 관련이 있는 화재는?

① A급 화재　　　　　　② B급 화재
③ C급 화재　　　　　　④ D급 화재

08 전기화재(C급화재) 및 주방화재(K급화재)에 관한 설명으로옳지 않은 것은?　　○ 23년 기출

① 주방화재의 가연물 중 하나인 식용유의 발화점은 비점 보다 낮다.
② 도체 주위의 자기장 변화에 의해 발생된 유도전류는 전기 화재의 점화원으로 작용할 수 있다.
③ 식용유로 인한 화재 시 유면상의 화염을 제거하면 복사열에 의한 기화를 차단하여 재발화를 방지할 수 있다.
④ 전기화재의 발생 원인 중 누전은 전류가 전선이나 기구 에서 절연 불량 등의 원인으로 정해진 전로(배선) 밖으로 흐르는 현상이다.

09 화재의 분류와 그에 따른 색상표시가 맞지 않는 것은?

① A급 화재(일반화재) – 백색
② C급 화재(전기화재) – 녹색
③ D급 화재(금속화재) – 무색
④ B급 화재(유류화재) – 황색

10 내화구조 건축물의 화재 진행 사항으로 바르게 된 것은?

① 초기 – 플래시오버 – 성장기 – 최성기 – 종기
② 초기 – 성장기 – 최성기 – 플래시오버 – 종기
③ 초기 – 성장기 – 플래시오버 – 최성기 – 종기
④ 초기 – 플래시오버 – 최성기 – 성장기 – 종기

11 실내 화재의 진행 과정을 설명한 내용으로 옳지 않은 것은? ○ 21년 기출

① 발화기 – 건물 내의 가구 등이 독립 연소하고 있으며 다른 동(棟)으로의 연소 위험은 없다.
② 성장기 – 화재의 진행이 급속히 이루어지고 개구부에서는 검은 연기가 분출된다.
③ 최성기 – 산소가 부족하여 연소되지 않은 가스가 다량 발생된다.
④ 감퇴기 – 지붕이나 벽체, 대들보나 기둥도 무너져 떨어지고 열 발산율은 증가하기 시작한다.

12 실내화재 시 실내가 순간적으로 화염이 충만하는 시기는?

① 종기   ② 성장기
③ 초기   ④ 최성기

13 실내 일반화재 진행 과정에 관한 설명으로 옳은 것은?   ○ 24년 기출

① 화재 초기에는 실내 온도가 급격하게 상승하기 시작한다.
② 성장기에는 급속한 연소 진행으로 환기지배형 화재 양상이 나타난다.
③ 최성기에는 실내 화염이 최고조에 도달하나 실내 산소 부족으로 연소속도가 느려진다.
④ 감쇠기에는 화염의 급격한 소멸로 훈소 상태가 되어 백드래프트(back draft)의 위험이 없다.

14 건축물 실내 화재 시 지속적인 열의 공급에 의해 순간적으로 착화가 일어나는 현상을 무엇이라 하는가?

① 보일 오버
② 플래시 오버
③ 프로스 오버
④ 백드래프트

15 플래시 오버 지연대책으로 잘못된 것은?

① 내장재를 불연화하는 순서는 천정, 벽, 바닥 순이다.
② 열전도율이 작은 내장재료를 사용한다.
③ 개구율을 작게 할수록 지연된다.
④ 개구율을 아주 크게 할수록 지연시킬 수 있다.

16 화재로 인하여 밀폐된 실내의 상층부는 고열의 기체가 축적되고 산소가 부족한 상태에서 연소가 계속 진행 되는 도중 새로운 산소가 유입되면 축적되어 있던 고열가스가 폭발적으로 연소하는 현상을 무엇이라 하는가?

① 플래시 오버
② 백드래프트
③ 보일 오버
④ 증기운 폭발

17 백드래프트(Back draft)에 관한 사항으로 잘못된 것은?

① 산소의 공급에 의해 발생한다.
② 화재의 진행 단계 중 백 드래프트(B·D)는 감쇠기에서 주로 발생한다.(최성기 후)
③ 충격파를 발생한다.
④ 열의 공급에 의해 발생한다.

18 일반화재에 해당하는 것만을 〈보기〉에서 있는 대로 고른 것은? ○ 24년 기출

〈보 기〉
ㄱ. 통전 중인 배전반에서 불이 난 경우
ㄴ. 외출 시 전원이 차단된 콘센트에서 불이 난 경우
ㄷ. 실외 난로가 넘어지면서 새어 나온 석유에 불이 붙은 경우
ㄹ. 실험실 시험대 위 나트륨 분말에서 불이 난 경우

① ㄱ   ② ㄴ
③ ㄴ, ㄹ   ④ ㄱ, ㄷ, ㄹ

19 목조건축물 화재 시 진행단계로 가장 알맞은 것은?

① 무염착화 – 발염착화 – 맹화 – 발화 – 진화
② 발염착화 – 발화 – 연소낙하 – 맹화 – 진화
③ 무염착화 – 출화 – 연소낙하 – 맹화 – 진화
④ 발염착화 – 발화 – 맹화 – 연소낙하 – 진화

20 출화를 옥내출화, 옥외출화로 구분하는데 이 중 옥외출화 시기를 나타낸 것은 어느 것인가?

① 건축물 실내의 천장 속, 벽, 내부에서 발염착화 된 때
② 준불연성, 난연성으로 피복된 내부의 목재에 발염착화 된 때
③ 건축물 외부의 지붕, 추녀 밑, 벽에 발염착화 된 때
④ 건축물 내 천장, 벽 등에 발염착화 된 때

21 목재건축물의 화재특징에 관한 설명으로 잘못된 것은?

① 불꽃없이 재로 덮인 숯불 모양으로 연소하는 시기를 발염착화라고 한다.
② 화재 특징은 고온 단시간형이다.
③ 최고온도에 도달되는 시기는 최성기단계 이다.
④ 발화란 실내의 일부가 발화한 상태를 말한다.

22 화재가혹도에 관한 설명으로 옳지 않은 것은? ○ 20년 기출

① 화재가혹도란 화재발생으로 당해 건물과 내부 수용재산 등을 파괴하거나 손상을 입히는 정도를 말한다.
② 최고온도는 화재가혹도의 질적 개념으로 화재강도와 관련이 있다.
③ 지속시간은 화재가혹도의 양적 개념으로 화재하중과 관련이 있다.
④ 화재가혹도에 영향을 미치는 환기요소는 개구부 면적의 제곱근에 비례하고 개구부 높이에 비례한다.

23 화재가혹도(fire severity)에 대한 설명으로 옳지 않은 것은? (A는 개구부의 면적, H 는 개구부의 높이이다.) ○ 22년 기출

① 화재가혹도의 크기는 화재강도와 화재하중의 영향을 받는다.
② 화재실의 최고온도와 지속시간은 화재가혹도를 판단하는 중요한 인자이다.
③ 화재실의 환기요소($A\sqrt{H}$)는 화재가혹도에 영향을 준다.
④ 화재가혹도는 화재실이나 화재구획의 단열성에 영향을 받지 않는다.

24 건축물이나 구조물 등의 화재에서 단위면적당 가연물질의 양을 표현하는 말로 주수시간을 결정하는 주요인이 되는 것은 어느 것인가?

① 화재강도   ② 화재저항
③ 화재하중   ④ 화재가혹도

25 화재 용어 중 화재실의 단위 시간당 축적되는 열의 양을 의미하는 것은?   ○ 19년 기출

① 훈소
② 화재하중
③ 화재강도
④ 화재가혹도

26 소실정도에 따른 화재의 분류 중 잘못된 것은?

① 건물의 70% 이상 소손된 화재를 전소화재라 한다.
② 전소화재, 반소화재 및 즉소화재에 해당하지 않는 화재를 부분소화재라 한다.
③ 건물의 30%이상 70% 미만 소손된 화재를 반소화재라 한다.
④ 건물의 70% 미만 소손된 화재로 재사용이 불가능한 화재를 전소화재라 한다.

27 황린은 자연발화성 물질이다. 자연발화가 쉬운 이유는 무엇인가?

① 산소를 잘 방출하기 때문에
② 비점이 낮기 때문에
③ 발화온도가 낮고, 산소와의 친화력이 좋기 때문에
④ 자기연소성이기 때문에

28 다음은 제1석유류에 대한 설명이다. (   ) 안에 들어갈 내용으로 옳은 것은?   ○ 19년 기출

> 제1석유류는 아세톤, 휘발유 그 밖에 1기압에서 (가)이 섭씨 (나)도 미만인 것이다.

	(가)	(나)
①	발화점	21
②	발화점	25
③	인화점	21
④	인화점	25

29 다음 설명 중 옳지 않은 것은?

① 식용유 화재 시 중탄산나트륨이 소화에 효과적이다.
② 금속분의 화재 시 주수에 의한 소화방법은 위험하다.
③ 제4류 위험물 화재 시 소화방법으로 적상주수가 적당하다.
④ 이산화탄소의 주된 소화효과는 질식소화이다.

30 제1석유류의 성상에 해당하는 것은?

① 산화성 고체
② 인화성 액체
③ 인화성 고체
④ 자연발화성 물질

31 제1류 위험물의 일반적 성질에 대한 설명으로 옳지 않은 것은?   ○ 18년 기출

① 불연성 물질이다.
② 강력한 환원제이다.
③ 대부분 무기화합물이다.
④ 다른 가연물의 연소를 돕는 지연성 물질이다.

32 다음 중 특수인화물류에 속하는 것은?

① 이황화탄소
② 휘발유
③ 경유
④ 메틸알코올

33 다음 중 산화성인 것으로 짝지어진 것은?

① 제2류 위험물과 제4류 위험물
② 제3류 위험물과 제5류 위험물
③ 제1류 위험물과 제6류 위험물
④ 제2류 위험물과 제5류 위험물

34 「위험물안전관리법령」상 위험물의 분류 중 가연성 고체가 아닌 것은? ○ 18년 기출

① 황린   ② 적린
③ 황   ④ 황화인

35 다음 중 가연성 고체에 해당되는 것은?

① 칼륨   ② 나트륨
③ 알킬알루미늄   ④ 마그네슘

36 제4류 위험물 중 제4석유류에 해당하는 것은?

① 중유   ② 휘발유
③ 등유   ④ 실린더유

37 제4류 위험물 중 제2석유류에 대해 바르게 설명한 것은?

① 성상은 인화성 액체이다.
② 증기비중은 1보다 작다.
③ 물에 잘 녹으며, 비중은 1보다 작다.
④ 포에 의한 소화보다 주수소화가 더 효과적이다.

38 위험물의 성상에 따른 소화방법으로 잘못된 것은?

① 인화성 액체 – 질식소화
② 가연성 고체 – 냉각소화
③ 자기반응성 물질 – 냉각소화
④ 산화성 고체 – 질식소화

39 위험물의 유별 소화방법으로 옳지 않은 것은?   ○ 23년 기출

① 탄화칼슘 화재 시 다량의 물로 냉각소화할 수 있다.
② 수용성 메틸알코올 화재에는 내알코올포를 사용한다.
③ 알킬알루미늄은 마른모래, 팽창질석, 팽창진주암으로 소화한다.
④ 적린은 다량의 물로 냉각소화하며, 소량의 적린인 경우에는 마른모래나 이산화탄소 소화약제도 일시적인 효과가 있다.

40 제3류 위험물의 화재 시 가장 적당한 소화약제는 무엇인가?

① 물
② 사염화탄소
③ 팽창질석
④ 탄산가스

41 다음 중 산화성 액체에 해당되지 않는 것은?

① 과산화수소
② 질산염류
③ 과염소산
④ 질산

42 제4류 위험물의 분류는 다음 어떤 성질에 따라 분류하는가?

① 비등점
② 연소점
③ 발화점
④ 인화점

43 위험물과 보호액의 연결이 잘못된 것은?

① 황린 – 물
② 칼륨 – 석유류
③ 이황화탄소 – 석유류
④ 나트륨 – 석유류

44 「위험물안전관리법」 및 같은 법 시행령, 시행규칙상 위험물의 지정수량과 위험등급의 연결이 옳지 않은 것은?   ◦ 24년 기출

① 황린 — 20kg — Ⅰ등급
② 마그네슘 — 500kg — Ⅲ등급
③ 유기과산화물 — 10kg — Ⅰ등급
④ 과염소산 — 300kg — Ⅱ등급

45 다음 중 자기반응성(자기연소성) 물질인 것은?

① 황린
② 아염소산염류
③ 유기과산화물
④ 특수인화물류

46 공기 및 물과의 접촉 시 발화하는 물질은 다음 중 무엇인가?

① 질산염류
② 디아조화합물
③ 알킬알루미늄
④ 니트로셀룰로이드

47 위험물 유별 성질이 바르게 연결되지 않은 것은?

① 제1류 위험물 – 강산화성 고체
② 제2류 위험물 – 가연성 고체
③ 제4류 위험물 – 인화성 액체
④ 제5류 위험물 – 자연발화성 물질

48 제4류 위험물에 대한 설명으로 옳지 않은 것은?   ○ 20년 기출

① 물보다 가볍고 물에 녹지 않는 것이 많다.
② 일반적으로 부도체 성질이 강하여 정전기 축적이 쉽다.
③ 발생 증기는 가연성이며, 증기비중은 대부분 공기보다 가볍다.
④ 사용량이 많은 휘발유, 경유 등은 연소하한계가 낮아 매우 인화하기 쉽다.

49 다음 중 제4류 위험물을 취급할 때 주의사항으로 잘못된 것은?

① 통풍이 잘 되는 찬 곳에 저장한다.
② 증기는 낮은 곳에 체류하므로 환기에 주의하여야 한다.
③ 석유류는 전도성이 좋으므로 정전기에 주의하여야 한다.
④ 사용한 저장용기에도 증기가 남아있으므로 취급에 주의하여야 한다.

50 위험물을 나타내는 성질에 관한 설명으로 옳지 않은 것은?

① 비등점이 낮으면 인화 위험성이 높아진다.
② 파라핀, 나프탈렌 등의 가연성 고체는 연소 시 표면연소 한다.
③ 물과 혼합하기 쉬운 가연성 액체는 물과의 혼합에 의해 증기압이 높아져 인화점이 높아진다.
④ 전기 전도도가 낮은 인화성 액체는 유동이나 여과 시 정전기를 발생하기 쉽다.

51 위험물의 종류에 따른 일반적 성상을 나타낸 것으로 옳은 것은?   ○ 19년 기출

① 산화성 고체는 환원성 물질이며 황린과 철분을 포함한다.
② 인화성 액체는 전기 전도체이며 휘발유와 등유를 포함 한다.
③ 가연성 고체는 불연성 물질이며 질산염류와 무기과산화물을 포함한다.
④ 자기반응성 물질은 연소 또는 폭발을 일으킬 수 있는 물질이며 유기과산화물, 질산에스테르류를 포함한다.

52 인화성 또는 가연성 물질의 취급 장소에 대한 화재와 폭발의 방지방법이 아닌 것은?

① 발화원을 없앤다.
② 취급 장소 주위의 공기대신 불활성 기체로 바꾼다.
③ 밀폐된 용기 내에 보관한다.
④ 환기시설을 갖추지 않는다.

53 가열된 금속분말에 물을 뿌릴 때 수소가 발생하지 않는 물질은?

① Na
② K
③ Cu
④ Li

54 황린(P_4)을 저장·취급하는 방법으로 옳지 않은 것은?

① 물속에 저장한다.
② 직사광선을 피한다.
③ 온도 상승 및 산성화를 막는다.
④ 통풍이 잘되는 장소에 저장한다.

55 황린과 적린이 서로 동소체라는 것을 증명하는 데 가장 효과적인 실험은?

① 비중을 비교한다.
② 착화점을 비교한다.
③ 유기용제에 대한 용해도를 비교한다.
④ 연소생성물을 확인한다.

56 다음 위험물 중 주수소화하면 더욱 위험한 것은?

① 알코올
② 알루미늄 분말
③ 황린
④ 황

57 화재진압 시 주수소화에 적응성 있는 위험물로 옳은 것은? ○ 20년 기출

① 황화인
② 질산에스터류
③ 유기금속화합물
④ 알칼리금속의 과산화물

58 제3류 위험물은 자연발화성 및 (   ) 물질을 포함하고 있다. 이 위험물이 지니는 특수성으로 (   )에 해당하는 것은?

① 금수성
② 자기연소성
③ 강산성
④ 산화성

59 다음 위험물 중 물속에 넣어 저장하는 것이 안전한 물질은?

① Na
② CS_2
③ 알킬알루미늄
④ 아세톤

60 금속분 화재 시 주수소화하면 안 되는 이유는?

① 산소가 발생하여 연소를 돕기 때문에
② 유독가스가 발생하여 인체에 해를 주기 때문에
③ 질소가 발생하여 소화자가 질식할 우려가 있으므로
④ 수소가 발생하여 연소를 더욱 촉진시키므로

61 다음 중 금수성 물질에 해당되는 것은?

① 가솔린
② 알킬알루미늄
③ 농황산
④ 질산나트륨

62 물 또는 습기와 접촉하면 급격히 발화하는 물질은?

① 농황산　　　　　　② 금속나트륨
③ 황린　　　　　　　④ 아세톤

63 알킬알루미늄 화재 시 사용할 수 있는 소화재로서 가장 적당한 것은?

① 마른 모래　　　　② 팽창 진주암
③ 이산화탄소　　　　④ 분말소화약제

64 다음 중 알킬알루미늄 화재 시 취하여야 할 방법은?

① 화점에 대량의 물을 주수하여 냉각소화한다.
② 화점 주위에 이산화탄소를 방사하여 질식소화한다.
③ 주변의 연소를 방지하고 자연 진화되도록 내버려 둔다.
④ 화점에 포말을 발사하여 질식 및 냉각소화한다.

65 위험물 제4류의 일반적인 특성이 아닌 것은?

① 인화가 용이한 액체물질이다.
② 증기는 공기보다 가볍다.
③ 연소범위의 하한이 낮다.
④ 인화점이 낮다.

66 제4류 위험물의 소화방법으로 옳지 않은 것은?

① 인화성액체의 소화는 공기차단 또는 연소물질을 제거하여 소화한다.
② 포말, 분말, 이산화탄소, 할로겐화합물소화제 등을 사용한다.
③ 알코올과 같은 수용성 위험물은 특수한 안정제를 가한 포 소화약제 등을 사용한다.
④ 물, 건조사 및 금속화재용 분말 소화기를 사용하여 소화한다.

67 제4류 위험물로 특수인화물에 해당되는 것은?

① 파라핀
② 금속칼슘
③ 디에틸에테르
④ 농황산

68 제5류 위험물인 자기반응성 물질의 성질 및 소화에 관한 사항으로 틀린 것은?

① 질식소화는 효과가 없으며, 다량주수에 의한 냉각소화가 가능하다.
② 연소속도가 빨라 폭발적이다.
③ 산소를 함유하고 있지 않아 외부로부터 많은 양의 산소를 공급 받아야 자기연소 또는 내부연소를 일으키기 쉽다.
④ 유기질화물이므로 가열, 충격, 마찰 또는 다른 약품과의 접촉에 의해 폭발하는 것이 많다.

69 제5류 위험물의 소화대책으로 옳지 않은 것은? ○ 18년 기출

① 외부로부터의 산소 유입을 차단한다.
② 화재 초기에는 다량의 물로 냉각소화하는 것이 효과적 이다.
③ 항상 안전거리를 유지하고 접근할 때에는 엄폐물을 이용 한다.
④ 밀폐된 공간에서 화재 시 공기호흡기를 착용하여 질식되지 않도록 주의한다.

70 자체 내에서 산소를 함유하고 있어 공기 중의 산소를 필요로 하지 않고 자기연소하는 것은 어느 것인가?

① 카바이드
② 생석회
③ 초산에스테르류
④ 셀룰로이드류

71 위험물의 유별 특성 중 옳은 것만을 〈보기〉에서 있는 대로 고른 것은?   ○ 23년 기출

> ㄱ. 아염소산나트륨은 불연성, 조해성, 수용성이며, 무색 또는 백색의 결정성 분말 형태이다.
> ㄴ. 마그네슘은 끓는 물과 접촉 시 수소가스를 발생시킨다.
> ㄷ. 황린은 공기 중 상온에 노출되면 액화되면서 자연발화를 일으킨다.

① ㄱ, ㄴ
② ㄱ, ㄷ
③ ㄴ, ㄷ
④ ㄱ, ㄴ, ㄷ

72 물과 반응하여 발화하는 물질이 아닌 것은 다음 중 어느 것인가?

① 칼륨
② 과산화수소
③ 나트륨
④ 수소화마그네슘

73 위험물과 물이 반응할 때 발생하는 가스로 옳지 않은 것은?   ○ 22년 기출

	위험물	가스
①	탄화알루미늄	아세틸렌
②	인화칼슘	포스핀
③	수소화알루미늄리튬	수소
④	트리에틸알루미늄	에테인

74 과산화물질을 취급할 경우의 주의사항으로 적당하지 못한 것은?

① 가열, 충격, 마찰을 피한다.
② 가연물질과의 접촉을 피한다.
③ 용기에 옮길 때는 개방용기를 사용한다.
④ 환기가 잘되는 냉암소에 보관한다.

75 위험물 지정수량이 다른 하나는? ○ 19년 기출

① 탄화칼슘 ② 과염소산
③ 마그네슘 ④ 금속의 인화물

76 다음 설명 중 옳은 것은?

① 과염소산 등의 산화성 액체는 위험물이 아니다.
② 흑색화약은 황과 숯만으로 제조된다.
③ 황린의 소화방법으로 주수소화가 효과적이다.
④ 알킬알루미늄의 소화제로는 젖은 모래가 적합하다.

77 각 물질의 저장방법으로 잘못된 것은?

① 황은 정전기가 축적되지 않도록 하여 저장한다.
② 마그네슘은 건조하면 부유하여 분진폭발의 우려가 있으므로 물에 적시어 보관한다.
③ 적인은 인화성 물질로부터 격리 저장한다.
④ 황화인은 산화제와 혼합되지 않게 저장한다.

78 불꽃이 붙은 후 점화원을 뗀 때부터 불꽃을 올리지 아니하고 연소하는 상태가 그칠 때까지의 경과시간은?

① 방진시간
② 방염시간
③ 잔신시간
④ 잔염시간

79 화재에 대한 옳은 설명을 모두 고른 것은? ○ 20년 기출

> ㄱ. 낮은 산소분압에서 화재가 발생하였을 때 초기에 화염 없이 일어나는 연소를 훈소연소라 한다.
> ㄴ. 목조건축물 화재는 유류나 가스 화재와는 달리 일반적으로 무염착화 없이 발염착화로 이어진다.
> ㄷ. A급 화재는 일반화재로 면화류, 합성수지 등의 가연물에 의한 화재를 말한다.
> ㄹ. 전소란 건물의 70 % 이상이 소실된 화재를 말한다.

① ㄱ, ㄴ
② ㄷ, ㄹ
③ ㄱ, ㄴ, ㄷ
④ ㄱ, ㄷ, ㄹ

80 화재 시 쉽게 연소하지 않고 또 건축물 내에서 화재가 발생하더라도 보통은 방화구획 내에서 진화하며 또한 최종적 단계에서 전소한다 하더라도 수리하여 재사용할 수 있는 구조는?

① 내화구조
② 난연구조
③ 방염구조
④ 가연구조

81 건축물의 구조는 방화적 측면에서 볼 때 내화구조로 하는 것이 이상적이라 볼 수 있다. 이들 내화구조부재가 화재 시 요구되는 기능이 아닌 것은?

① 차열과 화재의 차단
② 설계하중의 장기적인 지지
③ 부재 상호접착부의 성능저하
④ 화재 후 재사용 가능

82 내화구조에 대한 정의로서 옳은 것은?

① 불연구조보다는 내열성능이 강화되어 있으나 방호구조는 약화된 구조이다.
② 불연구조, 방화구조보다 내열성능이 약화된 구조이다.
③ 불연구조, 방화구조보다 내열성능이 강화된 구조이다.
④ 방화구조보다는 강화구조, 불연구조보다는 내열성능이 약화된 구조이다.

83 건축물의 방재계획에서 건축구조와 내화 및 방화 성능을 부여하여야 하는 이유로 가장 적당한 것은?

① 화재 시 구조 자체가 붕괴되면 그 건축물이 내장하고 있는 모든 방재적 기능이 소멸하기 때문이다.
② 화재를 진화한 후에 건축물을 다시 보수하여 사용할 수 있도록 하기 위함이다.
③ 건축물에 사용되는 가연물의 양을 제한하여 화재하중을 적게 하기 위해서이다.
④ 건축물의 구조를 견고히 하여 외부연소를 방지하고 방화를 예방하기 위해서이다.

84 내화구조에 해당하지 않는 것은?

① 철골 트러스
② 연와조
③ 철근콘크리트조
④ 석조

85 내화구조에 대한 설명으로 옳지 않은 것은?

① 철근콘크리트조, 연와조, 기타 유사한 구조
② 화재 시 쉽게 연소되지 않는 구조를 말한다.
③ 화재에 대하여 상당한 시간 동안 구조상 내력이 감소되지 않아야한다.
④ 보통 방화구획 밖에서 진화되어 인접부분에 화기에 전달되어야 한다.

86 철근콘크리트로서 외벽 중 내화구조에 해당하는 것은?

① 두께 10[cm] 이상 ② 두께 15[cm] 이상
③ 두께 20[cm] 이상 ④ 두께 25[cm] 이상

87 바닥부분의 내화구조 기준으로 옳은 것은?

① 철근콘크리트조로서 두께가 10[cm] 이상인 것
② 철골 철근콘크리트조로서 7[cm] 이상인 것
③ 철재로 보강된 콘크리트블록조, 벽돌조 또는 석조로서 철재로 덮은 두께가 4[cm] 이상인 것
④ 철재로 양면을 두께 7[cm] 이상의 철망모르타르 또는 콘크리트로 덮은 것

88 특수 건축물 기둥의 내화구조 기준에 대한 설명 중 옳은 것은?

① 철근콘크리트조 또는 철골콘크리트조 두께가 10[cm] 이상인 것
② 소경 25[cm] 이상인 것
③ 골구를 철골조로 하고 두께 5[cm] 이상의 석재로 덮은 것
④ 철재로 보강된 콘크리트블록조, 석조로서 철재로 덮은 두께가 4[cm] 이상인 것

89 화재에 대한 내력이 없더라도 화재 시 건축물의 인접 부분으로의 연소를 차단할 수 있는 정도의 구조는?

① 내화구조 ② 방화구조
③ 절연구조 ④ 피난구조

90 다음 건축물의 재료로서 내화성능을 가지고 있는 것은?

① 목재
② 유성페인트
③ 벽지
④ 석고보드

91 방화상 유효한 구획 중 일정규모 이상이면 건축물에 적용되는 방화구획을 하여야 한다. 다음 중에서 구획종류가 아닌 것은?

① 면적단위
② 층단위
③ 용도단위
④ 수용인원단위

92 소방대상물의 방화구획에 대한 상황으로서 적합한 것은?

① 10층 이하의 건축물은 바닥면적의 합계 1,000[㎡] 이내마다 구획할 것
② 4층 이상의 층과 지하층에 있어서는 층마다 구획할 것
③ 11층 이상의 층과 바닥면적 300[㎡]마다 구획할 것
④ 내화구조로 된 바닥, 벽은 30분 방화문으로 구획할 것

93 건물의 방화구획에 관한 설명으로 틀린 것은?

① 방화구획으로 사용하는 방화문은 언제나 닫힌 상태로만 유지하여야 한다.
② 급수관, 배수관, 기타의 관이 방화구획을 관통하는 경우에는 그 관과 방화구획과 사이의 틈을 시멘트 모르타르 등으로 메워야 한다.
③ 환기·난방시설 등의 풍도가 방화구획을 관통하는 경우에는 그 관통부분에는 방화댐퍼를 설치하여야 한다.
④ 방화구획에 설치하는 방화댐퍼는 철재로써 그 두께가 1.5[mm]이상이어야 한다.

94 방화구획 설치 대상 면적별 구획으로 11층 이상의 층(내장재가 불연재료의 경우)은 몇 [㎡] 이내마다 구획하는가?(단, 스프링클러설비가 설치되어 있다.)

① 200[㎡]
② 500[㎡]
③ 1,000[㎡]
④ 1,500[㎡]

95 화재 시 상당한 시간 동안 연소를 차단할 수 있도록 하기 위하여 방화구획선상 또는 방화벽의 개구부나 방화지역 내에서 연소의 우려가 있는 부분에 사용하는 것은?

① 풍도(Duct)
② 댐퍼(Damper)
③ 칸막이
④ 방화문

96 방화문에 관한 설명 중 옳지 않은 것은?

① 방화문은 직접 손으로 열 수 있어야 한다.
② 철재로서 철판의 두께가 1.6[mm]인 것은 60분+ 방화문 또는 60분 방화문이라 할 수 있다.
③ 철재 및 망입유리로 된 것은 30분 방화문이다.
④ 피난계단에 설치하는 60분+ 방화문 또는 60분 방화문에 한해 자동폐쇄장치가 요구된다.

97 다음 중 30분 방화문을 설치하여도 되는 곳에 해당하는 것은?

① 판매취급소 배합실 출입구
② 특별피난계단의 부속실에서 계단실로의 출입구
③ 연소 우려가 있는 외벽 출입구
④ 방화벽 개구부

98 목조건축물 등의 방화벽 구조로 잘못 설명된 것은?

① 내화구조로 자립할 수 있는 구조로 하여야 한다.
② 방화벽에 설치하는 개구부의 폭 및 높이는 2.5[m] 이하로 하고, 60분+ 방화문, 60분 방화문 또는 30분 방화문을 설치하여야 한다.
③ 방화벽의 상단은 지붕면으로부터 0.5[m] 이상 돌출시켜야 한다.
④ 급수관, 배전관 기타의 관이 방호벽을 관통하는 경우에는 그 관과 방화벽 등을 시멘트 모르타르 등으로 메워야 한다.

99 목조건축물의 방화벽 양단과 상단은 건축물의 외벽 및 지붕면으로 부터 몇 [m] 이상 돌출되어야 하는가?

① 0.3[m] 이상
② 0.5[m]이상
③ 0.7[m] 이상
④ 1.0[m]이상

100 방화벽에 설치하는 방화문의 내화성능 시간으로 옳은 것은?

① 비차열 30분 이상
② 비차열 60분 이상
③ 비차열 90분 이상
④ 비차열 120분 이상

101 피난층의 관한 정의로 옳은 것은?

① 지상으로 통하는 피난계단이 있는 층
② 지상 등 승강기의 승강장이 있는 층
③ 지상 등 출입구가 설치되어 있는 층
④ 직접 지상으로 통하는 출입구가 있는 층

102 실내에 면하는 부분 및 통로의 내부는 무엇으로 마감해야 하는가?

① 난연재료 또는 준불연재료로 마감할 것
② 난연재료 또는 불연재료로 마감할 것
③ 불연재료 또는 가연재료로 마감할 것
④ 불연재료 또는 준불연재료로 마감할 것

103 피난계단에 대한 설명으로 옳지 않은 것은?

① 피난계단용 방화문은 30분 방화문을 설치해도 무방하다.
② 계단실은 건축물의 다른 부분과 내화구조의 벽으로 구획한다.
③ 옥외 피난계단은 출입구 외의 개구부로부터 2[m] 이상의 거리를 두어야 한다.
④ 계단실의 벽에 면하는 부분의 불연재로 마감한다.

104 옥외 피난계단에서 개구부의 유효 폭은 얼마가 적당한가?

① 0.7[m]이상　　　　　　② 0.8[m]이상
③ 0.9[m]이상　　　　　　④ 1[m]이상

105 주요구조부가 내화구조로 된 건축물에서 거실 각 부분으로부터 하나의 직통계단에 이르는 보행거리는 피난자의 안전상 몇 [m] 이내 이어야 하는가?

① 50　　　　　　　　　　② 30
③ 70　　　　　　　　　　④ 80

106 건축물의 바깥쪽에 설치하는 피난계단의 구조로 맞지 않는 것은?

① 옥내로부터 계단으로 통하는 출입구에는 60분+ 방화문 또는 60분 방화문을 설치할 것
② 계단의 유효너비는 0.9[m] 이상으로 할 것
③ 계단은 내화구조로 하고 지상까지 직접 연결되도록 하되 돌림계단으로 하여서는 아니된다.
④ 계단은 그 계단으로 통하는 출입구 외의 창문 등으로부터 3[m]이상의 거리를 두고 설치할 것

107 실내 피난계단의 구조는 내화구조로 하고, 어디까지 직접 연결되도록 하는가?

① 피난층 또는 지상
② 피난층 또는 옥상
③ 발코니 또는 지상
④ 발코니 또는 옥상

108 건물 내부에 내장재를 불연재료 등으로 하지 않아도 되는 건물은?

① 숙박시설
② 잡화시설
③ 의료시설
④ 창고시설

109 다음 중 난연재료에 대해 가장 잘 설명한 것은?

① 철근콘크리트, 연와조, 기타 이와 유사한 성능의 재료
② 불연재료에 준하는 방화성능을 가진 건축재료
③ 철망모르타르로서 바름 두께가 2[cm] 이상인 것
④ 불에 잘 타지 않는 성능을 가진 건축재료

110 건축물의 구조는 화재 예방상 중요하다. 건축물의 주요구조부에 해당되지 않는 것은?

① 기둥 ② 내력벽
③ 작은 보 ④ 지붕

111 건축물에 화재가 발생할 때 연소 확대를 방지하기 위한 계획에 해당되지 않는 것은?

① 수직계획 ② 입면계획
③ 수평계획 ④ 용도계획

112 「화재조사 및 보고규정」에 관한 내용으로 옳지 않은 것은?   ○ 23년 기출

① 건물의 소실면적 산정은 소실 입체면적으로 산정한다.
② 건물의 소실정도에서의 반소는 건물의 30 % 이상 70 %미만이 소실된 것을 말한다.
③ 건물 등 자산에 대한 최종잔가율은 건물·부대설비·구축물·가재도구는 20 %로 하며, 그 이외의 자산은 10 %로 정한다.
④ 발화일시의 결정은 관계인등의 화재발견 상황통보(인지) 시간 및 화재발생 건물의 구조, 재질 상태와 화기취급 등의 상황을 종합적으로 검토하여 결정한다. 다만, 자체진화 등 사후인지 화재로 그 결정이 곤란한 경우에는 발화시간을 추정할 수 있다.

113 건물 내에서 화재가 발생하였을 경우 피난하는 방법이 잘못된 것은?

① 비상구를 향하여 자세를 낮추어 피난한다.
② 물에 젖은 수건으로 코를 막고 바닥면을 향하여 자세를 낮추어 피난한다.
③ 피난설비는 고정적인 시설에 의하고, 피난 기구는 피난이 늦어진 소수의 사람들에 대한 예외적인 보조수단이다.
④ 피난의 수단으로 원시적인 방법보다는 최신의 운송설비를 이용하는 것이 원칙이다.

114 화재가 발생한 경우의 조치로서 피난에 유효한 건축계획은 다음과 같이 세워야 한다. 타당하지 않는 사항은?

① 단순한 피난경로로 하고 미로를 만들지 않아야 한다.
② 완벽한 1방향의 피난로를 만들어야 한다.
③ 피난로는 완전히 불연화하여야 한다.
④ 안전구획을 확보하고 고층빌딩 등은 피난바닥 등을 설치한다.

115 피난시설의 안전구획을 설정하는데 있어 해당하지 않는 것은?

① 전실
② 복도
③ 거실
④ 계단

116 건축물 화재 시 제3차 안전구획은?

① 복도
② 전실
③ 지상
④ 계단

117 피난시설을 계획하는 일반적인 원칙으로 잘못된 것은?

① 피난용 출구는 항시 사용할 수 있도록 자물쇠는 풀어둔다.
② 피난경로에는 피난방향을 명백히 표시한다.
③ 피난수단은 원시적 방법에 의하는 것을 원칙으로 한다.
④ 연기의 침입을 방지하기 위해 피난로를 복잡하게 한다.

118. 그림은 구획실의 크기가 가로 10,000 mm, 세로 8,000 mm, 높이 3,000 mm이며 가연물 A와 가연물 B가 놓여 있는 상태를 나타낸다. 다음과 같은 조건일 때 구획실의 화재하중[kg/m²]은? (단, 주어지지 않은 조건은 무시하고, 소수점 셋째 자리에서 반올림한다.) ○ 23년 기출

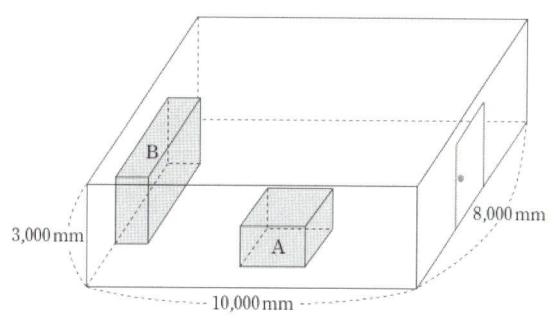

	단위발열량 [kcal/kg]	질량 [kg]
목재	4,500	-
가연물 A	2,000	200
가연물 B	9,000	100

① 1.20　　　　　② 2.41
③ 3.61　　　　　④ 7.22

119. 바닥 면적이 500[m²]인 구획된 창고에 의류 2,000[kg], 고무 3,000[kg]이 적재되어 있을 때 화재하중은 약 몇 [kg/m²]인가? (단, 의류의 단위 발열량은 5,000[kcal/kg], 고무의 단위 발열량은 9,000[kcal/kg], 목재의 단위 발열량은 4,500[kcal/kg]이고, 창고 내 의류 및 고무 외의 기타 가연물은 존재하지 않으며, 화재 시 완전연소로 가정 한다.)

① 15.44　　　　　② 16.44
③ 22.56　　　　　④ 25.56

120 바닥 면적이 200 m²인 구획된 창고에 의류 1,000 kg, 고무 2,000 kg이 적재되어 있을 때 화재하중은 약 몇 kg/m²인가? (단, 의류, 고무, 목재의 단위 발열량은 각각 5,000 kcal/kg, 9,000 kcal/kg, 4,500 kcal/kg이고, 창고 내 의류 및 고무 외의 기타 가연물은 존재하지 않으며, 화재 시 완전연소로 가정 한다.)   ○ 20년 기출

① 15.56
② 20.56
③ 25.56
④ 30.56

121 전기화재(C급화재) 및 주방화재(K급화재)에 관한 설명으로 옳지 않은 것은?

① 주방화재의 가연물 중 하나인 식용유의 발화점은 비점 보다 낮다.
② 도체 주위의 자기장 변화에 의해 발생된 유도전류는 전기 화재의 점화원으로 작용할 수 있다.
③ 식용유로 인한 화재 시 유면상의 화염을 제거하면 복사열에 의한 기화를 차단하여 재발화를 방지할 수 있다.
④ 전기화재의 발생 원인 중 누전은 전류가 전선이나 기구 에서 절연 불량 등의 원인으로 정해진 전로(배선) 밖으로 흐르는 현상이다.

122 구획실 화재에 관한 설명으로 옳지 않은 것은?   ○ 23년 기출

① 플래시오버 이후에는 연료지배형 화재보다 환기지배형 화재가 지배적이다.
② 환기가 잘되지 않으면 환기지배형 화재에서 연료지배형 화재로 바뀌며 연기 발생이 줄어든다.
③ 연료지배형 화재는 구획실 내 가연물의 연소에 필요한 산소가 충분히 공급되는 조건의 화재이다.
④ 성장기에는 천장 부분에서 축적된 뜨거운 가스층이 발화원으로 부터 떨어져 있는 가연성 물질에 복사열을 공급하여 플래시오버를 초래할 수 있다.

123 화재 시 구획실에서 발생하는 현상에 관한 설명으로 옳은 것은? ● 23년 기출

① 개구부의 크기는 플래시오버 발생과 관련이 없다.
② 구획실의 창문과 문손잡이의 온도로 백드래프트의 발생 가능성을 예측할 수 없다.
③ 준불연성이나 불연성의 내장재를 사용할 경우 플래시오버 발생까지의 소요시간이 길어진다.
④ 구획실 내의 산소가 부족하여 훈소 상태에서 공기가 갑자기 다량 공급될 때 가연성 가스가 순간적으로 폭발하듯 발화 하는 현상은 플래시오버이다.

124 구획실 화재에 관한 설명으로 옳은 것은? ● 24년 기출

① 플래시오버(flash over)는 최성기와 감쇠기 사이에서 발생하며 충격파를 수반한다.
② 굴뚝효과가 발생할 때는 개구부에 형성된 중성대 상부에서 공기가 유입되고, 중성대 하부에서 연기가 유출된다.
③ 연료지배형 화재는 환기지배형 화재보다 산소 공급이 원활하고 연소속도가 빠르다.
④ 화재플룸(fire plume)은 실내 공기의 압력 차이로 가연성 가스가 천장을 따라 화재가 발생하지 않은 복도 쪽으로 굴러다니는 것처럼 뿜어져 나오는 현상이다.

125 구획실의 크기가 가로 10,000 mm, 세로 8,000 mm, 높이 3,000 mm이며 가연물 A와 가연물 B가 놓여 있는 상태를 나타낸다. 다음과 같은 조건일 때 구획실의 화재하중[kg/m^2]은? (단, 주어지지 않은 조건은 무시하고, 소수점 셋째 자리에서 반올림한다.)

	단위발열량[kcal/kg]	질량[kg]
목재	4,500	
가연물 A	3,000	300
가연물 B	8,000	200

① 3.47
② 5.24
③ 6.94
④ 7.22

126 위험물의 종류에 따른 소화 방법으로 옳지 않은 것은? ○ 21년 기출

① 제1류 위험물인 알칼리금속의 과산화물은 물을 사용한다.
② 제2류 위험물인 마그네슘은 건조사를 사용한다.
③ 제3류 위험물인 알킬알루미늄은 건조사를 사용한다.
④ 제4류 위험물인 알코올은 내알코올포(泡, foam)를 사용한다.

127 위험물에 대한 일반적인 설명으로 옳은 것은? ○ 22년 기출

① 제1류 위험물 중 질산염류는 연소속도가 빨라 폭발적으로 연소한다.
② 제3류 위험물 중 황린은 가열, 충격, 마찰에 의해 분해되어 산소가 발생하므로 가연물과의 접촉을 피한다.
③ 제4류 위험물 중 제1석유류는 인화점 및 연소하한계가 낮아 적은 양으로도 화재의 위험이 있다.
④ 제5류 위험물 중 유기과산화물은 공기 중에 노출되거나 수분과 접촉하면 발화의 위험이 있다.

CHAPTER 05 소화이론

01 다음 중 소화원리에 관한 설명으로 틀린 것은?

① 질식소화
② 흡입소화
③ 제거소화
④ 냉각소화

02 소화의 원리에 해당하지 않는 것은?

① 산화제의 농도를 낮추어 연소가 지속될 수 없도록 한다.
② 가연성 물질을 발화점 이하로 냉각시킨다.
③ 가연물을 지속적으로 공급하여 산소를 부족하게 한다.
④ 화학적인 방법으로 화재를 억제한다.

03 화재를 소화하는 방법 중 물리적 방법에 의한 소화라고 볼 수 없는 것은?

① 연쇄반응을 차단하는 방법
② 냉각에 의한 방법
③ 혼합기체의 양을 변화시키는 방법
④ 공기의 불안정화에 의한 방법

04 소화 방법에 대해 옳은 설명만을 모두 고른 것은?　　　○ 21년 기출

> ㄱ. 질식소화는 일반적으로 공기 중 산소 농도를 낮추어 소화하는 방법을 말한다.
> ㄴ. 냉각소화가 가능한 약제로는 물, 강화액, CO_2, 할론 등이 있다.
> ㄷ. 피복소화는 비중이 물보다 큰 비수용성 유류화재 시무상주수하여 소화하는 방법을 말한다.
> ㄹ. 부촉매소화는 가스화재 시 가스공급을 차단하여 소화하는 방법을 말한다.

① ㄱ, ㄴ
② ㄱ, ㄴ, ㄷ
③ ㄴ, ㄷ, ㄹ
④ ㄱ, ㄴ, ㄷ, ㄹ

05 표면연소의 소화방법으로 적합하지 못한 것은?

① 냉각소화 ② 산소희석에 의한 소화
③ 연료제거의 의한 소화 ④ 연쇄반응의 억제에 의한 소화

06 가연성 물질의 화재 시 소화방법으로 옳은 것은? ◦ 22년 기출

① 탄화칼슘은 물을 분무하여 소화한다.
② 아세톤은 알콜형포 소화약제로 소화한다.
③ 나트륨은 할론 소화약제로 소화한다.
④ 마그네슘은 이산화탄소 소화약제로 소화한다

07 소화원리 중 제거소화에 해당하지 않는 것은?

① 산불이 발생하면 화재의 진행방향을 앞질러 벌목한다.
② 방안에서 화재가 발생하면 이불이나 담요로 덮는다.
③ 액체연료에 화재가 발생하면 밸브를 잠궈 연료의 공급을 차단한다.
④ 불타고 있는 장작더미 속에서 아직 타지 않은 것은 안전한 곳으로 운반한다.

08 가연성의 성질을 갖는 수용성 액체의 농도를 저하시키는 방법을 이용하여 소화하였을 경우 이는 어느 소화원리를 이용한 것인가?

① 가연물 제거 ② 산소 제거
③ 열원 제거 ④ 연쇄반응 차단

09 가연물의 화학적 연쇄반응 속도를 줄여 소화하는 방법으로 옳은 것은?   ○ 20년 기출

① 다량의 물을 주수하여 소화한다.
② 할론소화약제를 사용하여 소화한다.
③ 연소물이나 화원을 제거하여 소화한다.
④ 에멀션(emulsion) 효과를 이용하여 소화한다.

10 포 소화약제로 연소물을 감싸거나 불연성 물질 등으로 연소를 감싸 산소의 공급을 차단하는 소화방법은?

① 질식소화
② 냉각소화
③ 희석소화
④ 제거소화

11 물과 반응하여 산소를 발생시키는 위험물로 옳은 것은?   ○ 24년 기출

① 칼륨
② 탄화칼슘
③ 과산화나트륨
④ 오황화인

12 위험물의 소화방법에 관한 내용으로 옳은 것만을 〈보기〉에서 있는 대로 고른 것은?   ○ 24년 기출

〈보 기〉
ㄱ. 황린 : 물을 이용한 냉각소화
ㄴ. 황 : 물을 이용한 냉각소화
ㄷ. 경유, 휘발유 : 포 소화약제를 이용한 질식소화
ㄹ. 탄화알루미늄, 알킬알루미늄 : 건조사, 팽창질석을 이용한 질식소화

① ㄱ, ㄷ
② ㄴ, ㄹ
③ ㄱ, ㄷ, ㄹ
④ ㄱ, ㄴ, ㄷ, ㄹ

13 주방에서 조리를 하던 중 식용유 화재가 발생하면 잎이 넓은 배춧잎으로 연소면을 덮어 소화한다. 이와 같은 소화방법은?

① 희석효과 ② 냉각소화
③ 부촉매소화 ④ 질식소화

14 다음 설명에 해당하는 소화방법으로 옳은 것은? ○ 18년 기출

> 일반적으로 공기 중의 산소농도 21%를 15% 이하로 희석하거나 저하시키면 연소 중인 가연물은 산소의 양이 부족하여 연소가 중단된다.

① 냉각소화 ② 질식소화
③ 제거소화 ④ 유화소화

15 화재 발생 시 소화 작업에 주로 물을 이용한다. 물을 이용하는 주된 목적은 무엇 때문인가?

① 가연물질을 제거하기 위해서
② 물의 증발잠열이 크기 때문에
③ 공기 중의 산소공급을 차단하기 위해서
④ 물의 현열을 이용하기 위해서

16 경유화재가 발생할 때 주수소화가 부적당한 이유는?

① 물보다 비중이 가벼워 물 위에 떠서 화재 확대의 우려가 있으므로
② 물과 반응하여 유독가스를 발생하므로
③ 연소열로 인하여 산소가 방출되어 연소를 돕기 때문에
④ 연소할 때 수소가스를 발생하여 연소를 돕기 때문에

17 물분무 소화설비의 주된 소화효과가 아닌 것은?

① 냉각효과　　　　　　　　② 연쇄반응 단절효과
③ 질식효과　　　　　　　　④ 희석효과

18 중질유화재 시 무상주수를 함으로써 기대할 수 있는 소화효과로 올바르게 묶인 것은?

◎ 22년 기출

① 질식소화, 부촉매소화　　② 질식소화, 유화소화
③ 유화소화, 타격소화　　　④ 피복소화, 타격소화

19 물분무 소화설비의 특징은 다른 물 소화설비에 비해 어떤 점이 다른가?

① 휘발유탱크 주위나 발전설비에 설치할 수 있다.
② 분무헤드는 개방형 스프링클러 헤드와 동일하다.
③ 지하실에 설치하면 발화 시에 유효하게 사용된다.
④ 가압펌프나 다른 물 소화설비에 비해 소형으로 충분하다.

20 자연발화성 및 금수성 물질인 알킬알루미늄 소화에 적합한 소화약제는?

① 팽창질석　　　　　　　　② 분무상의 물
③ 수성막포 소화약제　　　　④ 이산화탄소 소화약제

21 유전지대의 화재는 질소폭약을 투하해서 소화하였다. 이러한 소화방법의 효과는?

① 제거효과　　　　　　　　② 부촉매효과
③ 냉각효과　　　　　　　　④ 질식효과

22 포(foam)에 대한 일반적인 설명으로 옳은 것은? ○ 22년 기출

① 불화단백포 및 수성막포는 표면하 주입방식에 사용할 수 있다.
② 불소를 함유하고 있는 합성계면활성제포는 친수성이므로 유동성과 내유성이 좋다.
③ 단백포는 유동성은 좋으나, 내화성은 나쁘다.
④ 알콜형포 사용 시 비누화현상이 일어나면 소화능력이 떨어진다.

23 포 소화약제의 주된 소화효과는?

① 냉각효과   ② 유화효과
③ 부촉매효과   ④ 질식효과

24 포 소화약제에 관한 설명으로 옳지 않은 것은? ○ 24년 기출

① 불화단백포 소화약제는 불소계 계면활성제를 첨가하여 단백포 소화약제의 단점인 유동성을 보완하였다.
② 알콜형포 소화약제는 케톤류, 알데히드류, 아민류 등 수용성용제의 소화에 사용할 수 있다.
③ 단백포 소화약제는 단백질을 가수분해 한 것을 주원료로 하며 내유성이 뛰어나 소화속도가 빠르다.
④ 합성계면활성제포 소화약제는 유동성과 저장성이 우수하며 저팽창포부터 고팽창포까지 사용할 수 있다.

25 소화약제로 팽창질석 또는 팽창진주암을 사용하였을 때, 적응성이 가장 좋은 화재로 옳은 것은?
○ 18년 기출

① 일반화재   ② 전기화재
③ 금속화재   ④ 가스화재

26 변압기실 화재의 소화약제로 적당하지 않은 것은?

① 이산화탄소 소화약제　　② 수성막포 소화약제
③ 분말 소화약제　　　　　④ 할로겐화합물 소화약제

27 할로겐화합물 소화약제의 주된 소화원리는?

① 냉각소화　　　② 질식소화
③ 부촉매소화　　④ 제거소화

28 할론 104를 소화약제로 사용하지 않게 된 주요 이유는?

① 물질에 대한 부식성　② 유독가스 발생
③ 전기 전도성　　　　④ 공기보다 비중이 큼

29 이산화탄소 소화약제의 특징으로 옳은 것은?　　◦ 24년 기출

① 무색, 무취로 전도성이며 독성이 있다.
② 질식소화 효과와 기화열 흡수에 의한 냉각효과가 있다.
③ 제3류 위험물, 제5류 위험물의 소화에 사용한다.
④ 자체 증기압이 매우 낮아 별도의 가압원이 필요하다.

30 이산화탄소 소화약제의 소화효과와 관계가 없는 것은?

① 질식소화　　② 냉각소화
③ 피복소화　　④ 유화소화

31 다음 특성에 해당하는 소화약제는? ○19년 기출

> ○ 소화 후 소화약제에 의한 오손이 없고, 비전도성이다.
> ○ 장기보존이 용이하고, 추운 지방에서도 사용 가능하다.
> ○ 자체 압력으로 방출이 가능하고, 불연성 기체로서 주된 소화효과는 질식효과이다.

① 이산화탄소 소화약제
② 산 알칼리 소화약제
③ 포 소화약제
④ 할로겐화합물 소화약제

32 이산화탄소 소화설비 적용대상으로 옳지 않은 것은?

① 가연성 기체와 가연성 액체를 저장·취급하는 장소
② 발전기, 변압기, 전동기 등의 전기설비가 있는 장소
③ 박물관, 서고 등 소화약제로 인한 오손이 문제가 되는 장소
④ 화약류를 저장·취급하는 창고

33 분말소화약제의 주된 소화원리는 무엇인가?

① 냉각소화
② 질식작용
③ 화염 억제작용
④ 가연물 제거작용

34 물 소화약제 첨가제 중 주요 기능이 물의 표면장력을 작게 하여 심부화재에 대한 적응성을 높여 주는 것은? ○20년 기출

① 부동제
② 증점제
③ 침투제
④ 유화제

35 물소화약제에 대한 설명으로 옳은 것은?　　　　　　　　　　○ 21년 기출

① 질식소화 작용은 기대하기 어렵다.
② 분무상으로 방사 시 B급화재 및 C급화재에도 적응성이 있다.
③ 물은 비열과 기화열 값이 작아 냉각소화 효과가 우수하다.
④ 수용성 가연물질인 알코올, 에테르, 에스테르 등으로 인한 화재에는 적응성이 없다.

36 제연설비에서 제연방식의 종류가 아닌 것은?

① 자연 제연방식　　　　　　　② 밀폐 제연방식
③ 기계 제연방식　　　　　　　④ 급기 제연방식

37 이산화탄소 소화약제의 저장용기 설치장소 기준으로 옳지 않은 것은?

① 방호구역 외에 설치한다.
② 직사광선 및 빗물이 침투할 우려가 없는 곳에 설치한다.
③ 방화문으로 구획된 실에 설치한다.
④ 주위온도가 45℃ 이하이고 온도변화가 작은 곳에 설치한다.

38 옥외소화전 호스접결구로부터 몇m 이내에 옥외소화전함을 설치하여야 하는가?

① 3m　　　　　　　　　　　　② 4m
③ 5m　　　　　　　　　　　　④ 6m

39 옥내소화전방수구에 대한 설명으로 옳지 않은 것은?

① 특정소방대상물의 층마다 설치하되, 해당 특정소방대상물의 각 부분으로부터 하나의 옥내소화전방수구까지의 보행거리가 25미터 이하가 되도록 할 것
② 바닥으로부터의 높이가 1.5미터 이하가 되도록 할 것
③ 호스는 구경 40밀리미터(호스릴옥내소화전설비의 경우에는 25밀리미터) 이상인 것으로서 특정소방대상물의 각 부분에 물이 유효하게 뿌려질 수 있는 길이로 설치할 것
④ 호스릴옥내소화전설비의 경우 그 노즐에는 노즐을 쉽게 개폐할 수 있는 장치를 부착할 것

40 자동기동방식의 펌프가 수원의 수위보다 높은 곳에 설치된 옥내소화전설비의 구성요소를 있는 대로 모두 고른 것은?   ○ 22년 기출

ㄱ. 기동용수압개폐장치	ㄴ. 릴리프밸브
ㄷ. 동력제어반	ㄹ. 솔레노이드밸브
ㅁ. 물올림장치	

① ㄱ, ㄴ, ㅁ
② ㄷ, ㄹ, ㅁ
③ ㄱ, ㄴ, ㄷ, ㄹ
④ ㄱ, ㄴ, ㄷ, ㅁ

41 다음은 자동화재탐지설비의 경계구역 설정기준이다. 잘못 설명한 것은?

① 하나의 경계구역이 2개 이상의 건축물에 미치지 아니하도록 하여야한다.
② 하나의 경계구역이 2개 이상의 층에 미치지 아니하도록 하여야한다.
③ 하나의 경계구역의 면적은 600㎡ 이하로 하고 한변의 길이는 40m 이하로 하여야한다.
④ 계단·경사로(에스컬레이터경사로 포함)·엘리베이터 승강로(권상기실이 있는 경우에는 권상기실)·린넨슈트·파이프 피트 및 덕트 기타 이와 유사한 부분에 대하여는 별도로 경계구역을 설정하여야 한다.

42 옥내소화전이 각 층에 8개씩 설치되어 있을 때 수원의 저수량은?

① 13m³
② 26m³
③ 20m³
④ 34m³

43 옥내소화전 설비에서 압력수조를 이용한 가압송수장치에 대한 설명으로 잘못된 것은?

① 압력수조에는 배수관, 수위계, 급수관을 설치한다.
② 압력 저하방지를 위한 자동식 공기압축기를 설치한다.
③ 압력수조에는 기압계, 오버플로우관을 설치한다.
④ 압력수조에는 급기관, 맨홀, 압력계, 안전장치를 설치한다.

44 화재피해조사 산정기준 중 동일 소방대상물로서 한 건의 화재로 취급하는 기준에 대한 설명으로 옳지 않은 것은? ○ 22년 기출

① 한 곳에서 발생한 화재
② 누전점이 다른 2개소 이상에서 발생한 화재
③ 지진, 낙뢰 등 자연환경에 의해 발생한 여러 화재
④ 동일범에 의한 방화 또는 불장난으로 2개소 이상에서 발생한 화재

45 다음 중 연결송수관설비의 구성장치와 관련 없는 것은?

① 송수구　　　　　　　　　② 방수구
③ 방수용기구함　　　　　　④ 살수헤드

46 포소화설비에 관한 설명으로 옳지 않은 것은? ○ 23년 기출

① 팽창비란 최종 발생한 포 수용액 체적을 원래 포 체적으로 나눈 값을 말한다.
② 연성계란 대기압 이상의 압력과 대기압 이하의 압력을 측정할 수 있는 계측기를 말한다.
③ 국소방출방식이란 소화약제 공급장치에 배관 및 분사 헤드 등을 설치하여 직접 화점에 소화약제를 방출하는 방식을 말한다.
④ 프레셔사이드 프로포셔너방식이란 펌프의 토출관에 압입 기를 설치하여 포 소화약제 압입용 펌프로 포 소화약제를 압입시켜 혼합하는 방식을 말한다.

47 포 소화설비에서 혼합장치의 사용하는 목적은?

① 일정한 방출 압력을 위하여
② 포의 양을 감소시키기 위하여
③ 일정한 혼합비를 갖기 위하여
④ 일정한 유량이 나타나게 하기 위하여

48 포소화설비에서 펌프의 토출관에 압입기를 설치하여 포 소화약제 압입용 펌프로 포 소화약제를 압입시켜 혼합 하는 방식은? ○ 19년 기출

① 라인 프로포셔너(line proportioner)
② 펌프 프로포셔너(pump proportioner)
③ 프레셔 프로포셔너(pressure proportioner)
④ 프레셔사이드 프로포셔너(pressure side proportioner)

49 다음 중 이산화탄소 소화설비의 약제 방출방식에 해당하지 않는 것은?

① 전역방출방식 ② 국소방출방식
③ 호스릴방식   ④ 축압방출방식

50 다음 그림의 주입 방식에 가장 적합한 포 소화약제로만 짝지어진 것은? ○ 23년 기출

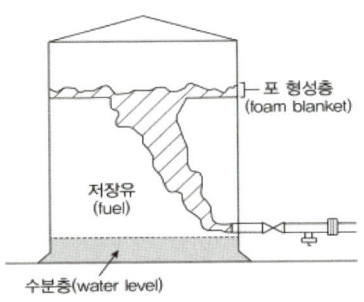

① 단백포, 불화단백포   ② 수성막포, 불화단백포
③ 합성계면활성제포, 수성막포   ④ 단백포, 수성막포

51 다음 중 포 소화약제의 혼합방식에 해당하지 않는 것은?

① 펌프 프로포셔너방식
② 프레져 프로포셔너방식
③ 라인 사이드 프로포셔너방식
④ 라인 프로포셔너방식

52 포소화약제의 혼합방식 중 펌프와 발포기의 중간에 설치된 벤츄리(Venturi) 관의 벤츄리(Venturi) 작용에 의하여 포소화 약제를 흡입·혼합하는 것은?   ○ 18년 기출

① 라인 프로포셔너(Line Proportioner)
② 펌프 프로포셔너(Pump Proportioner)
③ 프레셔 프로포셔너(Pressure Proportioner)
④ 프레셔사이드 프로포셔너(Pressure Side Proportioner)

53 지하층, 무창층 및 밀폐된 거실로서 바닥면적이 20㎡ 미만의 장소에 사용이 가능한 소화기는?

① 이산화탄소 소화기
② 분말 소화기
③ 할론 1211
④ 할론 2402

54 지하층을 제외한 11층 이상의 건물 각층에 폐쇄형 스프링클러 헤드의 개수가 35개 설치된 경우 스프링클러설비의 수원의 저수량은 얼마 이상이어야 하는가?

① 13㎥
② 26㎥
③ 48㎥
④ 78㎥

55 스프링클러설비의 비상전원은 몇 분간 작동할 수 있어야 하는가?

① 10분
② 20분
③ 30분
④ 40분

56 옥내소화전설비 방수구의 설치기준으로 맞는 것은?

① 바닥으로부터 0.5m 이상 1m 이하
② 바닥으로부터 1.5m 이하
③ 바닥으로부터 1m 이하
④ 바닥으로부터 0.8m 이상 1.5m 이하

57 화재 발생 시 실내의 온도 상승에 따른 부력이나 외부 공기의 흡출효과에 의해 실 상부에 설치된 창 또는 전용의 배연구로 연기를 옥외로 배출하는 제연방식은?

① 밀폐 방연방식
② 스모크타워 제연방식
③ 자연 제연방식
④ 기계 제연방식

58 이산화탄소 소화설비의 특징에 관한 설명으로 잘못된 것은?

① 잔유물이 없어 화재 진화 후 깨끗하다.
② 자체 액화압력으로 방사가 가능하다.
③ 소음이 크다
④ 전기의 전도성이 있으므로 전기화재에 적합하다.

59 이산화탄소소화설비에 대한 일반적인 설명으로 옳지 않은 것은? ○ 22년 기출

① 기동용기의 가스는 압력스위치 및 자동폐쇄장치를 작동시키는 역할을 한다.
② 저장용기는 직사광선 및 빗물이 침투할 우려가 없는 곳에 설치한다.
③ 전역방출방식에서 환기장치는 이산화탄소가 방사되기 전에 정지되어야 한다.
④ 전역방출방식에서는 음향경보장치와 방출표시등이 필요하다.

60 소화기 설치위치로서 적당하지 않은 것은?

① 어린아이들의 장난을 피해 눈에 잘 뜨이지 않는 곳에 둔다.
② 고온, 다습한 장소와 직사광선을 받는 장소는 피하여 비치한다.
③ 통행 및 피난에 지장이 없고 사용하기 쉬운 장소에 비치한다.
④ 바닥으로부터 1.5[m] 이내에 설치한다.

61 자동차에 설치하는 소화기로 옳지 못한 것은?

① 포 소화기
② 이산화탄소 소화기
③ 분말 소화기
④ 강화액 소화기

62 다음 중 본격화재 시 사용할 수 없는 것은?

① 무선통신보조설비
② 비상콘센트설비
③ 자동소화장치
④ 제연설비

63 스프링클러설비에서 준비작동식 유수검지장치의 2차측 배관의 상태는 무엇으로 채워져 있는가?

① 가압수
② 압축공기
③ 대기압
④ 질소

64 스프링클러설비의 리타딩 체임버(retarding chamber)의 기능으로 옳은 것은? ○ 20년 기출

① 역류방지
② 가압송수
③ 오작동방지
④ 동파방지

65 다음 중 화재가 발생할 경우 피난하기 위하여 사용하는 기구 또는 설비에 해당하는 것은?

① 공기호흡기
② 시각경보기
③ 비상콘센트설비
④ 무선통신보조설비

66 다음 중 연결송수관설비의 방수구 구경으로 맞는 것은?

① 25mm
② 40mm
③ 100mm
④ 65mm

67 다음 중 연소방지설비를 하여야 하는 곳으로 맞는 것은?

① 휴게실
② 침실
③ 지하창고
④ 지하구

68 물분무소화설비를 설치하는 차고나 주차장의 가압송수장치의 방수량은 얼마 이상으로 하여야 하는가?

① 바닥면적 1㎡에 대하여 20ℓ /분 이상
② 바닥면적 1㎡에 대하여 15ℓ /분 이상
③ 바닥면적 1㎡에 대하여 12ℓ /분 이상
④ 바닥면적 1㎡에 대하여 10ℓ /분 이상

69 스프링클러설비의 헤드 1개당 분당 방사량은 기준 방사압에서 얼마 이상이어야 하는가?

① 50ℓ 이상
② 80ℓ 이상
③ 130ℓ 이상
④ 260ℓ 이상

70 펌프의 체절운전 시 수온상승을 방지하기 위하여 설치하는 것은 무엇인가?

① 펌프성능시험배관
② 순환배관
③ 물올림장치
④ 수직배관

71 소방펌프 및 관로에서 발생되는 수격현상(water hammering) 의 방지책으로 옳지 않은 것은?

◯ 23년 기출

① 수격을 흡수하는 수격방지기를 설치한다.
② 관로에 서지 탱크(surge tank)를 설치한다.
③ 플라이휠(flywheel)을 부착하여 펌프의 급격한 속도 변화를 억제한다.
④ 관경의 축소를 통해 유체의 유속을 증가시켜 압력 변동치를 감소시킨다.

72 스프링클러설비에서 교차배관에서 분기되는 지점을 기점으로 한쪽 가지배관에 설치되는 스프링클러헤드의 개수는 몇 개인가?

① 8
② 10
③ 16
④ 20

73 스프링클러헤드가 설치되는 배관의 명칭은 무엇인가?

① 주배관
② 교차배관
③ 가지배관
④ 급수배관

74 습식 스프링클러설비에 대한 설명이다. 옳지 않은 것은?

① 감지기가 없는 설비로 구조가 간단하고 공사비가 저렴하다.
② 개방형 스프링클러헤드를 사용하므로 화재를 본격화재시에도 적합하다.
③ 다른 스프링클러설비보다 유지관리가 용이하다.
④ 화재발생 시 즉시 방수가 되므로 소화가 빠르고 동작의 신뢰성이 가장 높은 설비이다.

75 다음 중 대형소화기에 해당하는 것은?

① 물 소화기 – 80ℓ
② 포 소화기 – 10ℓ
③ 이산화탄소 소화기 – 45kg
④ 분말 소화기 – 15kg

76 다음 중 기동용수압개폐장치를 설치하지 않아도 되는 소화설비는 무엇인가?

① 옥내소화전설비
② 스프링클러 소화설비
③ 물분무 소화설비
④ 분말 소화설비

77 소화설비에 대한 설명으로 옳은 것은? ● 21년 기출

① 산·알칼리 소화기는 가스계 소화기로 분류된다.
② CO_2 소화설비는 화재감지기, 선택밸브, 방출표시등, 압력스위치 등으로 구성된다.
③ 슈퍼바이저리패널(supervisory panel)은 습식스프링클러설비의 구성요소이다.
④ 순환배관은 옥내소화전설비의 펌프 체절운전 시 수온 하강 방지를 위해 설치한다.

78 펌프의 공동현상을 방지하기 위하여 수조가 펌프보다 낮게 설치된 경우 필요한 설비는 무엇인가?

① 물올림장치　　　　　　　　② 펌프성능시험배관
③ 압력챔버　　　　　　　　　④ 순환배관

79 포혼합장치 중 펌프 프로포셔너(pump proportioner) 방식에 해당하는 것은? ● 21년 기출

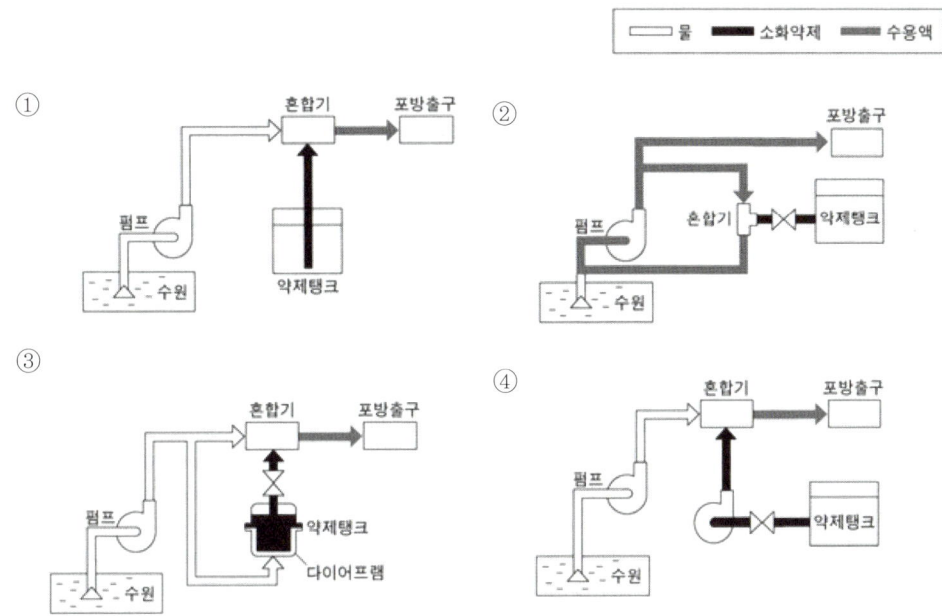

80 주위온도가 일정 상승률 이상이 되는 경우에 작동하는 것으로서 일국소에서의 열효과에 의하여 작동되는 감지기는 무엇인가?

① 차동식 분포형　　　　　　② 차동식 스포트형
③ 정온식 감지선형　　　　　④ 보상식 스포트형

81 주위 온도가 일정 상승률 이상 되는 경우에 작동하는 감지기로서 넓은 범위 내에서 열효과 누적에 의해 작동하는 것은?   ○ 24년 기출

① 차동식 분포형 감지기
② 차동식 스포트형 감지기
③ 정온식 스포트형 감지기
④ 정온식 감지선형 감지기

82 차동식 스포트형과 정온식 스포트형 감지기의 성능을 모두 겸비한 것으로서 둘 중 어느 한 기능이 작동되면 신호를 발하는 감지기에 해당하는 것은?

① 보상식 분포형
② 보상식 스포트형
③ 광전식 감지기
④ 이온화식 감지기

83 열감지기의 종류가 아닌 것은?   ○ 18년 기출

① 보상식
② 정온식
③ 광전식
④ 차동식

84 다음 중 연기감지기 설치장소로 바르지 못한 것은?

① 높이가 10m 인 계단
② 길이가 40m 인 복도
③ 엘리베이터 권상기실
④ 천장의 높이가 25m 인 곳

85 다음 중 감지기 설치제외 장소로 잘못 설명된 것은?

① 천장 또는 반자의 높이가 30m 이상인 장소
② 부식성가스가 체류하고 있는 장소
③ 실내의 용적이 20m³ 이하인 장소
④ 목욕실·욕조나 샤워시설이 있는 화장실 기타 이와 유사한 장소

86 피난기구에 대한 설명으로 잘못된 것은?

① 피난사다리 란 화재 시 긴급대피를 위해 사용하는 사다리를 말한다.
② 간이완강기 란 사용자의 몸무게에 따라 자동적으로 내려올 수 있는 기구 중 사용자가 연속적으로 사용할 수 없는 것을 말한다.
③ 다수인피난장비란 화재 시 2인 이상의 피난자가 동시에 해당층에서 지상 또는 피난층으로 하강하는 피난기구를 말한다.
④ 피난밧줄은 급격한 하강을 방지하기 위한 매듭 등을 만들어 놓은 밧줄을 말한다.

87 완강기의 구성요소에 해당하지 않는 것은?

① 연결금속구　　　　② 조속기
③ 벨트　　　　　　　④ 걸림장치

88 피난구 유도등에 대한 설명으로 잘못된 것은?

① 피난구의 바닥으로부터 높이 1.5m 이하의 곳에 설치하여야 한다.
② 옥내로부터 직접 지상으로 통하는 출입구에 설치
③ 안전구획된 거실로 통하는 출입구
④ 직통계단의 계단실 및 그 부속실의 출입구

89 체적이 100㎥인 케이블실에 면적 1㎡인 개구부가 설치되어 있다. 전역방출방식으로 이산화탄소 소화약제를 방사할 경우 필요한 이산화탄소 소화약제의 저장량은 몇 [kg] 이상으로 하여야 하는가? (심부화재이며, 체적 1㎥ 당 약제량은 1.3kg/㎥ 이고 개구부 가산량은 10kg/㎡이다. 자동폐쇄장치가 설치되어 있는 것으로 본다.)

① 120 ② 130
③ 140 ④ 150

90 옥외소화전에 대한 설명으로 잘못된 것은?

① 본격화재에도 사용할 수 있다.
② 방수량은 350ℓ/분 이상이어야 한다.
③ 옥외소화전마다 5m 이내에는 소화전함을 설치하여야 한다.
④ 소방대상물로부터 호스접결구까지의 수평거리가 25m 이하이어야 한다.

91 건식 스프링클러설비의 특징으로 옳지 못한 것은?

① 배관 내의 물이 동결의 우려가 있는 장소에도 설치할 수 있다.
② 건식밸브에 에어콤프레샤를 설치하여야 하므로 설치장소가 커야 한다.
③ 개방형스프링클러헤드를 이용하여 화재를 감지하므로 오동작이 적다.
④ 건식밸브 2차측에 항상 압축공기를 채워야 하므로 배관의 기밀성이 좋아야 하고, 공사의 정밀성이 요구된다.

92 건식 스프링클러설비에서 배관 내 압축공기의 배출속도를 가속시켜 1차측으로 공급하므로 가압수의 이동속도를 빠르게 만드는 급속개방기구에 해당하는 것은?

① 엑셀레이터 ② 에어콤프레서
③ 압력챔버   ④ 리타팅챔버

93 준비작동식 스프링클러설비의 사령탑으로 제어기능을 하며 준비작동식유수검지장치를 작동시키고 자체고장 또는 전원차단 시 경보를 발생하고 감지기와 준비작동식유수검지장치의 작동연결기능뿐 아니라 창 또는 출입문 등 개구부의 자동폐쇄작동기능도 갖추고 있는 장치는 무엇인가?

① 압력스위치 ② 전자밸브
③ 슈퍼비조리팬널 ④ 리타팅챔버

94 스프링클러설비 중 감지기와 연동하여 작동하는 것만을 모두 고른 것은? ○ 19년 기출

ㄱ. 습식 스프링클러	ㄴ. 건식 스프링클러
ㄷ. 준비작동식 스프링클러	ㄹ. 일제살수식 스프링클러
ㅁ. 부압식 스프링클러	

① ㄱ, ㄴ, ㄷ ② ㄱ, ㄹ, ㅁ
③ ㄴ, ㄷ, ㄹ ④ ㄷ, ㄹ, ㅁ

95 배관 압력손실에 따른 주펌프의 빈번한 기동을 방지하기 위하여 충압의 기능으로 설치하는 장치는?

① 호수조 ② 릴리프밸브
③ 충압펌프 ④ 체크밸브

96 스프링클러설비에서 직접 또는 수직배관을 통하여 가지배관에 급수하는 배관의 명칭은?

① 교차배관 ② 수직배관
③ 급수배관 ④ 신축배관

97 소방시설의 분류와 해당 소방시설의 종류가 옳게 연결된 것은?   ● 20년 기출

① 소화설비 – 옥내소화전설비, 포소화설비, 간이스프링클러설비
② 경보설비 – 자동화재속보설비, 자동화재탐지설비, 제연 설비
③ 소화용수설비 – 상수도소화용수설비, 소화수조, 연결 살수설비
④ 소화활동설비 – 시각경보기, 연결송수관설비, 무선통신 보조설비

98 소방시설 중 경보설비에 관한 설명으로 옳지 않은 것은?   ● 24년 기출

① 시각경보기는 청각장애인에게 점멸 형태로 시각경보를 하는 장치이다.
② R형 수신기는 감지기 또는 발신기에서 1 : 1 접점방식으로 전송된 신호를 수신한다.
③ 비상방송설비는 수신기에 화재신호가 도달하면 방송으로 화재 사실을 알리는 설비이다.
④ 이온화식 감지기와 광전식 감지기는 연기를 감지하여 화재신호를 발하는 장치이다.

99 가압송수장치에서 유수검지장치 1차측까지 배관 내에 항상 물이 가압되어 있고, 2차측에서 폐쇄형스프링클러헤드까지 대기압으로 있다가 화재발생시 감지기의 작동으로 유수검지장치가 작동하여 스프링클러헤드까지 소화용수가 송수되어 스프링클러헤드가 열에 따라 개방되는 방식을 말하는 스프링클러설비의 종류는?

① 습식 스프링클러설비   ② 건식 스프링클러설비
③ 준비작동식 스프링클러설비   ④ 일제살수식 스프링클러설비

100 〈보기〉에서 폐쇄형스프링클러헤드를 사용하는 방식을 옳게 고른 것은?   ● 18년 기출

〈보기〉
ㄱ. 습식   ㄴ. 건식   ㄷ. 일제살수식   ㄹ. 준비작동식

① ㄱ, ㄴ, ㄷ   ② ㄱ, ㄴ, ㄹ
③ ㄱ, ㄷ, ㄹ   ④ ㄴ, ㄷ, ㄹ

101 다음 중 분말소화설비에만 있는 장치는?

① 기동용수압개폐장치　　② 혼합장치
③ 유수검지장치　　　　　④ 정압작동장치

102 분말소화설비의 정압작동장치 작동방식에 해당하지 않는 것은?

① 가스압력 방식　　　　② 기계적 방식
③ 시한릴레이 방식　　　④ 압력스위치 방식

103 소방시설의 종류에 따른 분류가 옳게 짝 지어진 것은?　　○ 19년 기출

① 경보설비 – 비상조명등
② 소화설비 – 연소방지설비
③ 피난구조설비 – 비상방송설비
④ 소화활동설비 – 비상콘센트설비

104 다음 용어의 정의로 잘못 설명한 것은?

① 피난구유도등 이란 피난구 또는 피난경로로 사용되는 출입구를 표시하여 피난을 유도하는 등을 말한다.
② 복도통로유도등 이란 피난통로가 되는 복도에 설치하는 통로유도등으로서 피난구의 방향을 명시하는 것을 말한다.
③ 경사로유도등 이란 피난통로가 되는 계단이나 경사로에 설치하는 통로유도등으로 바닥면 및 디딤 바닥면을 비추는 것을 말한다.
④ 객석유도등 이란 객석의 통로, 바닥 또는 벽에 설치하는 유도등을 말한다.

105 피난구조설비에 대한 설명으로 옳지 않은 것은? ○ 21년 기출

① 인공소생기란 호흡 부전 상태인 사람에게 인공호흡을 시켜 환자를 보호하거나 구급하는 기구이다.
② 피난구유도등이란 피난구 또는 피난경로로 사용되는 출입구를 표시하여 피난을 유도하는 등을 말한다.
③ 복도통로유도등이란 피난통로가 되는 복도에 설치하는 통로유도등으로서 피난구의 방향을 명시하는 것을 말한다.
④ 구조대란 사용자의 몸무게에 의하여 자동으로 하강하고 내려서면 스스로 상승하여 연속적으로 사용할 수 있는 무동력 피난기구를 말한다.

106 소화방법에 관한 설명으로 옳은 것만을 〈보기〉에서 있는 대로 고른 것은? ○ 23년 기출

ㄱ. 산림화재 시 화재 진행방향의 나무를 벌목하는 것은 제거소화의 방법 중 하나이다.
ㄴ. 물은 비열, 증발잠열의 값이 작아서 주로 냉각소화에 사용된다.
ㄷ. 부촉매 소화는 화학적 소화에 해당한다.
ㄹ. 유류화재는 포 소화약제를 방사하여 유류 표면에 얇은 층을 형성함으로써 공기 공급을 차단해 소화한다.
ㅁ. 물에 침투제를 첨가하는 이유는 표면장력을 증가시켜 소화능력을 향상하기 위함이다.

① ㄱ, ㄷ, ㄹ
② ㄴ, ㄹ, ㅁ
③ ㄱ, ㄴ, ㄷ, ㄹ
④ ㄱ, ㄷ, ㄹ, ㅁ

107 다음 중 HPO_3가 일반 가연물질인 나무, 종이 등의 표면에 피막을 이루어 공기 중의 산소를 차단하는 방진 작용과 관련이 있는 것은? ○ 19년 기출

① 제1종 분말소화약제
② 제2종 분말소화약제
③ 제3종 분말소화약제
④ 제4종 분말소화약제

108 분말소화약제에 관한 설명으로 옳지 않은 것은? ○ 23년 기출

① 제2종 분말소화약제의 주성분은 $KHCO_3$이다.
② 제1·2·3종 분말소화약제는 열분해 반응에서 CO_2가 생성된다.
③ $NaHCO_3$이 주된 성분인 분말소화약제는 B·C급 화재에 사용하고 분말 색상은 백색이다.
④ $NH_4H_2PO_4$이 주된 성분인 분말소화약제는 A·B·C급 화재에 유효하고 비누화현상이 일어나지 않는다.

109 제3종 분말소화약제에 대한 설명으로 옳지 않은 것은? ○ 18년 기출

① 백색으로 착색되어 있다.
② ABC급 분말소화약제라고도 부른다.
③ 주성분은 제1인산암모늄($NH_4H_2PO_4$)이다.
④ 현재 생산되고 있는 분말소화약제의 대부분을 차지하고 있다.

110 차동식 분포형 감지기의 종류에 해당하지 않는 것은? ○ 23년 기출

① 공기관식   ② 열전대식
③ 열반도체식 ④ 광전식

111 소화약제원액 12L를 사용하여 3%의 수성막포소화약제 수용액을 만들었다. 이 수용액을 모두 사용하여 발생시킨 포의 총 부피가 4m³ 일 때 포의 팽창비는 얼마인가?

① 5   ② 8
③ 10 ④ 14

112 고발포인 제2종 기계포의 팽창비에 해당하는 것은? ○ 20년 기출

① 10배 이상 20배 이하
② 100배 이상 200배 이하
③ 300배 이상 400배 이하
④ 500배 이상 600배 이하

113 할로겐화합물 및 불활성기체 소화약제에 관한 설명으로 옳지 않은 것은? ○ 23년 기출

① IG-01, IG-55, IG-100, IG-541 중 질소를 포함하지 않은 약제는 IG-100이다.
② 할로겐화합물 소화약제 중 HFC-23(트리플루오르메탄)의 화학식은 CHF_3이다.
③ 부촉매 소화효과는 불활성기체 소화약제에는 없으나 할로겐 화합물 소화약제는 있다.
④ 할로겐화합물 소화약제는 불소, 염소, 브롬 또는 요오드 중 하나 이상의 원소를 포함하고 있는 유기화합물을 기본 성분으로 하는 소화약제를 말한다.

114 할로겐화합물 소화약제가 갖추어야 할 일반적인 조건으로 옳지 않은 것은? ○ 22년 기출

① 독성이 적을수록 좋다.
② 지구 온난화에 끼치는 영향이 적을수록 좋다.
③ 대기 중에 잔존 시간이 길수록 좋다.
④ 오존층 파괴에 끼치는 영향이 적을수록 좋다.

115 불활성기체소화약제의 표기와 화학식의 연결이 옳지 않은 것은? ○ 19년 기출

① IG-01 - Ar
② IG-100 - N_2
③ IG-541 - N_2 : 52 %, Ar : 40 %, Ne : 8 %
④ IG-55 - N_2 : 50 %, Ar : 50 %

116 소방시설은 소화설비, 경보설비, 피난구조설비, 소화용수설비, 소화활동설비로 분류된다. 다음 정의로 분류되는 소방시설로 옳지 않은 것은?　　　　　　　　　　　　　　　　　○ 23년 기출

> 화재를 진압하거나 인명구조활동을 위하여 사용하는 설비

① 제연설비
② 인명구조설비
③ 연결살수설비
④ 무선통신보조설비

PART

02

해설편

Chapter01. 소방조직
Chapter02. 재난관리
Chapter03. 연소이론
Chapter04. 화재이론
Chapter05. 소화이론

Chapter 01. 소방조직 정답 및 해설

01 ③	02 ①	03 ③	04 ③	05 ①	06 ③	07 ④	08 ④	09 ①	10 ①
11 ④	12 ④	13 ④	14 ③	15 ①	16 ①	17 ④	18 ③	19 ③	20 ②
21 ①	22 ②	23 ④	24 ①	25 ③	26 ④	27 ④	28 ④	29 ②	30 ①
31 ④	32 ②	33 ②	34 ④	35 ③	36 ②	37 ④	38 ④	39 ③	40 ①
41 ②	42 ②	43 ③	44 ②	45 ④	46 ①	47 ④	48 ③	49 ①	50 ④
51 ②	52 ③	53 ②							

01 ③
갑오경장 때(1894년 이후) "소방"이라는 용어를 최초로 쓰게 되었다.

02 ①
우리나라 소방의 역사
- 고려시대에는 소방(消防)을 소재(消災)라 하였으며, 화통도감을 신설하였다.
- 조선시대 세종 8년에 금화도감을 설치하였다.
- 일제강점기인 1925년에 우리나라 최초 소방서인 경성소방서(종로)를 설치하였다.
- 미군정 시대에는 중앙에는 1946년 중앙소방위원회 및 1947년 중앙소방청이 설치되었다.

03 ③
1925년 우리나라 최초의 소방서인 경성소방서(종로)가 설립되었다.

04 ③
고려시대의 소방
- 금화제도를 두었다.
- 화재예방을 위하여 양곡창고에는 금화를 담당하는 금화관리를 배치하였다.
- 화약을 제조하고 특별 관리를 하는 화통도감을 두었다.

05 ①
- **미군정 시대(1945년 ~ 1948년)**
  해방 이후 미국 군사정부(미군정)의 신탁통치를 받았으며 소방을 경찰에서 분리하여 최초로 **독립된 자치소방행정체제**를 시행

- **정부수립 이후 Ⅰ(1948년 ~ 1970년)**
  정부수립과 동시에 독립된 자치소방체도를 폐지하고 다시 소방을 경찰과 병합하여 전국의 모든 시 뿐만 아니라 군 까지 **일괄적으로 국가에서 관리하는 국가소방체제로 전환**하였으며, 경찰에서 소방을 관장하게 하였다.

- **정부수립 이후 Ⅱ(1971년 ~ 1991년)**
  1972년 서울과 부산에 첫 소방본부가 설치되어 자치소방체제를 유지하였으며, 기타 나머지 시·도는 정부수립시기와 같은 국가소방체제를 유지하는 **이원적 소방행정체제가 시행**되었다.

- **광역소방행정체제의 시작 및 정착(1992년 ~ 현재)**
  1992년 **전국 시·도에 소방본부를 모두 설치**하여 광역자치체제로 바뀌었다.

06 ③
조선시대의 소방
- 경국대전의 편찬으로 금화법령은 골격을 갖추었다.
- 1426년 2월(세종 8년 2월) 병조에 금화도감이라는 금화조직을 설치하였다.(우리나라 최초의 소방관서)
- 1426년 6월(세종 8년 6월) 성문도감과 금화도감을 합하여 수성금화도감을 설치하였다.
- 5가구를 하나로 묶어 화재발생예방과 치안을 위한 5가 작통법을 시행하였다.
- 지방에서는 화재방지와 치안을 위하여 자발적으로 의용조직을 편성하여 활동하였다.

07 ④
- 조선시대 : 세종 8년 2월(1426년 2월) 병조에 금화도감을 설치하였는데 이는 우리나라 최초의 소방관서이다.
- 일제 강점기(1910년 ~ 1945년) : 1925년 종로에 우리나라 최초의 소방서인 경성소방서가 설치되었다.

- 갑오개혁(1894년)이후 : 1895년 "소방"이라는 용어를 처음 사용했다.
- 정부수립 이후 Ⅰ(1948년 ~ 1970년) : 정부수립과 동시에 독립된 자치소방체제를 폐지하고 다시 소방을 경찰과 병합하여 전국의 모든 시 뿐만 아니라 군 까지 일괄적으로 국가에서 관리하는 국가소방체제로 전환하였으며, 경찰에서 소방을 관장하게 하였다. 1948년 내무부 직제에 따라 중앙소방조직의 소방업무는 내부부 치안국 소방과에서 관장하였고, 지방 각 시·도의 소방업무는 경찰국 소방과에서 관장하였다

08 ④
- 1992년 전국 시·도에 소방본부를 모두 설치하여 광역자치체제로 바뀌었다.
- 국가와 지방으로 이원화된 소방 조직체를 광역자치 소방체제로 통일하여 소방 사무의 책임을 시·군에서 시·도로 완전히 전환하였다.
- 1992년 전국에 시·도 소방본부를 설치하고, 시·군·구에는 소방서를 설치하였으며 그 밑으로 119안전센터 및 구조·구급대를 편성, 운영하였다.

09 ①
- 미군정 시대(1945년~1948년) : 해방 이후 미국 군사정부(미군정)의 신탁통치를 받았으며 소방을 경찰에서 분리하여 최초로 독립된 자치소방제도를 시행하다.
- 1992년 전국 시·도에 소방본부를 모두 설치하여 광역자치체제로 바뀌었다.
- 경력직 공무원 : 자격과 실적에 따라 임용되며, 신분의 보장 및 평생 동안 공무원으로 근무할 수 있는 공무원을 말한다.
  ① 일반직 공무원 : 기술·연구 또는 행정과 같은 일반 업무를 담당하며 직군·직렬로 구분되는 공무원
  ② 특정직 공무원 : 소방공무원, 검사, 외무공무원, 경찰공무원, 교육공무원, 군무원, 군인, 국 가정보원의 직원 및 특수 분야의 업무를 담당하는 공무원으로서 담당업무가 특수해서 자 격·신분보장·복무 등 특별법이 우선 적용되는 공무원
- 징계의 종류
  ① 경중에 따른 분류
    ㉠ 중징계 : 파면, 해임, 강등, 정직
    ㉡ 경징계 : 감봉, 견책
  ② 신분관계에 따른 분류
    ㉠ 배제징계 : 파면, 해임
    ㉡ 교정징계 : 강등, 정직, 감봉, 견책

10 ①
세종 8년 2월(1426년 2월)에 병조에 금화도금 설치하였고, 세종 8년 6월(1426년 6월)에 공조 산하의 성문도감과 병조 산하의 금화도감이 합병하여 공조에 속하는 수성금화도감으로 개편하였다.

11 ④
우리나라 소방의 역사
- 조선시대 : 세종 8년 2월(1426년 2월) 병조에 금화도감을 설치되었다.
- 일제강점기 : 1925년 종로에 우리나라 최초의 소방서인 경성 소방서가 설치되었다.
- 미군정 시대 : 중앙에는 1946년 중앙소방위원회 설치되었다.
- 대한민국 정부 수립 이후 : 1958년 소방법에 제정·공포되었다.

12 ④
광역소방행정체제의 시작 및 정착(1992년~2020년 3월)
① 1992년 4월 전국 시·도에 소방본부를 설치하여 광역자치 소방행정체제가 시작되었다.
② 국가와 지방으로 이원화된 소방 조직체를 광역자치 소방행정체제로 통일하여 소방 사무의 책임을 시·군에서 시·도로 완전히 전환하였다.
③ 1992년 전국에 시·도 소방본부를 설치하고, 시·군에는 소방서를 설치하였으며 그 밑으로 119안전센터 및 구조·구급대를 편성, 운영하였다.
④ 1995년 민방위통제본부를 설치하였다.
⑤ 1995년 대부분의 소방공무원은 지방직으로 전환되었고, 소방공동시설세도 시·군세에서 도세로 전환되었다.
⑥ 2003년 대구 지하철 화재사건(사상자 350여 명) 이후 "국가재난관리시스템 기획단"을 구성하고 출범하였다.

13 ④
- 주유취급소에는 안전관리자의 자격(위험물기능장, 위험물산업기사, 위험물기능사, 안전관리자교육이수자 또는 소방공무원경력자(소방공무원으로 3년 이상 근무))이 있는 사람을 위험물 안전관리자로 선임하여야 한다.
- 소방안전관리대상물의 관계인은 소방안전관리 업무를 수행하기 위하여 소방안전관리에 자격이 있는 자를 소

방안전관리자 및 소방안전관리보조자로 선임하여야 한다.
- 의용소방대 설치 및 운영에 관한 법률
- 제1조(목적) : 화재진압, 구조·구급 등의 소방업무를 체계적으로 보조하기 위하여 의용소방대 설치 및 운영 등에 필요한 사항을 규정함을 목적으로 한다.
- 자체소방대를 설치하여야 하는 사업소
다량의 위험물을 저장·취급하는 제조소등으로서 제4류 위험물을 취급하는 제조소 또는 일반취급소로서 지정수량의 3천배 이상의 위험물을 저장 또는 취급하는 경우 당해 사업소의 관계인은 대통령령이 정하는 바에 따라 당해 사업소에 자체소방대를 설치하여야 한다.

14 ③
징계의 종류에는 파면, 해임, 강등, 정직, 감봉, 견책이 해당된다.

15 ①
소방공무원을 신규채용함에 있어서 일정한 기간 동안 소방공무원으로서 자질, 적성 등 적격성을 검증하는 과정으로 시보임용기간 중에 근무성적 또는 교육훈련성적이 불량할 때에는 임용권자의 재량으로 면직시킬 수 있는 제도이며, 신분보장은 받지 못하는 기간이다.

16 ①
㉮ 징계의 경중에 따른 분류
  - 중징계 : 파면, 해임, 강등, 정직
  - 경징계 : 감봉, 견책
㉯ 신분의 배제 여부에 따른 분류
  - 배제징계(신분박탈) : 파면, 해임
  - 교정징계(신분유지) : 강등, 정직, 감봉, 견책

17 ④
소방서의 설치기준
- 소방서의 설치단위 : 소방서는 시·군·자치구 단위로 설치하되, 소방업무의 효율적인 수행을 도모하기 위하여 특히 필요한 경우에는 인근 시·군 또는 자치구를 포함한 지역을 단위로 설치할 수 있다.
- 소방서의 증설기준 : 시·군·자치구에 설치된 소방서에 119안전센터의 수가 5개를 초과하는 경우에는 5개소 이하마다 1개 서를 추가로 설치할 수 있다.
- 소방서 설치의 예외기준 : 석유화학단지·공업단지·주택단지 또는 문화관광단지의 개발 등에 따라 대형화재의 위험이 있거나 소방수요가 급증하여 특별한 소방대책이 필요한 경우에는 소방서의 설치기준과 증설기준에 불구하고 해당 지역마다 소방서를 설치할 수 있다.

18 ③
소방서의 설치단위 : 소방서는 시·군·자치구 단위로 설치하되, 소방업무의 효율적인 수행을 도모하기 위하여 특히 필요한 경우에는 인근 시·군 또는 자치구를 포함한 지역을 단위로 설치할 수 있다.

19 ③
119출장소의 설치기준
가. 소방서가 설치되지 않은 시·군·구 지역에 119출장소를 설치할 수 있다.
나. 제호나목 또는 다목에 따라 소방서를 설치할 수 있는 지역이거나 가목에 따라 이미 119출장소가 설치된 지역임에도 불구하고 석유화학단지·공업단지·주택단지 또는 문화관광단지의 개발 등으로 대형 화재의 위험이 있거나 소방 수요가 급증하여 특별한 소방대책이 필요한 지역에는 119출장소를 추가로 설치할 수 있다.

20 ②
소방공무원의 일반적 의무
- 성실의 의무
- 청렴의 의무
- 비밀엄수의 의무
- 복종의 의무
- 품위유지의 의무
- 제복착용의 의무
- 친절·공정의 의무

21 ①
보직관리의 원칙
① 임용권자 또는 임용제청권자는 법령에서 따로 정하거나 다음 각 호의 경우를 제외하고는 소속 소방공무원을 하나의 직위에 임용하여야 한다.
  1. 「국가공무원법」 제43조에 따라 별도정원이 인정되는 휴직자의 복직, 파견된 사람의 복귀 또는 파면·해임·면직된 사람의 복귀 시에 해당 기관에 그에 해당하는 계급의 결원이 없어서 그 계급의 정원에 최초로 결원이 생길 때까지 해당 계급에 해당하는 소방공무원을 보직 없이 근무하게 하는 경우. 이 경우 해당 기관이란 해당 공무원에 대한 임용권자 또는 임용제청권자를 장으로

하는 기관과 그 소속기관을 말한다.
2. 제30조제1항제6호에 따른 1년 이상의 해외 파견근무를 위하여 특히 필요하다고 인정하여 2주 이내의 기간 동안 소속 소방공무원을 보직 없이 근무하게 하는 경우
3. 제31조에 따라 결원보충이 승인된 파견자 중 다음 각 목의 훈련을 위한 파견준비를 위하여 특히 필요하다고 인정하여 2주 이내의 기간 동안 소속 소방공무원을 보직 없이 근무하게 하는 경우
　가. 「공무원 인재개발법」 제13조에 따른 6개월 이상의 위탁교육훈련
　나. 「국제과학기술협력 규정」에 따른 1년 이상의 장기 국외훈련
4. 직제의 신설·개폐 시 2개월 이내의 기간 동안 소속 소방공무원을 기관의 신설준비 등을 위하여 보직 없이 근무하게 하는 경우
② 임용권자 또는 임용제청권자는 소속 소방공무원을 보직할 때 해당 소방공무원의 전공분야·교육훈련·근무경력 및 적성 등을 고려하여 능력을 적절히 발전시킬 수 있도록 하여야 한다.
③ 상위계급의 직위에 하위계급자를 보직하는 경우는 해당 기관에 상위계급의 결원이 있고, 「소방공무원 승진임용 규정」에 따른 승진임용후보자가 없는 경우로 한정한다.
④ 특수한 자격증을 소지한 사람은 특별한 사정이 없으면 그 자격증과 관련되는 직위에 보직하여야 한다.
⑤ 임용권자 또는 임용제청권자는 소방공무원을 보직하는 경우에는 특별한 사정이 없으면 배우자 또는 직계존속이 거주하는 지역을 고려하여 보직해야 한다.
⑥ 임용권자 또는 임용제청권자는 이 영이 정하는 보직관리기준 외에 소방공무원의 보직에 관하여 필요한 세부기준(전보의 기준을 포함한다)을 정하여 실시하여야 한다.

22 ②

공무원의 구분

① 경력직 공무원
　자격과 실적에 따라 임용되며, 신분의 보장 및 평생 동안 공무원으로 근무할 수 있는 공무원을 말한다.
　㉮ 일반직 공무원 : 기술·연구 또는 행정과 같은 일반업무를 담당하며 직군·직렬로 구분되는 공무원
　㉯ **특정직 공무원 : 소방공무원, 검사, 외무공무원, 경찰공무원, 교육공무원, 군무원, 군인, 국가정보원의 직원 및 특수 분야의 업무를 담당하는 공무원으로서 담당업무가 특수해서 자격·신분보장·복무 등 특별법이 우선 적용되는 공무원**
② 특수경력직공무원
　경력직 공무원 외의 공무원을 말한다.
　㉮ 정무직 공무원
　　㉠ 선거로 취임하거나 임명할 때 국회의 동의가 필요한 공무원
　　㉡ 국회의원, 국무총리, 감사원장 등 고도의 정책결정 업무를 담당하거나 이러한 업무를 보조하는 공무원으로서 법률이나 대통령령에서 정무직으로 지정하는 공무원
　㉯ 별정직 공무원 : 비서관·비서 등 보좌업무 등을 수행하거나 특정한 업무 수행을 위하여 법령에서 별정직으로 지정하는 공무원

23 ④

"최하급 소방기관"이란 소방청, 중앙소방학교, 중앙119구조본부, 국립소방연구원, 시·도의 소방본부·지방소방학교 및 서울종합방재센터를 제외한 소방기관을 말한다.

24 ①

소방령 이상의 국가소방공무원은 소방청장의 제청으로 국무총리를 거쳐 대통령이 임용한다.

25 ③

소방공무원 정년

소방공무원의 정년은 연령정년과 계급정년으로 구분한다.
- 연령정년 : 60세 까지만 근무하는 것을 말한다.
- 계급정년 : 해당계급에 정해진 기간 동안만 근무하는 것을 말한다. 즉, 계급에 따라 정해진 기간이 지난 경우에는 승진 또는 퇴직하는 것을 말한다. (단, 소방총감, 소방정감 및 소방경 이하의 계급은 계급정년이 없다.)

계급정년(퇴직까지의 정년)이 적용되는 계급	계급정년 기간
소방감	4년
소방준감	6년
소방정	11년
소방령	14년

26 ④

임용 : 신규채용·승진·전보·파견·강임·휴직·직위해제·정직·강등·복직·면직·해임 및 파면을 말한다.
① 소방공무원 신분의 발생 – 신규채용
② 소방공무원 신분의 변경 – 승진, 전보, 파견, 강임, 휴직, 직위해제, 정직, 강등, 복직
③ 소방공무원 신분의 소멸 – 면직, 해임, 파면

27 ④

「소방기본법 시행규칙」 제3조(종합상황실의 실장의 업무 등) 제2항
② 종합상황실의 실장은 다음 각호의 1에 해당하는 상황이 발생하는 때에는 그 사실을 지체없이 별지 제1호서식에 의하여 서면·모사전송 또는 컴퓨터통신 등으로 소방서의 종합상황실의 경우는 소방본부의 종합상황실에, 소방본부의 종합상황실의 경우는 소방청의 종합상황실에 각각 보고하여야 한다.
  1. 다음 각목의 1에 해당하는 화재
     가. 사망자가 5인 이상 발생하거나 사상자가 10인 이상 발생한 화재
     나. 이재민이 100인 이상 발생한 화재
     다. 재산피해액이 50억원 이상 발생한 화재
     라. 관공서·학교·정부미도정공장·문화재·지하철 또는 지하구의 화재
     마. 관광호텔, 층수(「건축법 시행령」 제119조제1항제9호의 규정에 의하여 산정한 층수를 말한다. 이하 이 목에서 같다)가 11층 이상인 건축물, 지하상가, 시장, 백화점, 「위험물안전관리법」 제2조제2항의 규정에 의한 지정수량의 3천배 이상의 위험물의 제조소·저장소·취급소, 층수가 5층 이상이거나 객실이 30실 이상인 숙박시설, 층수가 5층 이상이거나 병상이 30개 이상인 종합병원·정신병원·한방병원·요양소, 연면적 1만5천제곱미터 이상인 공장 또는 「화재의 예방 및 안전관리에 관한 법률」제18조제1항 각 호에 따른 화재예방강화지구에서 발생한 화재
     바. 철도차량, 항구에 매어둔 총 톤수가 1천톤 이상인 선박, 항공기, 발전소 또는 변전소에서 발생한 화재
     사. 가스 및 화약류의 폭발에 의한 화재
     아. 「다중이용업소의 안전관리에 관한 특별법」 제2조에 따른 다중이용업소의 화재
  2. 「긴급구조대응활동 및 현장지휘에 관한 규칙」에 의한 통제단장의 현장지휘가 필요한 재난상황
  3. 언론에 보도된 재난상황
  4. 그 밖에 소방청장이 정하는 재난상황

28 ④

27번 해설 참고

29 ②

소방신호의 종류
① 경계신호 : 화재예방상 필요하다고 인정되거나 화재위험경보시 발령
② 발화신호 : 화재가 발생한 때 발령
③ 해제신호 : 소화활동이 필요없다고 인정되는 때 발령
④ 훈련신호 : 훈련상 필요하다고 인정되는 때 발령

30 ①

의용소방대 설치 및 운영에 관한 법률 시행규칙 제10조 (대장 등의 임기)
① 대장의 임기는 3년으로 하며, 한 차례만 연임할 수 있다.
② 부대장의 임기는 3년으로 한다.
③ 제1항 및 제2항에서 규정한 사항 외에 의용소방대원의 임기에 관한 사항은 시·도의 조례로 정한다.

31 ④

시행규칙 [별표 4] 소방신호의 방법 (제10조 제2항 관련)

신호방법 종별	타종신호	사이렌신호	그 밖의 신호
경계신호	1타와 연2타를 반복	5초 간격을 두고 30초씩 3회	"통풍대" "게시판" 화재경보발령중
발화신호	난타	5초 간격을 두고 5초씩 3회	
해제신호	상당한 간격을 두고 1타씩 반복	1분간 1회	"기"
훈련신호	연3타 반복	10초 간격을 두고 1분씩 3회	

[비고]
1. 소방신호의 방법은 그 전부 또는 일부를 함께 사용할 수 있다.
2. 게시판을 철거하거나 통풍대 또는 기를 내리는 것으로 소방활동이 해제되었음을 알린다.
3. 소방대의 비상소집을 하는 경우에는 훈련신호를 사용할 수 있다.

32 ②

- 소방신호에는 경계신호, 발화신호, 해제신호, 훈련신호로 구분할 수 있다.
- 소방대의 비상소집은 훈련신호를 사용할 수 있다.

- 소방신호는 화재예방, 소방활동, 소방훈련을 위하여 사용된다.

33 ②

「소방기본법」제18조(소방신호)
화재예방, 소방활동 또는 소방훈련을 위하여 사용되는 소방신호의 종류와 방법은 행정안전부령으로 정한다.

> **소방기본법 시행규칙**
> **제10조(소방신호의 종류 및 방법)**
> ① 법 제18조의 규정에 의한 소방신호의 종류는 다음 각 호와 같다.
>   1. 경계신호 : 화재예방상 필요하다고 인정되거나 「화재의 예방 및 안전관리에 관한 법률」제20조의 규정에 의한 화재위험경보시 발령
>   2. 발화신호 : 화재가 발생한 때 발령
>   3. 해제신호 : 소화활동이 필요없다고 인정되는 때 발령
>   4. 훈련신호 : 훈련상 필요하다고 인정되는 때 발령
> ② 제1항의 규정에 의한 소방신호의 종류별 소방신호의 방법은 [별표 4]와 같다.

시행규칙 [별표 4] 소방신호의 방법 (제10조 제2항 관련)

신호방법 종별	타종신호	사이렌신호	그 밖의 신호
경계신호	1타와 연2타를 반복	5초 간격을 두고 30초씩 3회	"통풍대" "게시판"
발화신호	난타	5초 간격을 두고 5초씩 3회	화재경보발령중 / 적색 / 백색
해제신호	상당한 간격을 두고 1타씩 반복	1분간 1회	"기"
훈련신호	연3타 반복	10초 간격을 두고 1분씩 3회	적색 / 백색

[비고]
1. 소방신호의 방법은 그 전부 또는 일부를 함께 사용할 수 있다.
2. 게시판을 철거하거나 통풍대 또는 기를 내리는 것으로 소방활동이 해제되었음을 알린다.
3. 소방대의 비상소집을 하는 경우에는 훈련신호를 사용할 수 있다.

34 ④

소방기본법 제19조 (화재 등의 통지)
① 화재 현장 또는 구조·구급이 필요한 사고 현장을 발견한 사람은 그 현장의 상황을 소방본부, 소방서 또는 관계 행정기관에 지체 없이 알려야 한다.
② 다음 각 호의 어느 하나에 해당하는 지역 또는 장소에서 화재로 오인할 만한 우려가 있는 불을 피우거나 연막(煙幕) 소독을 하려는 자는 시·도의 조례로 정하는 바에 따라 관할 소방본부장 또는 소방서장에게 신고하여야 한다.
  1. 시장지역
  2. 공장·창고가 밀집한 지역
  3. 목조건물이 밀집한 지역
  4. 위험물의 저장 및 처리시설이 밀집한 지역
  5. 석유화학제품을 생산하는 공장이 있는 지역
  6. 그 밖에 시·도의 조례로 정하는 지역 또는 장소

35 ③

조직의 기본원리
① **분업의 원리** : 전문화의 원리 또는 기능의 원리로서 한 사람이나 하나의 부서가 한 가지의 업무를 맡는다는 원리
② **조정의 원리** : 분업·전문화된 조직을 통합하는 원리로서 목표달성을 위하여 개인이나 조직을 통합하고 행동을 통일시킨다는 원리
③ **계층제의 원리** : 권한 및 책임에 따른 상하의 계층을 등급화한다는 원리
④ **명령통일의 원리** : 한 사람의 상급자에게 명령을 받고 보고하는 원리
⑤ **계선의 원리** : 의사결정과정에서 개인의 의견이 참여되지만, 결정은 기관의 장이 내린다는 원리
⑥ **통솔 범위의 원리** : 한 사람의 상관이 감독하는 부하의 수는 그 상관의 통제 능력 범위 내에 한정되어야 한다는 원리

36 ②

소방활동구역의 출입자
1. 소방활동구역 안에 있는 소방대상물의 소유자·관리자 또는 점유자
2. 전기·가스·수도·통신·교통의 업무에 종사하는 사람으로서 원활한 소방활동을 위하여 필요한 사람
3. 의사·간호사 그 밖의 구조·구급업무에 종사하는 사람
4. 취재인력 등 보도업무에 종사하는 사람

5. 수사업무에 종사하는 사람
6. 그 밖에 소방대장이 소방활동을 위하여 출입을 허가한 사람

37 ④
구조대의 종류
1) 119구조대(이하 "구조대"라 한다)는 다음의 구분에 따라 편성·운영한다.
   ① 일반구조대 : 시·도의 규칙으로 정하는 바에 따라 소방서마다 1개 대(隊) 이상 설치하되, 소방서가 없는 시·군·구(자치구를 말한다)의 경우에는 해당 시·군·구 지역의 중심지에 있는 119안전센터에 설치할 수 있다.
   ② 특수구조대 : 소방대상물, 지역 특성, 재난 발생 유형 및 빈도 등을 고려하여 시·도의 규칙으로 정하는 바에 따라 다음의 구분에 따른 지역을 관할하는 소방서에 다음의 구분에 따라 설치한다. 다만, 고속국도구조대는 직할구조대에 설치할 수 있다.
      ㉮ 화학구조대: 화학공장이 밀집한 지역
      ㉯ 수난구조대: 내수면지역
      ㉰ 산악구조대: 자연공원 등 산악지역
      ㉱ 고속국도구조대: 고속국도
      ㉲ 지하철구조대: 도시철도의 역사(驛舍) 및 역 시설
   ③ 직할구조대 : 대형·특수 재난사고의 구조, 현장 지휘 및 지원 등을 위하여 소방청 또는 소방본부에 설치하되, 소방본부에 설치하는 경우에는 시·도의 규칙으로 정하는 바에 따른다.
   ④ 테러대응구조대 : 테러 및 특수재난에 전문적으로 대응하기 위하여 필요한 경우 소방청 또는 소방본부에 설치하는 것을 원칙으로 하되, 구조대의 효율적 운영을 위하여 필요한 경우에는 화학구조대와 직할구조대를 테러대응구조대로 지정할 수 있다.
2) 소방청장·소방본부장 또는 소방서장(이하 "소방청장등"이라 한다)은 여름철 물놀이 장소에서의 안전을 확보하기 위하여 필요한 경우 민간 자원봉사자로 구성된 구조대(이하 "119시민수상구조대"라 한다)를 지원할 수 있다. 119시민수상구조대의 운영, 그 밖에 필요한 사항은 시·도의 조례로 정한다.

38 ①
국제구조대의 편성과 운영
① 소방청장은 국외에서 대형재난 등이 발생한 경우 재외국민의 보호 또는 재난발생국의 국민에 대한 인도주의적 구조 활동을 위하여 국제구조대를 편성하여 운영할 수 있다.
② 소방청장은 외교부장관과 협의를 거쳐 국제구조대를 재난발생국에 파견할 수 있다.
③ 소방청장은 국제구조대를 국외에 파견할 것에 대비하여 구조대원에 대한 교육훈련 등을 실시할 수 있다.
④ 소방청장은 국제구조대의 국외재난대응능력을 향상시키기 위하여 국제연합 등 관련 국제기구와의 협력체계 구축, 해외재난정보의 수집 및 기술연구 등을 위한 시책을 추진할 수 있다.
⑤ 소방청장은 국제구조대를 재난발생국에 파견하기 위하여 필요한 경우 관계 중앙행정기관의 장 또는 시·도지사에게 직원의 파견 및 장비의 지원을 요청할 수 있다. 이 경우 관계 중앙행정기관의 장 또는 시·도지사는 특별한 사유가 없으면 요청에 따라야 한다.

39 ③
인명구조 우선순위
① 긴급환자(적색) → ② 응급환자(황색) → ③ 비응급환자(녹색) → ④ 지연(사망)환자(흑색)

40 ①
구조요청의 거절
1) 구조대원은 다음의 어느 하나에 해당하는 경우에는 구조출동 요청을 거절할 수 있다. 다만, 다른 수단으로 조치하는 것이 불가능한 경우에는 그러하지 아니하다.
   ① 단순 문 개방의 요청을 받은 경우
   ② 시설물에 대한 단순 안전조치 및 장애물 단순 제거의 요청을 받은 경우
   ③ 동물의 단순 처리·포획·구조 요청을 받은 경우
   ④ 그 밖에 주민생활 불편해소 차원의 단순 민원 등 구조활동의 필요성이 없다고 인정되는 경우
2) 구조요청을 거절한 구조대원은 구조 거절 확인서를 작성하여 소속 소방관서장에게 보고하고, 소속 소방관서에 3년간 보관하여야 한다.

41 ②
구조활동의 우선순위
① 생명을 구한다(구명) → ② 신체를 구출한다(신체구출) → ③ 육체적·정신적 고통을 경감시켜준다(고통경감) → ④ 재산을 보호한다(재산보호)

42 ②

구조대의 출동구역

1) 구조대의 출동구역은 다음과 같다.
   ① 소방청에 설치하는 직할구조대 및 테러대응구조대 : 전국
   ② 소방본부에 설치하는 직할구조대 및 테러대응구조대(화학구조대를 테러대응구조대로 지정된 경우를 포함한다) : 관할 특별시·광역시·특별자치시·도·특별자치도(이하 "시·도"라 한다)
   ③ 소방청 직할구조대에 설치하는 고속국도구조대 : 소방청장이 한국도로공사와 협의하여 정하는 지역
   ④ 그 밖의 구조대 : 소방서 관할 구역
2) 구조대는 다음의 어느 하나에 해당하는 경우에는 소방청장등의 요청이나 지시에 따라 출동구역 밖으로 출동할 수 있다.
   ① 지리적·지형적 여건상 신속한 출동이 가능한 경우
   ② 대형재난이 발생한 경우
   ③ 그 밖에 소방청장이나 소방본부장이 필요하다고 인정하는 경우

43 ③

119 구조 · 구급대의 편성과 운영

119 구급대의 편성과 운영

소방청장·소방본부장 또는 소방서장(이하 "소방청장등"이라 한다)은 위급상황에서 발생한 응급환자를 응급처치하거나 의료기관에 긴급히 이송하는 등의 구급업무를 수행하기 위하여 119구급대(이하 "구급대"라 한다)를 편성하여 운영하여야 한다.

119 구조대의 편성과 운영

소방청장·소방본부장 또는 소방서장(이하 "소방청장등"이라 한다)은 위급상황에서 요구조자의 생명 등을 신속하고 안전하게 구조하는 업무를 수행하기 위하여 119구조대(이하 "구조대"라 한다)를 편성하여 운영하여야 한다.

44 ②

구급대의 종류

1) 119구급대(이하 "구급대"라 한다)는 다음의 구분에 따라 편성·운영한다.
   ① 일반구급대 : 시·도의 규칙으로 정하는 바에 따라 소방서마다 1개 대 이상 설치하되, 소방서가 설치되지 아니한 시·군·구의 경우에는 해당 시·군·구 지역의 중심지에 소재한 119안전센터에 설치할 수 있다.
   ② 고속국도구급대 : 교통사고 발생 빈도 등을 고려하여 소방청, 소방본부 또는 고속국도를 관할하는 소방서에 설치하되, 소방본부 또는 소방서에 설치하는 경우에는 시·도의 규칙으로 정하는 바에 따른다.

45 ④

구급대의 출동구역

1) 구급대의 출동구역은 다음과 같다.
   ① 일반구급대 및 소방서에 설치하는 고속국도구급대 : 구급대가 설치되어 있는 지역 관할 시·도
   ② 소방청 또는 소방본부에 설치하는 고속국도구급대 : 고속국도로 진입하는 도로 및 인근 구급대의 배치 상황 등을 고려하여 소방청장 또는 소방본부장이 관련 시·도의 소방본부장 및 한국도로공사와 협의하여 정한 구역
2) 구급대는 다음에 해당하는 경우에는 소방청장등의 요청이나 지시에 따라 출동구역 밖으로 출동할 수 있다.
   ① 지리적·지형적 여건상 신속한 출동이 가능한 경우
   ② 대형재난이 발생한 경우
   ③ 그 밖에 소방청장이나 소방본부장이 필요하다고 인정하는 경우

46 ①

구급요청의 거절

1) 구급대원은 구급대상자가 다음에 해당하는 비응급환자인 경우에는 구급출동 요청을 거절할 수 있다. 이 경우 구급대원은 구급대상자의 병력·증상 및 주변 상황을 종합적으로 평가하여 구급대상자의 응급 여부를 판단하여야 한다.
   ① 단순 치통환자
   ② 단순 감기환자. 다만, 섭씨 38도 이상의 고열 또는 호흡곤란이 있는 경우는 제외한다.
   ③ 혈압 등 생체징후가 안정된 타박상 환자
   ④ 술에 취한 사람. 다만, 강한 자극에도 의식이 회복되지 아니하거나 외상이 있는 경우는 제외한다.
   ⑤ 만성질환자로서 검진 또는 입원 목적의 이송 요청자
   ⑥ 단순 열상(裂傷) 또는 찰과상(擦過傷)으로 지속적인 출혈이 없는 외상환자
   ⑦ 병원 간 이송 또는 자택으로의 이송 요청자. 다만, 의사가 동승한 응급환자의 병원 간 이송은 제외한다.
   ⑧ 구조·구급대원은 요구조자 또는 응급환자가 구조·구급대원에게 폭력을 행사하는 등 구조·구급활동을 방해하는 경우에는 구조·구급활동을 거절할 수 있다.

2) 구급요청을 거절한 구급대원은 구급 거절·거부 확인서를 작성하여 소속 소방관서장에게 보고하고, 소속 소방관서에 3년간 보관하여야 한다.

47 ④
응급구조사의 자격
1) 응급구조사는 업무의 범위에 따라 1급 응급구조사와 2급 응급구조사로 구분한다.
2) 1급 응급구조사가 되려는 사람은 다음의 어느 하나에 해당하는 사람으로서 보건복지부장관이 실시하는 시험에 합격한 후 보건복지부장관의 자격인정을 받아야 한다.
   ① 대학 또는 전문대학에서 응급구조학을 전공하고 졸업한 사람
   ② 보건복지부장관이 인정하는 외국의 응급구조사 자격인정을 받은 사람
   ③ 2급 응급구조사로서 응급구조사의 업무에 3년 이상 종사한 사람
3) 2급 응급구조사가 되려는 사람은 다음의 어느 하나에 해당하는 사람으로서 보건복지부장관이 실시하는 시험에 합격한 후 보건복지부장관의 자격인정을 받아야 한다.
   ① 보건복지부장관이 지정하는 응급구조사 양성기관에서 양성과정을 마친 사람
   ② 보건복지부장관이 인정하는 외국의 응급구조사 자격인정을 받은 사람

48 ③
소방의 역사
- 정부수립 이후 Ⅰ(1948년~1970년) : 초창기
① 1948년 대한민국 정부수립과 동시에 독립된 자치소방체도를 폐지하고 다시 소방을 경찰과 병합하여 전국의 모든 시뿐만 아니라 군까지 일괄적으로 국가에서 관리하는 국가소방행정체제로 전환하였다.
② 1948년 내무부 직제에 따라 중앙소방조직의 소방업무는 내무부 치안국 소방과에서 관장하였고, 지방 각 시·도의 소방업무는 경찰국 소방과에서 관장하였다.
③ 1958년 3월 소방법에 제정, 공포되었다.

49 ①
우리나라 소방의 역사
- 고려시대에는 소방(消防)을 소재(消災)라 하였으며, 화통도감을 신설하였다.
- 조선시대 세종 8년에 금화도감을 설치하였다.
- 일제강점기인 1925년에 우리나라 최초 소방서인 경성소방서(종로)를 설치하였다.
- 미군정 시대에는 중앙에는 1946년 중앙소방위원회 및 1947년 중앙소방청이 설치되었다.

50 ④
광역소방행정체제의 시작 및 정착(1992년~2020년 3월)
① 1992년 4월 전국 시·도에 소방본부를 설치하여 광역자치 소방행정체제가 시작되었다.
② 국가와 지방으로 이원화된 소방 조직체를 광역자치 소방행정체제로 통일하여 소방 사무의 책임을 시·군에서 시·도로 완전히 전환하였다.
③ 1992년 전국에 시·도 소방본부를 설치하고, 시·군에는 소방서를 설치하였으며 그 밑으로 119안전센터 및 구조·구급대를 편성, 운영하였다.
④ 1995년 민방위통제본부를 설치하였다.
⑤ 1995년 대부분의 소방공무원은 지방직으로 전환되었고, 소방공동시설세도 시·군세에서 도세로 전환되었다.
⑥ 2003년 대구 지하철 방화사건(사상자 350여 명) 이후 "국가재난관리시스템 기획단"을 구성하고 출범하였다.

51 ②
소방의 역사
- 미군정 시대(1945년~1948년) : 도에는 소방위원회를 설치하였다.
- 정부수립 이후 Ⅰ(1948년~1970년) : 1948년 내무부 직제에 따라 중앙소방조직의 소방업무는 내무부 치안국 소방과 에서 관장
- 정부수립 이후 Ⅱ(1971년~1991년) : 1972년 서울(5월), 부산(6월)에 각각 소방본부 설치
- 광역소방행정체제의 시작 및 정착(1992년~2020년 3월) : 2004년 소방방재청을 설립

52 ③
조직의 기본원리
① **분업의 원리** : 전문화의 원리 또는 기능의 원리로서 한 사람이나 하나의 부서가 한 가지의 업무를 맡는다는 원리
② **조정의 원리** : 분업·전문화된 조직을 통합하는 원리로서 목표달성을 위하여 개인이나 조직을 통합하고 행동을 통일시킨다는 원리
③ **계층제의 원리** : 권한 및 책임에 따른 상하의 계층을 등급화한다는 원리
④ **명령통일의 원리** : 한 사람의 상급자에게 명령을 받고 보고하는 원리

⑤ **계선의 원리** : 의사결정과정에서 개인의 의견이 참여되지만, 결정은 기관의 장이 내린다는 원리
⑥ **통솔 범위의 원리** : 한 사람의 상관이 감독하는 부하의 수는 그 상관의 통제 능력 범위 내에 한정되어야 한다는 원리

53 ②

「소방기본법」제18조(소방신호)
화재예방, 소방활동 또는 소방훈련을 위하여 사용되는 소방신호의 종류와 방법은 행정안전부령으로 정한다.

> **소방기본법 시행규칙**
> 제10조(소방신호의 종류 및 방법)
> ① 법 제18조의 규정에 의한 소방신호의 종류는 다음 각 호와 같다.
>   1. 경계신호 : 화재예방상 필요하다고 인정되거나 「화재의 예방 및 안전관리에 관한 법률」 제20조의 규정에 의한 화재위험경보시 발령
>   2. 발화신호 : 화재가 발생한 때 발령
>   3. 해제신호 : 소화활동이 필요없다고 인정되는 때 발령
>   4. 훈련신호 : 훈련상 필요하다고 인정되는 때 발령
> ② 제1항의 규정에 의한 소방신호의 종류별 소방신호의 방법은 [별표 4]와 같다.
>
> 시행규칙 [별표 4] 소방신호의 방법 (제10조 제2항 관련)
>
> | 신호방법
종별 | 타종신호 | 사이렌신호 | 그 밖의 신호 |
> |---|---|---|---|
> | 경계신호 | 1타와 연2타를 반복 | 5초 간격을 두고 30초씩 3회 | "통풍대" "게시판" |
> | 발화신호 | 난타 | 5초 간격을 두고 5초씩 3회 | 화재경보발령중 |
> | 해제신호 | 상당한 간격을 두고 1타씩 반복 | 1분간 1회 | "기" |
> | 훈련신호 | 연3타 반복 | 10초 간격을 두고 1분씩 3회 | |
>
> [비고]
> 1. 소방신호의 방법은 그 전부 또는 일부를 함께 사용할 수 있다.
> 2. 게시판을 철거하거나 통풍대 또는 기를 내리는 것으로 소방활동이 해제되었음을 알린다.
> 3. 소방대의 비상소집을 하는 경우에는 훈련신호를 사용할 수 있다.

Chapter 02. 재난관리 정답 및 해설

01 ④	02 ②	03 ④	04 ②	05 ①	06 ④	07 ④	08 ④	09 ②	10 ④
11 ②	12 ①	13 ③	14 ②	15 ③	16 ①	17 ①	18 ②	19 ④	20 ①
21 ③	22 ①	23 ②	24 ④	25 ①	26 ①	27 ①	28 ②	29 ①	30 ②
31 ④	32 ②	33 ③	34 ②	35 ①	36 ②	37 ④	38 ②	39 ④	40 ②
41 ②	42 ②	43 ②	44 ②	45 ③	46 ③	47 ②	48 ①	49 ④	50 ④
51 ①	52 ③	53 ②	54 ④	55 ①	56 ③	57 ②	58 ③	59 ③	60 ④
61 ①	62 ②	63 ②	64 ③	65 ②					

01 ④
재난 현장에서 라는 말을 한다는 건 지금 재난이 발생했다는 의미이므로 재난의 대응 단계이다.

02 ②
「재난 및 안전관리 기본법」제5장 재난의 대비
제34조의2(재난현장 긴급통신수단의 마련)
① 재난관리책임기관의 장은 재난의 발생으로 인하여 통신이 끊기는 상황에 대비하여 미리 유선이나 무선 또는 위성통신망을 활용할 수 있도록 긴급통신수단을 마련하여야 한다.
② 행정안전부장관은 재난현장에서 제1항에 따른 긴급통신수단(이하 "긴급통신수단"이라 한다)이 공동 활용될 수 있도록 하기 위하여 재난관리책임기관, 긴급구조기관 및 긴급구조지원기관에서 보유하고 있는 긴급통신수단의 보유 현황 등을 조사하고, 긴급통신수단을 관리하기 위한 체계를 구축·운영할 수 있다.
③ 행정안전부장관은 제2항에 따른 조사를 위하여 필요한 자료의 제출을 재난관리책임기관, 긴급구조기관 및 긴급구조지원기관의 장에게 요청할 수 있다. 이 경우 요청을 받은 관계 기관의 장은 특별한 사유가 없으면 요청에 따라야 한다.
④ 긴급통신수단을 관리하기 위한 체계를 구축·운영하는 데 필요한 사항은 대통령령으로 정한다.

03 ④
"긴급구조기관"이란 소방청·소방본부 및 소방서를 말한다. 다만, 해양에서 발생한 재난의 경우에는 해양경찰청·지방해양경찰청 및 해양경찰서를 말한다.

04 ②
"재난"이란 국민의 생명·신체·재산과 국가에 피해를 주거나 줄 수 있는 것으로서 다음 각 목의 것을 말한다.
가. 자연재난 : 태풍, 홍수, 호우(豪雨), 강풍, 풍랑, 해일(海溢), 대설, 한파, 낙뢰, 가뭄, 폭염, 지진, 황사(黃砂), 조류(藻類) 대발생, 조수(潮水), 화산활동,「우주개발 진흥법」에 따른 자연우주물체의 추락·충돌 그 밖에 이에 준하는 자연현상으로 인하여 발생하는 재해
나. 사회재난: 화재·붕괴·폭발·교통사고(항공사고 및 해상사고를 포함한다)·화생방사고·환경오염사고·다중운집인파사고 등으로 인하여 발생하는 대통령령으로 정하는 규모 이상의 피해와 국가핵심기반의 마비,「감염병의 예방 및 관리에 관한 법률」에 따른 감염병 또는 「가축전염병예방법」에 따른 가축전염병의 확산, 「미세먼지 저감 및 관리에 관한 특별법」에 따른 미세먼지,「우주개발 진흥법」에 따른 인공우주물체의 추락·충돌 등으로 인한 피해

05 ①
재난안전법 제9조(중앙안전관리위원회)
① 재난 및 안전관리에 관한 다음 각 호의 사항을 심의하기 위하여 국무총리 소속으로 중앙안전관리위원회(이하 "중앙위원회"라 한다)를 둔다.
 1. 재난 및 안전관리에 관한 중요 정책에 관한 사항
 2. 제22조에 따른 국가안전관리기본계획에 관한 사항
 2의2. 제10조의2에 따른 재난 및 안전관리 사업 관련 중기사업계획서, 투자우선순위 의견 및 예산요구서에 관한 사항
 3. 중앙행정기관의 장이 수립·시행하는 계획, 점검·검사, 교육·훈련, 평가 등 재난 및 안전관리업무의 조정에 관한 사항

3의2. 안전기준관리에 관한 사항
4. 제36조에 따른 재난사태의 선포에 관한 사항
5. 제60조에 따른 특별재난지역의 선포에 관한 사항
6. 재난이나 그 밖의 각종 사고가 발생하거나 발생할 우려가 있는 경우 이를 수습하기 위한 관계 기관 간 협력에 관한 중요 사항
6의2. 재난안전의무보험의 관리·운용 등에 관한 사항
7. 중앙행정기관의 장이 시행하는 대통령령으로 정하는 재난 및 사고의 예방사업 추진에 관한 사항
8. 「재난안전산업 진흥법」 제5조에 따른 기본계획에 관한 사항
9. 그 밖에 위원장이 회의에 부치는 사항
② 중앙위원회의 위원장은 국무총리가 되고, 위원은 대통령령으로 정하는 중앙행정기관 또는 관계 기관·단체의 장이 된다.
③ 중앙위원회의 위원장은 중앙위원회를 대표하며, 중앙위원회의 업무를 총괄한다.
④ 중앙위원회에 간사 1명을 두며, 간사는 행정안전부장관이 된다.
⑤ 중앙위원회의 위원장이 사고 또는 부득이한 사유로 직무를 수행할 수 없을 때에는 행정안전부장관, 대통령령으로 정하는 중앙행정기관의 장 순으로 위원장의 직무를 대행한다.
⑥ 제5항에 따라 행정안전부장관 등이 중앙위원회 위원장의 직무를 대행할 때에는 행정안전부의 재난안전관리사무를 담당하는 본부장이 중앙위원회 간사의 직무를 대행한다.
⑦ 중앙위원회는 제1항 각 호의 사무가 국가안전보장과 관련된 경우에는 국가안전보장회의와 협의하여야 한다.
⑧ 중앙위원회의 위원장은 그 소관 사무에 관하여 재난관리책임기관의 장이나 관계인에게 자료의 제출, 의견 진술, 그 밖에 필요한 사항에 대하여 협조를 요청할 수 있다. 이 경우 요청을 받은 사람은 특별한 사유가 없으면 요청에 따라야 한다.
⑨ 중앙위원회의 구성과 운영 등에 필요한 사항은 대통령령으로 정한다.

06 ④

「재난 및 안전관리 기본법」 제60조(특별재난지역의 선포)
① 중앙대책본부장은 대통령령으로 정하는 규모의 재난이 발생하여 국가의 안녕 및 사회질서의 유지에 중대한 영향을 미치거나 피해를 효과적으로 수습하기 위하여 특별한 조치가 필요하다고 인정하거나 제3항에 따른 지역대책본부장의 요청이 타당하다고 인정하는 경우에는 중앙위원회의 심의를 거쳐 해당 지역을 특별재난지역으로 선포할 것을 대통령에게 건의할 수 있다.
② 제1항에 따라 특별재난지역의 선포를 건의 받은 대통령은 해당 지역을 특별재난지역으로 선포할 수 있다.
③ 지역대책본부장은 관할지역에서 발생한 재난으로 인하여 제1항에 따른 사유가 발생한 경우에는 중앙대책본부장에게 특별재난지역의 선포 건의를 요청할 수 있다.)

07 ④

재난안전법 제9조(중앙안전관리위원회)
① 재난 및 안전관리에 관한 다음 각 호의 사항을 심의하기 위하여 국무총리 소속으로 중앙안전관리위원회(이하 "중앙위원회"라 한다)를 둔다.
1. 재난 및 안전관리에 관한 중요 정책에 관한 사항
2. 제22조에 따른 국가안전관리기본계획에 관한 사항
2의2. 제10조의2에 따른 재난 및 안전관리 사업 관련 중기사업계획서, 투자우선순위 의견 및 예산요구서에 관한 사항
3. 중앙행정기관의 장이 수립·시행하는 계획, 점검·검사, 교육·훈련, 평가 등 재난 및 안전관리업무의 조정에 관한 사항
3의2. 안전기준관리에 관한 사항
4. 제36조에 따른 재난사태의 선포에 관한 사항
5. 제60조에 따른 특별재난지역의 선포에 관한 사항
6. 재난이나 그 밖의 각종 사고가 발생하거나 발생할 우려가 있는 경우 이를 수습하기 위한 관계 기관 간 협력에 관한 중요 사항
6의2. 재난안전의무보험의 관리·운용 등에 관한 사항
7. 중앙행정기관의 장이 시행하는 대통령령으로 정하는 재난 및 사고의 예방사업 추진에 관한 사항
8. 「재난안전산업 진흥법」 제5조에 따른 기본계획에 관한 사항
9. 그 밖에 위원장이 회의에 부치는 사항
② 중앙위원회의 위원장은 국무총리가 되고, 위원은 대통령령으로 정하는 중앙행정기관 또는 관계 기관·단체의 장이 된다.
③ 중앙위원회의 위원장은 중앙위원회를 대표하며, 중앙위원회의 업무를 총괄한다.
④ 중앙위원회에 간사 1명을 두며, 간사는 행정안전부장관이 된다.
⑤ 중앙위원회의 위원장이 사고 또는 부득이한 사유로 직무를 수행할 수 없을 때에는 행정안전부장관, 대통령령으로 정하는 중앙행정기관의 장 순으로 위원장의 직

무를 대행한다.
⑥ 제5항에 따라 행정안전부장관 등이 중앙위원회 위원장의 직무를 대행할 때에는 행정안전부의 재난안전관리사무를 담당하는 본부장이 중앙위원회 간사의 직무를 대행한다.
⑦ 중앙위원회는 제1항 각 호의 사무가 국가안전보장과 관련된 경우에는 국가안전보장회의와 협의하여야 한다.
⑧ 중앙위원회의 위원장은 그 소관 사무에 관하여 재난관리책임기관의 장이나 관계인에게 자료의 제출, 의견 진술, 그 밖에 필요한 사항에 대하여 협조를 요청할 수 있다. 이 경우 요청을 받은 사람은 특별한 사유가 없으면 요청에 따라야 한다.
⑨ 중앙위원회의 구성과 운영 등에 필요한 사항은 대통령령으로 정한다.

제10조 (안전정책조정위원회)
① 중앙위원회에 상정될 안건을 사전에 검토하고 다음 각 호의 사무를 수행하기 위하여 중앙위원회에 안전정책조정위원회(이하 "조정위원회"라 한다)를 둔다.
  1. 제9조제1항제3호, 제3호의2, 제6호, 제6호의2 및 제7호의 사항에 대한 사전 조정
  2. 제23조에 따른 집행계획의 심의
  3. 제26조에 따른 국가핵심기반의 지정에 관한 사항의 심의
  4. 제71조의2에 따른 재난 및 안전관리기술 종합계획의 심의
  5. 그 밖에 중앙위원회가 위임한 사항
② 조정위원회의 위원장은 행정안전부장관이 되고, 위원은 대통령령으로 정하는 중앙행정기관의 차관 또는 차관급 공무원과 재난 및 안전관리에 관한 지식과 경험이 풍부한 사람 중에서 위원장이 임명하거나 위촉하는 사람이 된다.
③ 조정위원회에 간사위원 1명을 두며, 간사위원은 행정안전부의 재난안전관리사무를 담당하는 본부장이 된다.
④ 조정위원회의 업무를 효율적으로 처리하기 위하여 조정위원회에 실무위원회를 둘 수 있다.
⑤ 조정위원회의 위원장은 제1항에 따라 조정위원회에서 심의·조정된 사항 중 대통령령으로 정하는 중요 사항에 대해서는 조정위원회의 심의·조정 결과를 중앙위원회의 위원장에게 보고하여야 한다.
⑥ 조정위원회의 위원장은 중앙위원회 또는 조정위원회에서 심의·조정된 사항에 대한 이행상황을 점검하고,

그 결과를 중앙위원회에 보고할 수 있다.
⑦ 조정위원회 및 제4항에 따른 실무위원회의 구성 및 운영 등에 필요한 사항은 대통령령으로 정한다.

08 ④

7번 해설 참고

09 ②

「재난 및 안전관리 기본법」 제9조(중앙안전관리위원회)
① 재난 및 안전관리에 관한 다음 각 호의 사항을 심의하기 위하여 국무총리 소속으로 중앙안전관리위원회(이하 "중앙위원회"라 한다)를 둔다.
  1. 재난 및 안전관리에 관한 중요 정책에 관한 사항
  2. 제22조에 따른 국가안전관리기본계획에 관한 사항
  2의2. 제10조의2에 따른 재난 및 안전관리 사업 관련 중기사업계획서, 투자우선순위 의견 및 예산요구서에 관한 사항
  3. 중앙행정기관의 장이 수립·시행하는 계획, 점검·검사, 교육·훈련, 평가 등 재난 및 안전관리업무의 조정에 관한 사항
  3의2. 안전기준관리에 관한 사항
  4. 제36조에 따른 재난사태의 선포에 관한 사항
  5. 제60조에 따른 특별재난지역의 선포에 관한 사항
  6. 재난이나 그 밖의 각종 사고가 발생하거나 발생할 우려가 있는 경우 이를 수습하기 위한 관계 기관 간 협력에 관한 중요 사항
  6의2. 재난안전의무보험의 관리·운용 등에 관한 사항
  7. 중앙행정기관의 장이 시행하는 대통령령으로 정하는 재난 및 사고의 예방사업 추진에 관한 사항
  8. 「재난안전산업 진흥법」 제5조에 따른 기본계획에 관한 사항
  9. 그 밖에 위원장이 회의에 부치는 사항
② 중앙위원회의 위원장은 국무총리가 되고, 위원은 대통령령으로 정하는 중앙행정기관 또는 관계 기관·단체의 장이 된다.

「재난 및 안전관리 기본법」 제10조(안전정책조정위원회)
① 중앙위원회에 상정될 안건을 사전에 검토하고 다음 각 호의 사무를 수행하기 위하여 중앙위원회에 안전정책조정위원회(이하 "조정위원회"라 한다)를 둔다.
  1. 제9조제1항제3호, 제3호의2, 제6호, 제6호의2 및 제7호의 사항에 대한 사전 조정
  2. 제23조에 따른 집행계획의 심의
  3. 제26조에 따른 국가기반시설의 지정에 관한 사항의 심의

    4. 제71조의2에 따른 재난 및 안전관리기술 종합계획의 심의
    5. 그 밖에 중앙위원회가 위임한 사항
② 조정위원회의 위원장은 행정안전부장관이 되고, 위원은 대통령령으로 정하는 중앙행정기관의 차관 또는 차관급 공무원과 재난 및 안전관리에 관한 지식과 경험이 풍부한 사람 중에서 위원장이 임명하거나 위촉하는 사람이 된다.

10 ④

재난안전법 제11조(지역위원회)
① 지역별 재난 및 안전관리에 관한 다음 각 호의 사항을 심의·조정하기 위하여 특별시장·광역시장·특별자치시장·도지사·특별자치도지사(이하 "시·도지사"라 한다) 소속으로 시·도 안전관리위원회(이하 "시·도위원회"라 한다)를 두고, 시장(「제주특별자치도 설치 및 국제자유도시 조성을 위한 특별법」 제11조제1항에 따른 행정시장을 포함한다. 이하 같다)·군수·구청장(자치구의 구청장을 말한다. 이하 같다) 소속으로 시·군·구 안전관리위원회(이하 "시·군·구위원회"라 한다)를 둔다.
    1. 해당 지역에 대한 재난 및 안전관리정책에 관한 사항
    2. 안전관리계획에 관한 사항
    3. 해당 지역을 관할하는 재난관리책임기관(중앙행정기관과 상급 지방자치단체는 제외한다)이 수행하는 재난 및 안전관리업무의 추진에 관한 사항
    4. 재난이나 그 밖의 각종 사고가 발생하거나 발생할 우려가 있는 경우 이를 수습하기 위한 관계 기관 간 협력에 관한 사항
    5. 다른 법령이나 조례에 따라 해당 위원회의 권한에 속하는 사항
    6. 그 밖에 해당 위원회의 위원장이 회의에 부치는 사항
② 시·도위원회의 위원장은 시·도지사가 되고, 시·군·구위원회의 위원장은 시장·군수·구청장이 된다.

11 ②

재난안전법 제13조(지역위원회 등에 대한 지원 및 지도)
행정안전부장관은 시·도위원회의 운영과 지방자치단체의 재난 및 안전관리업무에 대하여 필요한 지원과 지도를 할 수 있으며, 시·도지사는 관할 구역의 시·군·구위원회의 운영과 시·군·구의 재난 및 안전관리업무에 대하여 필요한 지원과 지도를 할 수 있다.

12 ①

재난안전법 제14조 (중앙재난안전대책본부 등)
① 대통령령으로 정하는 대규모 재난(이하 "대규모재난"이라 한다)의 대응·복구(이하 "수습"이라 한다) 등에 관한 사항을 총괄·조정하고 필요한 조치를 하기 위하여 행정안전부에 중앙재난안전대책본부(이하 "중앙대책본부"라 한다)를 둔다.
② 중앙대책본부에 본부장과 차장을 둔다.
③ 중앙대책본부의 본부장(이하 "중앙대책본부장"이라 한다)은 행정안전부장관이 되며, 중앙대책본부장은 중앙대책본부의 업무를 총괄하고 필요하다고 인정하면 중앙재난안전대책본부회의를 소집할 수 있다. 다만, 해외재난의 경우에는 외교부장관이, 방사능재난의 경우에는 중앙방사능방재대책본부의 장이 각각 중앙대책본부장의 권한을 행사한다.

13 ③

"긴급구조기관"이란 소방청·소방본부 및 소방서를 말한다. 다만, 해양에서 발생한 재난의 경우에는 해양경찰청·지방해양경찰청 및 해양경찰서를 말한다.

14 ②

재난안전법 제14조 (중앙재난안전대책본부 등)
① 대통령령으로 정하는 대규모 재난(이하 "대규모재난"이라 한다)의 대응·복구(이하 "수습"이라 한다) 등에 관한 사항을 총괄·조정하고 필요한 조치를 하기 위하여 행정안전부에 중앙재난안전대책본부(이하 "중앙대책본부"라 한다)를 둔다.
② 중앙대책본부에 본부장과 차장을 둔다.
③ 중앙대책본부의 본부장(이하 "중앙대책본부장"이라 한다)은 행정안전부장관이 되며, 중앙대책본부장은 중앙대책본부의 업무를 총괄하고 필요하다고 인정하면 중앙재난안전대책본부회의를 소집할 수 있다. 다만, 해외재난의 경우에는 외교부장관이, 방사능재난의 경우에는 중앙방사능방재대책본부의 장이 각각 중앙대책본부장의 권한을 행사한다.

15 ③

재난 및 안전관리기본법 시행령 [별표1의3]
재난 및 사고유형별 재난관리주관기관(제3조의2 관련)

재난관리주관기관	재난 및 사고의 유형
교육부	학교 및 학교시설에서 발생한 사고
과학기술정보통신부	1. 정보통신 사고 2. 위성항법장치(GPS) 전파혼신
과학기술정보통신부 우주항공청	1. 우주전파 재난 2. 자연우주물체의 추락·충돌
외교부	해외에서 발생한 재난
법무부	법무시설에서 발생한 사고
국방부	국방시설에서 발생한 사고
행정안전부	1. 정부중요시설 사고 2. 공동구(共同溝) 재난(국토교통부가 관장하는 공동구는 제외한다) 3. 내륙에서 발생한 유도선 등의 수난 사고 4. 풍수해(조수는 제외한다)·지진·화산·낙뢰·가뭄·한파·폭염으로 인한 재난 및 사고로서 다른 재난관리주관기관에 속하지 아니하는 재난 및 사고
문화체육관광부	경기장 및 공연장에서 발생한 사고
농림축산식품부	1. 가축 질병 2. 저수지 사고
산업통상자원부	1. 가스 수급 및 누출 사고 2. 원유수급 사고 3. 원자력안전 사고(파업에 따른 가동 중단으로 한정한다) 4. 전력 사고 5. 전력생산용 댐의 사고
보건복지부	보건의료 사고
보건복지부 질병관리청	감염병 재난
환경부	1. 수질분야 대규모 환경오염 사고 2. 식용수 사고 3. 유해화학물질 유출 사고 4. 조류(藻類) 대발생(녹조에 한정한다) 5. 황사 6. 환경부가 관장하는 댐의 사고 7. 미세먼지
고용노동부	사업장에서 발생한 대규모 인적 사고
국토교통부	1. 국토교통부가 관장하는 공동구 재난 2. 고속철도 사고 3. 삭 제〈2019. 8. 27〉 4. 도로터널 사고 5. 삭 제〈2019. 8. 27〉 6. 육상화물운송 사고 7. 지하철 사고 8. 항공기 사고 9. 항공운송 마비 및 항행안전시설 장애 10. 다중밀집건축물 붕괴 대형사고로서 다른 재난관리주관기관에 속하지 아니하는 재난 및 사고
해양수산부	1. 조류 대발생(적조에 한정한다) 2. 조수(潮水) 3. 해양 분야 환경오염 사고 4. 해양 선박 사고
금융위원회	금융 전산 및 시설 사고
원자력안전위원회	1. 원자력안전 사고(파업에 따른 가동 중단은 제외한다) 2. 인접국가 방사능 누출 사고
소방청	1. 화재·위험물 사고 2. 다중 밀집시설 대형화재
문화재청	문화재 시설 사고
산림청	1. 산불 2. 산사태
해양경찰청	해양에서 발생한 유도선 등의 수난 사고

[비고]
1. 재난관리주관기관이 지정되지 않았거나 분명하지 않은 경우에는 행정안전부장관이 「정부조직법」에 따른 관장 사무와 피해 시설의 기능 또는 재난 및 사고 유형 등을 고려하여 재난관리주관기관을 정한다.
2. 감염병 재난 발생 시 중앙사고수습본부는 법 제34조의 5제1항제1호에 따른 위기관리 표준매뉴얼에 따라 설치·운영 한다.규칙 [별표 1]

16 ①

15번 해설 참고

17 ①

재난안전법 제15조의2(중앙 및 지역사고수습본부)

① 재난관리주관기관의 장은 재난이 발생하거나 발생할 우려가 있는 경우에는 재난상황을 효율적으로 관리하고 재난을 수습하기 위한 중앙사고수습본부(이하 "수습본부"라 한다)를 신속하게 설치·운영하여야 한다.
② 수습본부의 장(이하 "수습본부장"이라 한다)은 해당 재난관리주관기관의 장이 된다.
③ 수습본부장은 재난정보의 수집·전파, 상황관리, 재난 발생 시 초동조치 및 지휘 등을 위한 수습본부상황실을 설치·운영하여야 한다. 이 경우 제18조제3항에 따른 재난안전상황실과 인력, 장비, 시설 등을 통합·운영할 수 있다.

④ 수습본부장은 재난을 수습하기 위하여 필요하면 관계 재난관리책임기관의 장에게 행정상 및 재정상의 조치, 소속 직원의 파견, 그 밖에 필요한 지원을 요청할 수 있다. 이 경우 요청을 받은 관계 재난관리책임기관의 장은 특별한 사유가 없으면 요청에 따라야 한다.

18 ②

재난안전법 제16조(지역재난안전대책본부)

① 해당 관할 구역에서 재난의 수습 등에 관한 사항을 총괄·조정하고 필요한 조치를 하기 위하여 시·도지사는 시·도재난안전대책본부(이하 "시·도대책본부"라 한다)를 두고, 시장·군수·구청장은 시·군·구재난안전대책본부(이하 "시·군·구대책본부"라 한다)를 둔다.

② 시·도대책본부 또는 시·군·구대책본부(이하 "지역대책본부"라 한다)의 본부장(이하 "지역대책본부장"이라 한다)은 시·도지사 또는 시장·군수·구청장이 되며, 지역대책본부장은 지역대책본부의 업무를 총괄하고 필요하다고 인정하면 대통령령으로 정하는 바에 따라 지역재난안전대책본부회의를 소집할 수 있다.

19 ④

재난안전법 제18조(재난안전상황실)

① 행정안전부장관, 시·도지사 및 시장·군수·구청장은 재난정보의 수집·전파, 상황관리, 재난발생 시 초동조치 및 지휘 등의 업무를 수행하기 위하여 다음 각 호의 구분에 따른 상시 재난안전상황실을 설치·운영하여야 한다.
  1. 행정안전부장관: 중앙재난안전상황실
  2. 시·도지사 및 시장·군수·구청장: 시·도별 및 시·군·구별 재난안전상황실

20 ①

긴급구조

(1) 중앙긴급구조통제단
  1) 긴급구조에 관한 사항의 총괄·조정, 긴급구조기관 및 긴급구조지원기관이 하는 긴급구조활동의 역할 분담 및 지휘·통제를 위하여 소방청에 중앙긴급구조통제단(이하 '중앙통제단'이라 한다)을 둔다.
  2) 중앙통제단장의 단장은 소방청장이 된다.
(2) 지역긴급구조통제단
  1) 지역별 긴급구조에 관한 사항의 총괄·조정, 당해 지역에 소재하는 긴급구조기관 및 긴급구조지원기관 간의 역할분담과 재난현장에서의 지휘·통제를 위하여 시·도의 소방본부에 시·도 긴급구조통제단을 두고, 시·군·구의 소방서에 시·군·구 긴급구조통제단을 둔다.
  2) 지역통제단장
    ① 시·도 긴급구조 통제단장: 소방본부장
    ② 시·군·구 긴급구조 통제단장: 소방서장

21 ③

재난안전법 제20조(재난상황의 보고)

① 시장·군수·구청장, 소방서장, 해양경찰서장, 제3조제5호나목에 따른 재난관리책임기관의 장 또는 제26조제1항에 따른 국가기반시설의 장은 그 관할구역, 소관 업무 또는 시설에서 재난이 발생하거나 발생할 우려가 있으면 대통령령으로 정하는 바에 따라 재난상황에 대해서는 즉시, 응급조치 및 수습현황에 대해서는 지체 없이 각각 행정안전부장관, 관계 재난관리주관기관의 장 및 시·도지사에게 보고하거나 통보하여야 한다. 이 경우 관계 재난관리주관기관의 장 및 시·도지사는 보고받은 사항을 확인·종합하여 행정안전부장관에게 통보하여야 한다.

22 ①

해외재난상황의 보고 및 관리

① 재외공관의 장은 관할 구역에서 해외재난이 발생하거나 발생할 우려가 있으면 즉시 그 상황을 외교부장관에게 보고하여야 한다.

② 외교부장관은 지체 없이 해외재난 발생 또는 발생 우려 지역에 거주하거나 체류하는 대한민국 국민(이하 "해외재난국민"이라 한다)의 생사확인 등 안전 여부를 확인하고, 행정안전부장관 및 관계 중앙행정기관의 장과 협의하여 해외재난국민의 보호를 위한 방안을 마련하여 시행하여야 한다.

③ 해외재난국민의 가족 등은 외교부장관에게 해외재난국민의 생사확인 등 안전 여부 확인을 요청할 수 있다. 이 경우 외교부장관은 특별한 사유가 없으면 그 요청에 따라야 한다.

23 ②

국가안전관리계획의 수립 등

국무총리는 대통령령이 정하는 바에 따라 국가의 재난 및 안전관리업무에 관한 기본계획(이하 "국가안전관리기본계획")의 수립 지침을 작성하여 관계 중앙행정기관의 장에게 알려야 한다.

24 ④

시·도안전관리계획의 수립

행정안전부장관은 제22조제4항에 따른 국가안전관리기본계획과 제23조제1항에 따른 집행계획에 따라 시·도의 재난 및 안전관리업무에 관한 계획(이하 "시·도안전관리계획"이라 한다)의 수립지침을 작성하여 이를 시·도지사에게 통보하여야 한다.

25 ①

시·군·구안전관리계획의 수립

시·도지사는 제24조제3항에 따라 확정된 시·도안전관리계획에 따라 시·군·구의 재난 및 안전관리업무에 관한 계획(이하 "시·군·구안전관리계획"이라 한다)의 수립지침을 작성하여 시장·군수·구청장에게 통보하여야 한다.

26 ①

재난의 예방

- 재난관리책임기관의 장의 재난예방조치
- 국가기반시설의 지정 및 관리 등
- 특정관리대상시설등의 지정 및 관리 등
- 지방자치단체에 대한 지원 등
- 재난방지시설의 관리
- 재난안전분야 종사자 교육
- 재난예방을 위한 긴급안전점검 등
- 재난예방을 위한 안전조치
- 정부합동 안전 점검

27 ①

위험구역의 설정은 「재난 및 안전관리 기본법」제41조에 해당하는 내용으로서 재난관리 단계 중 대응 단계에 해당한다.

28 ②

재난관리 4단계

- 재난의 수습활동을 효율적으로 하기 위하여 재난관리자원의 비축·관리 및 긴급통신수단을 마련한다. – 대비단계
- 재난을 효율적으로 관리하기 위하여 재난유형에 따라 위기관리 매뉴얼을 작성·운용한다. – 대비단계
- 재난 발생을 사전에 방지하기 위하여 매년 재난대비훈련 계획을 수립하고, 관계 기관과 합동으로 재난대비훈련을 실시한다. – 대비단계
- 재난 피해지역을 재해 이전 상태로 회복시키기 위하여 피해상황을 조사하고, 자체복구계획을 수립·시행한다. – 복구단계

29 ①

특정관리대상시설등의 안전등급 및 안전점검 등(재난 및 안전관리 기본법 시행령 제34조의2)

① 재난관리책임기관의 장은 제31조제2항에 따라 지정된 특정관리대상시설등을 제32조제1항에 따른 특정관리대상시설등의 지정·관리 등에 관한 지침에서 정하는 안전등급의 평가기준에 따라 다음 각 호의 어느 하나에 해당하는 등급으로 구분하여 관리하여야 한다.
  1. A등급: 안전도가 우수한 경우
  2. B등급: 안전도가 양호한 경우
  3. C등급: 안전도가 보통인 경우
  4. D등급: 안전도가 미흡한 경우
  5. E등급: 안전도가 불량한 경우

② 재난관리책임기관의 장은 D등급 또는 E등급에 해당하거나 D등급 또는 E등급에서 상위 등급으로 조정되는 특정관리대상시설등에 관한 다음 각 호의 사항을 해당 기관에서 발행하거나 관리하는 공보 또는 홈페이지 등에 공고하고, 이를 행정안전부장관에게 통보하여야 한다. D등급 또는 E등급에 해당하는 특정관리대상시설등의 지정이 해제되는 경우에도 또한 같다.
  1. 특정관리대상시설등의 명칭 및 위치
  2. 특정관리대상시설등의 관계인의 인적사항
  3. 해당 등급의 평가 사유(D등급 또는 E등급에 해당하는 특정관리대상시설등의 지정이 해제되는 경우에는 그 사유를 말한다)

③ 재난관리책임기관의 장은 다음 각 호의 구분에 따라 특정관리대상시설등에 대한 안전점검을 실시하여야 한다.
  1. 정기안전점검
     가. A등급, B등급 또는 C등급에 해당하는 특정관리대상시설등: 반기별 1회 이상
     나. D등급에 해당하는 특정관리대상시설등: 월 1회 이상
     다. E등급에 해당하는 특정관리대상시설등: 월 2회 이상
  2. 수시안전점검: 재난관리책임기관의 장이 필요하다고 인정하는 경우

④ 행정안전부장관은 특정관리대상시설등을 체계적으로 관리하기 위하여 정보화시스템을 구축·운영할 수 있다.

⑤ 재난관리책임기관의 장은 제4항에 따라 운영되는 정

보화시스템을 이용하여 특정관리대상시설등을 관리하여야 한다.

30 ②
재난안전법 제29조의2 (재난안전분야 종사자 교육)
① 재난관리책임기관에서 재난 및 안전관리업무를 담당하는 공무원이나 직원은 행정안전부장관이 실시하는 전문교육(이하 "전문교육"이라 한다)을 행정안전부령으로 정하는 바에 따라 정기적으로 또는 수시로 받아야 한다.

31 ④
제30조 (재난예방을 위한 긴급안전점검 등)
① 행정안전부장관 또는 재난관리책임기관(행정기관만을 말한다. 이하 이 조에서 같다)의 장은 대통령령으로 정하는 시설 및 지역에 재난이 발생할 우려가 있는 등 대통령령으로 정하는 긴급한 사유가 있으면 소속 공무원으로 하여금 긴급안전점검을 하게 하고, 행정안전부장관은 다른 재난관리책임기관의 장에게 긴급안전점검을 하도록 요구할 수 있다. 이 경우 요구를 받은 재난관리책임기관의 장은 특별한 사유가 없으면 요구에 따라야 한다.

제31조 (재난예방을 위한 안전조치)
① 행정안전부장관 또는 재난관리책임기관(행정기관만을 말한다. 이하 이 조에서 같다)의 장은 제27조제3항에 따른 안전점검 결과 또는 제30조에 따른 긴급안전점검 결과 재난 발생의 위험이 높다고 인정되는 시설 또는 지역에 대하여는 대통령령으로 정하는 바에 따라 그 소유자·관리자 또는 점유자에게 다음 각 호의 안전조치를 할 것을 명할 수 있다.

32 ②
제34조의2(재난현장 긴급통신수단의 마련)
① 재난관리책임기관의 장은 재난의 발생으로 인하여 통신이 끊기는 상황에 대비하여 미리 유선이나 무선 또는 위성통신망을 활용할 수 있도록 긴급통신수단을 마련하여야 한다.

33 ③
재난안전법 제34조의5 (재난분야 위기관리 매뉴얼 작성·운용)
① 재난관리책임기관의 장은 재난을 효율적으로 관리하기 위하여 재난유형에 따라 다음 각 호의 위기관리 매뉴얼을 작성·운용하여야 한다. 이 경우 재난대응활동계획과 위기관리 매뉴얼이 서로 연계되도록 하여야 한다.
  1. 위기관리 표준매뉴얼: 국가적 차원에서 관리가 필요한 재난에 대하여 재난관리 체계와 관계 기관의 임무와 역할을 규정한 문서로 위기대응 실무매뉴얼의 작성 기준이 되며, 재난관리주관기관의 장이 작성한다. 다만, 다수의 재난관리주관기관이 관련되는 재난에 대해서는 관계 재난관리주관기관의 장과 협의하여 행정안전부장관이 위기관리 표준매뉴얼을 작성할 수 있다.
  2. 위기대응 실무매뉴얼: 위기관리 표준매뉴얼에서 규정하는 기능과 역할에 따라 실제 재난대응에 필요한 조치사항 및 절차를 규정한 문서로 재난관리주관기관의 장과 관계 기관의 장이 작성한다. 이 경우 재난관리주관기관의 장은 위기대응 실무매뉴얼과 제1호에 따른 위기관리 표준매뉴얼을 통합하여 작성할 수 있다.
  3. 현장조치 행동매뉴얼: 재난현장에서 임무를 직접 수행하는 기관의 행동조치 절차를 구체적으로 수록한 문서로 위기대응 실무매뉴얼을 작성한 기관의 장이 지정한 기관의 장이 작성한다. 다만, 시장·군수·구청장은 재난 유형별 현장조치 행동매뉴얼을 통합하여 작성할 수 있다.

34 ②
「재난 및 안전관리 기본법」제34조의5 (재난분야 위기관리 매뉴얼 작성·운용)
1. 위기관리 표준매뉴얼 : 국가적 차원에서 관리가 필요한 재난에 대하여 재난관리 체계와 관계 기관의 임무와 역할을 규정한 문서
2. 위기대응 실무매뉴얼 : 위기관리 표준매뉴얼에서 규정하는 기능과 역할에 따라 실제 재난대응에 필요한 조치사항 및 절차를 규정한 문서
3. 현장조치 행동매뉴얼 : 재난현장에서 임무를 직접 수행하는 기관의 행동조치 절차를 구체적으로 수록한 문서

35 ①
재난안전법 제36조 (재난사태 선포)
① 행정안전부장관은 대통령령으로 정하는 재난이 발생하거나 발생할 우려가 있는 경우 사람의 생명·신체 및 재산에 미치는 중대한 영향이나 피해를 줄이기 위하여 긴급한 조치가 필요하다고 인정하면 중앙위원회의 심

의를 거쳐 재난사태를 선포할 수 있다. 다만, 행정안전부장관은 재난상황이 긴급하여 중앙위원회의 심의를 거칠 시간적 여유가 없다고 인정하는 경우에는 중앙위원회의 심의를 거치지 아니하고 재난사태를 선포할 수 있다.
② 행정안전부장관은 제1항 단서에 따라 재난사태를 선포한 경우에는 지체 없이 중앙위원회의 승인을 받아야 하고, 승인을 받지 못하면 선포된 재난사태를 즉시 해제하여야 한다.

36 ②

재난안전법 제36조 (재난사태 선포) 제3항
행정안전부장관 및 지방자치단체의 장은 제1항에 따라 재난사태가 선포된 지역에 대하여 다음 각 호의 조치를 할 수 있다.
1. 재난경보의 발령, 인력·장비 및 물자의 동원, 위험구역 설정, 대피명령, 응급지원 등 이 법에 따른 응급조치
2. 해당 지역에 소재하는 행정기관 소속 공무원의 비상소집
3. 해당 지역에 대한 여행 등 이동 자제 권고
4. 「유아교육법」 제31조, 「초·중등교육법」 제64조 및 「고등교육법」 제61조에 따른 휴업명령 및 휴원·휴교 처분의 요청
5. 그 밖에 재난예방에 필요한 조치

37 ④

「재난 및 안전관리 기본법」제52조(긴급구조 현장지휘)
① 재난현장에서는 시 군·구긴급구조통제단장이 긴급구조활동을 지휘한다. 다만, 치안활동과 관련된 사항은 관할 경찰관서의 장과 협의하여야 한다.
② 제1항에 따른 현장지휘는 다음 각 호의 사항에 관하여 한다. 〈간성 편
  1. 재난현장에서 인명의 탐색·구조
  2. 긴급구조기관 및 긴급구조지원기관의 긴급구조요원·긴급구조지원요원 및 재난관리자원의 배치와 운용
  3. 추가 재난의 방지를 위한 응급조치
  4. 긴급구조지원기관 및 자원봉사자 등에 대한 임무의 부여
  5. 사상자의 응급처치 및 의료기관으로의 이송
  6. 긴급구조에 필요한 재난관리자원의 관리
  7. 현장접근 통제, 현장 주변의 교통정리, 그 밖에 긴급구조활동을 효율적으로 하기 위하여 필요한 사항

38 ②

재난안전법 제37조 (응급조치)
시·도긴급구조통제단 및 시·군·구긴급구조통제단의 단장(이하 "지역통제단장"이라 한다)과 시장·군수·구청장은 재난이 발생할 우려가 있거나 재난이 발생하였을 때에는 즉시 관계 법령이나 재난대응활동계획 및 위기관리 매뉴얼에서 정하는 바에 따라 수방(水防)·진화·구조 및 구난(救難), 그 밖에 재난 발생을 예방하거나 피해를 줄이기 위하여 필요한 다음 각 호의 응급조치를 하여야 한다. 다만, 지역통제단장의 경우에는 제2호 중 진화에 관한 응급조치와 제4호 및 제6호의 응급조치만 하여야 한다.

> 1. 경보의 발령 또는 전달이나 피난의 권고 또는 지시
> 1의2. 제31조에 따른 안전조치
> 2. 진화·수방·지진방재, 그 밖의 응급조치와 구호
> 3. 피해시설의 응급복구 및 방역과 방범, 그 밖의 질서유지
> 4. 긴급수송 및 구조 수단의 확보
> 5. 급수 수단의 확보, 긴급피난처 및 구호품의 확보
> 6. 현장지휘통신체계의 확보
> 7. 그 밖에 재난 발생을 예방하거나 줄이기 위하여 필요한 사항

39 ④

재난안전법 제38조 (위기경보의 발령 등)
① 재난관리주관기관의 장은 대통령령으로 정하는 재난에 대한 징후를 식별하거나 재난발생이 예상되는 경우에는 그 위험 수준, 발생 가능성 등을 판단하여 그에 부합되는 조치를 할 수 있도록 위기경보를 발령할 수 있다. 다만, 제34조의5제1항제1호 단서의 상황인 경우에는 행정안전부장관이 위기경보를 발령할 수 있다.
② 제1항에 따른 위기경보는 재난 피해의 전개 속도, 확대 가능성 등 재난상황의 심각성을 종합적으로 고려하여 관심·주의·경계·심각으로 구분할 수 있다. 다만, 다른 법령에서 재난 위기경보의 발령 기준을 따로 정하고 있는 경우에는 그 기준을 따른다.
③ 재난관리주관기관의 장은 심각 경보를 발령 또는 해제할 경우에는 행정안전부장관과 사전에 협의하여야 한다. 다만, 긴급한 경우에 재난관리주관기관의 장은 우선 조치한 후 지체 없이 행정안전부장관과 협의하여야 한다.
④ 재난관리책임기관의 장은 제1항에 따른 위기경보가 신속하게 발령될 수 있도록 재난과 관련한 위험정보를 얻으면 즉시 행정안전부장관, 재난관리주관기관의 장, 시·도지사 및 시장·군수·구청장에게 통보하여야 한다.

40 ②

재난안전법 제38조의2 (재난 예보·경보체계 구축·운영 등)

① 재난관리책임기관의 장은 사람의 생명·신체 및 재산에 대한 피해가 예상되면 그 피해를 예방하거나 줄이기 위하여 재난에 관한 예보 또는 경보 체계를 구축·운영할 수 있다.
② 재난관리책임기관의 장은 재난에 관한 예보 또는 경보가 신속하게 실시될 수 있도록 재난과 관련한 위험정보를 얻으면 즉시 행정안전부장관, 재난관리주관기관의 장, 시·도지사 및 시장·군수·구청장에게 통보하여야 한다.
③ 행정안전부장관, 시·도지사 또는 시장·군수·구청장은 재난에 관한 예보·경보·통지나 응급조치를 실시하기 위하여 필요하면 다음 각 호의 조치를 요청할 수 있다. 다만, 다른 법령에 특별한 규정이 있을 때에는 그러하지 아니하다.
  1. 전기통신시설의 소유자 또는 관리자에 대한 전기통신시설의 우선 사용
  2. 「전기통신사업법」 제2조제8호에 따른 전기통신사업자 중 대통령령으로 정하는 주요 전기통신사업자에 대한 필요한 정보의 문자나 음성 송신 또는 인터넷 홈페이지 게시
  3. 「방송법」 제2조제3호에 따른 방송사업자에 대한 필요한 정보의 신속한 방송
  4. 「신문 등의 진흥에 관한 법률」 제2조제3호 및 제4호에 따른 신문사업자 및 인터넷신문사업자 중 대통령령으로 정하는 주요 신문사업자 및 인터넷신문사업자에 대한 필요한 정보의 게재

41 ②

- 재난사태 선포(법 제36조) : 행정안전부장관
- 위험구역의 설정(법 제41조) : 시장·군수·구청장과 지역통제단장
- 강제대피조치(법 제42조) : 시장·군수·구청장과 지역통제단장
- 응급부담(법 제45조) : 시장·군수·구청장과 지역통제단장

42 ②

「재난 및 안전관리 기본법」 제36조 (재난사태 선포)

① 행정안전부장관은 대통령령으로 정하는 재난이 발생하거나 발생할 우려가 있는 경우 사람의 생명·신체 및 재산에 미치는 중대한 영향이나 피해를 줄이기 위하여 긴급한 조치가 필요하다고 인정하면 중앙위원회의 심의를 거쳐 재난사태를 선포할 수 있다.

43 ②

재난안전법 제49조 (중앙긴급구조통제단)

① 긴급구조에 관한 사항의 총괄·조정, 긴급구조기관 및 긴급구조지원기관이 하는 긴급구조활동의 역할 분담과 지휘·통제를 위하여 소방청에 중앙긴급구조통제단(이하 "중앙통제단"이라 한다)을 둔다.
② 중앙통제단의 단장은 소방청장이 된다.
③ 중앙통제단장은 긴급구조를 위하여 필요하면 긴급구조지원기관 간의 공조체제를 유지하기 위하여 관계 기관·단체의 장에게 소속 직원의 파견을 요청할 수 있다. 이 경우 요청을 받은 기관·단체의 장은 특별한 사유가 없으면 요청에 따라야 한다.
④ 중앙통제단의 구성·기능 및 운영에 필요한 사항은 대통령령으로 정한다.

44 ②

43번 해설 참고

45 ③

긴급구조지휘대의 구성 및 통제단의 해당부서

긴급구조지휘대 구성	통제단 해당부서
현장지휘요원	현장지휘부
자원지원요원	자원지원부
통신지원요원	현장지휘부
안전관리요원	현장지휘부
상황조사요원	대응계획부
구급지휘요원	현장지휘부

46 ③

긴급구조대응활동 및 현장지휘에 관한 규칙 [별표3] 중앙통제단의 구성

■ 긴급구조대응활동 및 현장지휘에 관한 규칙 [별표 3]
〈개정 2024. 1. 22.〉
중앙통제단의 구성(제12조제1항 관련)
중앙통제단 조직도

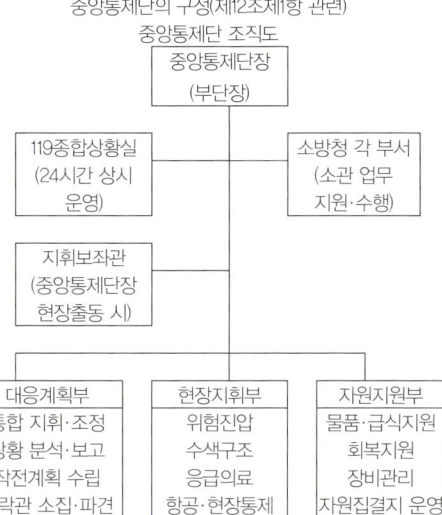

47 ④

재난 관리 유형별 비교

구 분	통합적 접근방식	분산적 접근방식
성 격	통합적 관리	유형별 관리
관리부처의 수	소수 부처	다수 부처
책임범위	책임의 집중	책임의 분산
활동범위	모든 재난	특정 재난
정보의 전달	일원화	다양화
제도적 장치	간편	복잡
특 징	① 신속한 동원과 대응성 확보 ② 인적자원의 효과적 활용 ③ 종합관리체계 구축이 어려움 ④ 업무와 책임의 과도한 집중	① 업무수행의 전문성 ② 업무의 과다 방지 ③ 재난 대처의 한계 ④ 업무의 중복 및 연계 미흡 ⑤ 재원 마련과 배분이 복잡

48 ①

재난안전법 제52조 (긴급구조 현장지휘)

① 재난현장에서는 시·군·구긴급구조통제단장이 긴급구조활동을 지휘한다. 다만, 치안활동과 관련된 사항은 관할 경찰관서의 장과 협의하여야 한다.
② 제1항에 따른 현장지휘는 다음 각 호의 사항에 관하여 한다.
  1. 재난현장에서 인명의 탐색·구조
  2. 긴급구조기관 및 긴급구조지원기관의 긴급구조요원·긴급구조지원요원 및 재난관리자원의 배치와 운용
  3. 추가 재난의 방지를 위한 응급조치
  4. 긴급구조지원기관 및 자원봉사자 등에 대한 임무의 부여
  5. 사상자의 응급처치 및 의료기관으로의 이송
  6. 긴급구조에 필요한 재난관리자원의 관리
  7. 현장접근 통제, 현장 주변의 교통정리, 그 밖에 긴급구조활동을 효율적으로 하기 위하여 필요한 사항

49 ④

재난안전법 제52조 (긴급구조 현장지휘)

① 재난현장에서는 시·군·구긴급구조통제단장이 긴급구조활동을 지휘한다. 다만, 치안활동과 관련된 사항은 관할 경찰관서의 장과 협의하여야 한다.
② 제1항에 따른 현장지휘는 다음 각 호의 사항에 관하여 한다.
  1. 재난현장에서 인명의 탐색·구조
  2. 긴급구조기관 및 긴급구조지원기관의 긴급구조요원·긴급구조지원요원 및 재난관리자원의 배치와 운용
  3. 추가 재난의 방지를 위한 응급조치
  4. 긴급구조지원기관 및 자원봉사자 등에 대한 임무의 부여
  5. 사상자의 응급처치 및 의료기관으로의 이송
  6. 긴급구조에 필요한 재난관리자원의 관리
  7. 현장접근 통제, 현장 주변의 교통정리, 그 밖에 긴급구조활동을 효율적으로 하기 위하여 필요한 사항

50 ④
재난안전법 시행령 제63조 (긴급구조대응계획의 수립)
긴급구조기관의 장이 수립하는 긴급구조대응계획은 기본계획, 기능별 긴급구조대응계획, 재난유형별 긴급구조대응계획으로 구분하되, 구분된 계획에 포함되어야 하는 사항은 다음과 같다.

1. 기본계획
   ① 긴급구조대응계획의 목적 및 적용범위
   ② 긴급구조대응계획의 기본방침과 절차
   ③ 긴급구조대응계획의 운영책임에 관한 사항
2. 기능별 긴급구조대응계획

비상경고	긴급대피, 상황전파, 비상연락 등에 관한 사항
긴급오염통제	오염노출통제, 긴급감염병방제 등 재난현장 공중보건에 관한 사항
응급의료	대량사상자 발생시 응급의료서비스 제공에 관한 사항
현장통제	재난현장접근통제 및 치안유지 등에 관한 사항
지휘통제	긴급구조체제 및 중앙통제단과 지역통제단의 운영체계 등에 관한 사항
대중정보	주민보호를 위한 비상방송시스템 가동 등 긴급공공정보 제공에 관한 사항 및 재난상황 등에 관한 정보통제에 관한 사항
피해상황분석	재난현장상황 및 피해정보의 수집·분석·보고에 관한 사항
구조진압	인명수색 및 구조, 화재진압 등에 관한 사항
긴급복구	긴급구조활동을 원활히 하기 위한 긴급구조차량 접근도로 복구 등에 관한 사항
긴급구호	긴급구조요원 및 긴급대피 수용주민에 대한 위기상담, 임시 의식주 제공 등에 관한 사항
재난통신	긴급구조기관 및 긴급구조지원기관 간 정보통신체계 운영 등에 관한 사항

3. 재난유형별 긴급구조대응계획
   ① 재난발생 단계별 주요긴급구조 대응활동사항
   ② 주요 재난유형별 대응메뉴얼에 관한 사항
   ③ 비상경고 방송메시지 작성 등에 관한 사항

51 ①
50번 해설 참고

52 ③
재난안전법 제57조 (항공기 등 조난사고 시의 긴급구조 등)
소방청장은 항공기 조난사고가 발생한 경우 항공기 수색과 인명구조를 위하여 항공기 수색·구조계획을 수립·시행하여야 한다.

53 ②
재난안전법 제60조 (특별재난지역의 선포)
① 중앙대책본부장은 대통령령으로 정하는 규모의 재난이 발생하여 국가의 안녕 및 사회질서의 유지에 중대한 영향을 미치거나 피해를 효과적으로 수습하기 위하여 특별한 조치가 필요하다고 인정하거나 제3항에 따른 지역대책본부장의 요청이 타당하다고 인정하는 경우에는 중앙위원회의 심의를 거쳐 해당 지역을 특별재난지역으로 선포할 것을 대통령에게 건의할 수 있다.
② 제1항에 따라 특별재난지역의 선포를 건의받은 대통령은 해당 지역을 특별재난지역으로 선포할 수 있다.
③ 지역대책본부장은 관할지역에서 발생한 재난으로 인하여 제1항에 따른 사유가 발생한 경우에는 중앙대책본부장에게 특별재난지역의 선포 건의를 요청할 수 있다.

54 ④
재난안전법 시행령 제69조 (특별재난의 범위 및 선포 등)
① 법 제60조제1항에서 "대통령령으로 정하는 규모의 재난"이란 다음 각 호의 어느 하나에 해당하는 재난을 말한다.
  1. 자연재난으로서 「자연재난 구호 및 복구 비용 부담기준 등에 관한 규정」 제5조제1항에 따른 국고 지원 대상 피해 기준금액의 2.5배를 초과하는 피해가 발생한 재난
  2. 사회재난의 재난 중 재난이 발생한 해당 지방자치단체의 행정능력이나 재정능력으로는 재난의 수습이 곤란하여 국가적 차원의 지원이 필요하다고 인정되는 재난
  3. 그 밖에 재난 발생으로 인한 생활기반 상실 등 극심한 피해의 효과적인 수습 및 복구를 위하여 국가적 차원의 특별한 조치가 필요하다고 인정되는 재난
② 법 제60조제2항에 따라 대통령이 특별재난지역을 선포하는 경우에 중앙대책본부장은 특별재난지역의 구체적인 범위를 정하여 공고하여야 한다

재난안전법 시행령 제69조 제1항 제1호에 의하여
36억원 × 2.5배 = 90억원

55 ①
재난안전법 제67조 (재난관리기금의 적립)
① 지방자치단체는 재난관리에 드는 비용에 충당하기 위하여 매년 재난관리기금을 적립하여야 한다.
② 제1항에 따른 재난관리기금의 매년도 최저적립액은 최근 3년 동안의 「지방세법」에 의한 보통세의 수입결산액의 평균연액의 100분의 1에 해당하는 금액으로 한다.

56 ③
재난안전법 제69조 (정부합동 재난원인조사)
① 행정안전부장관은 재난이나 그 밖의 각종 사고의 발생원인과 재난 발생 시 대응과정에 관한 조사·분석·평가(제34조의5제1항에 따른 위기관리 매뉴얼의 준수 여부에 대한 평가를 포함한다. 이하 "재난원인조사"라 한다)를 효율적으로 수행하기 위하여 재난안전분야 전문가 및 전문기관 등이 공동으로 참여하는 정부합동 재난원인조사단(이하 "재난원인조사단"이라 한다)을 편성하고, 현지에 파견하여 원인조사·분석을 실시할 수 있다.

57 ②
"재난"이란 국민의 생명·신체·재산과 국가에 피해를 주거나 줄 수 있는 것으로서 다음 각 목의 것을 말한다.
가. 자연재난: 태풍, 홍수, 호우(豪雨), 강풍, 풍랑, 해일(海溢), 대설, 한파, 낙뢰, 가뭄, 폭염, 지진, 황사(黃砂), 조류(藻類) 대발생, 조수(潮水), 화산활동, 「우주개발 진흥법」에 따른 자연우주물체의 추락·충돌, 그 밖에 이에 준하는 자연현상으로 인하여 발생하는 재해
나. 사회재난: 화재·붕괴·폭발·교통사고(항공사고 및 해상사고를 포함한다)·화생방사고·환경오염사고·다중운집인파사고 등으로 인하여 발생하는 대통령령으로 정하는 규모 이상의 피해와 국가핵심기반의 마비, 「감염병의 예방 및 관리에 관한 법률」에 따른 감염병 또는 「가축전염병예방법」에 따른 가축전염병의 확산, 「미세먼지 저감 및 관리에 관한 특별법」에 따른 미세먼지, 「우주개발 진흥법」에 따른 인공우주물체의 추락·충돌 등으로 인한 피해

58 ③
「재난 및 안전관리 기본법」 제3조 (정의)
"재난"이란 국민의 생명·신체·재산과 국가에 피해를 주거나 줄 수 있는 것으로서 다음 각 목의 것을 말한다.
가. 자연재난: 태풍, 홍수, 호우(豪雨), 강풍, 풍랑, 해일(海溢), 대설, 한파, 낙뢰, 가뭄, 폭염, 지진, 황사(黃砂), 조류(藻類) 대발생, 조수(潮水), 화산활동, 「우주개발 진흥법」에 따른 자연우주물체의 추락·충돌, 그 밖에 이에 준하는 자연현상으로 인하여 발생하는 재해
나. 사회재난: 화재·붕괴·폭발·교통사고(항공사고 및 해상사고를 포함한다)·화생방사고·환경오염사고·다중운집인파사고 등으로 인하여 발생하는 대통령령으로 정하는 규모 이상의 피해와 국가핵심기반의 마비, 「감염병의 예방 및 관리에 관한 법률」에 따른 감염병 또는 「가축전염병예방법」에 따른 가축전염병의 확산, 「미세먼지 저감 및 관리에 관한 특별법」에 따른 미세먼지, 「우주개발 진흥법」에 따른 인공우주물체의 추락·충돌 등으로 인한 피해

59 ③
존스(David K. C. Jones)의 재난분류
존스의 재난분류는 재난의 발생원인과 재난현상에 따라 크게 자연재난, 준자연재난, 인적재난으로 구분한다. 자연재난은 다시 지구물리학적 재난과 생물학적 재난으로 나누며, 지구물리학적 재난을 다시 지질학적, 지형학적, 기상학적 재난으로 구분하고 있다.

존스의 재난분류			
1. 자연재난	지구물리학적 재난	지질학적 재난	지진, 화산, 쓰나미 등
		지형학적 재난	산사태 등
		기상학적 재난	태풍, 번개, 눈, 이상기온, 가뭄, 해일 등
	생물학적 재난		유독동·식물, 세균성질병
2. 준자연재난 : 스모그현상, 홍수, 눈사태, 온난화 등			
3. 인적재난 : 교통사고, 폭발사고, 전쟁, 공해 등			

60 ④
재해발생의 원인
- 하인리히의 재해발생 이론(고전적 도미노 이론)

1차 원인(직접원인)

① 유전적 요인 및 사회적 환경 – 1단계
- 성격상 바람직하지 못한 특징은 유전적 요인이다.(완고, 탐욕 등)
- 환경은 성격의 잘못을 조장한다.
② 개인적 결함 – 2단계
- 개인적 결함은 환경으로부터 연유한 것이다.

③ 불안전 행동 및 불안전 상태 – 3단계
- 개인적 결함에 의해 불안전한 행동 및 불안전한 상태가 나타난다.
- 사고, 재해를 방지하기 위해서는 불안전한 행동 및 불안전한 상태를 모두 없애지 않으면 안 된다는 것이다.

④ 사고 – 4단계
- 사고는 오직 불안전한 행동 및 불안전한 상태로 발생한다.
- 직접 또는 간접적으로 인명, 재산의 손실을 가져온다.

⑤ 재해 – 5단계
- 직접적으로 사고로부터 생기는 재해

⑥ 하인리히는 330건의 재해 중 1(중상) : 29(경상) : 300(무상해 사고)으로 통계했다.

2) 프랭크 버드의 재해발생 이론(최신의 도미노 이론)

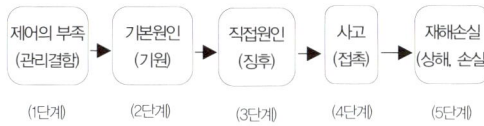

① 제어의 부족(관리결함) – 1단계
재해연쇄 중에서 가장 중요한 인자는 안전관리자가 이미 확립되어 있는 안전에 관한 전문적 관리의 원리를 충분하게 이해하고 그것을 행하는 것이다.

② 기본원인(기원) – 2단계
- 재해 또는 사고에는 그것의 기본적인 또는 배후원인이 되는 개인의 제반요인 및 작업에 관한 여러 요인이 있다.
- 기본원인(4M)을 반드시 제거해야 재해예방이 된다고 강조했다.

기본원인의 4M이란?
① Man(인간적 요인) : 인간이 사고를 일으키는 요인으로서 심리적인 원인, 생리적인 원인, 조직적인 원인 등 여러 가지 인간에 의한 요인에 의해 재해가 발생한다는 것이다.
② Machine(기계설비적 요인) : 기계의 설계상 결함 또는 기계설비 등의 물적 조건이 사고를 일으키는 요인으로 작용하여 재해가 발생한다는 것이다.
③ Media(작업적 요인) : 작업정보의 부적절 또는 작업방법의 부적절 등의 부적절한 매체가 사고를 일으키는 요인으로 작용하여 재해가 발생한다는 것이다.
④ Management(관리적 요인) : 안전관리에 관한 교육 또는 지휘·감독 등 안전관리의 소홀이 사고를 일으키는 요인으로 작용하여 재해가 발생한다는 것이다.

③ 직접원인(징후) – 3단계
이것은 불안전한 행동 및 불안전한 상태로 일컬어지는 것으로서 하인리히의 연쇄이론에서도 가장 중요한 대책사항으로 취급되어 온 요인이다.

④ 사고(접촉) – 4단계
사고란 육체적 손상, 상해, 재해의 손실에 귀결되는 바람직하지 못한 사상으로서 신체의 작용을 저해하는 물질 또는 구조물과의 접촉단계라 할 수 있다.

⑤ 재해손실(상해, 손실) – 5단계
재해연쇄의 요인에서 사용되는 상해라는 말에는 작업장소에서 생기는 정신적, 신경적, 육체적인 영향과 함께 외상적 상해와 질병의 양자를 포함하는 인간의 육체적 손상을 포함한다.

⑥ 프랭크 버드는 17만 5천 건의 사고를 분석한 결과 1(중상 또는 폐질) : 10(경상) : 30(무상해사고, 물적손실) : 600(무상해, 무사고 고장, 위험순간)의 비율로 사고가 발생한다는 법칙을 발표했다.

61 ①
- 위험구역의 설정 – 대응 단계
- 재난현장 긴급통신수단의 마련 – 대비 단계
- 재난 예보·경보체계 구축·운영 – 대응 단계
- 특별재난지역 선포 및 지원 – 복구 단계

62 ③
「재난 및 안전관리 기본법」 제3조 (정의)
1. "재난"이란 국민의 생명·신체·재산과 국가에 피해를 주거나 줄 수 있는 것으로서 다음 각 목의 것을 말한다.
   가. 자연재난: 태풍, 홍수, 호우(豪雨), 강풍, 풍랑, 해일(海溢), 대설, 한파, 낙뢰, 가뭄, 폭염, 지진, 황사(黃砂), 조류(藻類) 대발생, 조수(潮水), 화산활동, 「우주개발 진흥법」에 따른 자연우주물체의 추락·충돌, 그 밖에 이에 준하는 자연현상으로 인하여 발생하는 재해
   나. 사회재난: 화재·붕괴·폭발·교통사고(항공사고 및 해상사고를 포함한다)·화생방사고·환경오염사고·다중운집인파사고 등으로 인하여 발생하는 대통령령으로 정하는 규모 이상의 피해와 국가핵심기반의 마비, 「감염병의 예방 및 관리에 관한 법률」에 따른 감염병 또는 「가축전염병예방법」에 따른 가축전염병의 확산, 「미세먼지 저감 및 관리에 관한 특별법」에 따른 미세먼지, 「우주개발 진흥법」에 따른 인공우주물체의 추락·충돌 등으로 인한 피해

다. 삭제 〈2013.8.6.〉
2. "해외재난"이란 대한민국의 영역 밖에서 대한민국 국민의 생명·신체 및 재산에 피해를 주거나 줄 수 있는 재난으로서 정부차원에서 대처할 필요가 있는 재난 을 말한다.

63 ②

「재난 및 안전관리 기본법」 제34조의5 (재난분야 위기관리 매뉴얼 작성·운용)
1. 위기관리 표준매뉴얼 : 국가적 차원에서 관리가 필요한 재난에 대하여 재난관리 체계와 관계 기관의 임무와 역할을 규정한 문서
2. 위기대응 실무매뉴얼 : 위기관리 표준매뉴얼에서 규정하는 기능과 역할에 따라 실제 재난대응에 필요한 조치사항 및 절차를 규정한 문서
3. 현장조치 행동매뉴얼 : 재난현장에서 임무를 직접 수행하는 기관의 행동조치 절차를 구체적으로 수록한 문서

64 ③

특별재난지역의 선포는 재난의 복구단계에 해당한다.

65 ②

「재난 및 안전관리 기본법」
- 국가재난관리기준의 제정·운용 – 재난의 대비
- 재난 예보·경보체계 구축·운영 – 재난의 대응
- 재난안전분야 종사자 교육 – 재난의 예방
- 재난안전통신망의 구축·운영 – 재난의 대비

Chapter 03. 연소이론 정답 및 해설

01 ①	02 ①	03 ④	04 ①	05 ②	06 ②	07 ③	08 ①	09 ③	10 ④
11 ①	12 ②	13 ③	14 ②	15 ①	16 ④	17 ③	18 ③	19 ④	20 ②
21 ③	22 ①	23 ①	24 ①	25 ②	26 ③	27 ③	28 ①	29 ③	30 ④
31 ①	32 ③	33 ③	34 ④	35 ④	36 ①	37 ②	38 ①	39 ③	40 ④
41 ②	42 ②	43 ③	44 ②	45 ①	46 ④	47 ①	48 ①	49 ②	50 ②
51 ③	52 ①	53 ①	54 ②	55 ①	56 ①	57 ③	58 ④	59 ③	60 ④
61 ④	62 ①	63 ①	64 ①	65 ②	66 ②	67 ③	68 ②	69 ④	70 ②
71 ②	72 ①	73 ①	74 ②	75 ④	76 ④	77 ③	78 ④	79 ③	80 ②
81 ①	82 ④	83 ①	84 ②	85 ④	86 ③	87 ④	88 ③	89 ①	90 ①
91 ④	92 ④	93 ③	94 ③	95 ④	96 ③	97 ④	98 ③	99 ③	100 ③
101 ③	102 ④	103 ③	104 ④	105 ②	106 ①	107 ④	108 ①	109 ④	110 ④
111 ④	112 ④	113 ②	114 ①	115 ①	116 ③				

01 ①
산소와 화합하는 산화반응과 발열반응을 통한 빛과 열을 발생시켜야 한다.

02 ①
연소의 3요소 : 가연물, 산소공급원(조연성 물질), 점화원(점화에너지)

03 ④
연소의 3요소와 관계없는 것은 연쇄반응이다. 연쇄반응은 연소의 4요소이다.

04 ①
고체가연물의 연소
① 분해연소
고체 가연물에 가열을 통한 열분해로 생성된 다양한 가연성 가스(기체)가 연소하는 형태이다.
ex) 목재, 종이, 섬유, 플라스틱 등 고분자물질 등
② 표면연소
고체의 표면에서 가연성 기체가 발생되지 않아 고체 표면에서 불꽃을 내지 않고 연소하는 형태이다. 불꽃 연소에 비해 연소열량이 적고 연소속도가 느려 화재에 대한 위험성은 크지 않다.
ex) 목탄, 코크스, 금속분, 숯, 향, 담배 등

③ 증발연소
고체 가연물을 가열 할 때 열분해를 하지 않고 그대로 승화하여 연소하거나 액화 후 발생하는 가연성 증기가 연소하는 형태이다. 열분해 온도보다 융점온도가 더 낮은 물질의 경우에 해당한다.
ex) 유황, 나프탈렌, 파라핀(양초), 왁스류 등
④ 자기연소
가연물이면서 그 분자 내에 연소에 필요한 충분한 양의 산소 공급원을 함유하고 있는 물질의 연소형태이다. 외부의 산소 공급 없이도 연소가 진행될 수 있어 연소 속도가 매우 빨라 폭발적으로 연소한다.
ex) 질산에스테르류, 유기과산화물, 니트로화합물류 등 제5류 위험물

05 ②
작열연소는 표면연소로서 연소의 3요소이다.

06 ②
가연물이 될 수 없는 것
㉠ 반응종결물질 : CO_2, H_2O
㉡ 불활성 기체(0족원소) : He, Ne, Ar, Kr, Xe, Rn
㉢ 흡열반응하는 화합물 : N_2, NO, NO_3 등

07 ③
- 비열, 비점, 표면장력, 인화점, 발화점, 비중, 융점 : 작거나 낮을수록 위험하다.
- 온도, 압력, 연소속도, 연소열, 위험도, 연소범위 : 크거나 높거나 빠를수록 위험하다.

08 ①
가연물의 구비조건
- 발열량이 클수록
- 활성화에너지가 작을수록
- 산소와의 친화력이 클수록
- 표면적이 넓을수록
- 열전도율이 작을수록

09 ③
가연물의 구비 조건
① 열전도율이 작아야 한다.
② 활성화 에너지(점화 에너지)가 작아야 한다.
③ 발열량이 커야한다.
④ 산소와 친화력이 커야한다.
⑤ 표면적이 넓어야 한다.
⑥ 반드시 발열반응 이어야 한다.

10 ④
산화반응이라고 모두 가연물이 될 수 없다. 질소는 흡열반응이기 때문이다.

11 ①
가연물의 구비조건
- 발열량이 클수록
- 활성화에너지가 작을수록
- 산소와의 친화력이 클수록
- 표면적이 넓을수록
- 열전도율이 작을수록

12 ②
인화점, 연소점, 발화점
(1) 인화점(유도발화점, Flash Point)
　　가연성 기체와 공기가 혼합된 상태에서 외부의 직접적인 점화원의 접촉에 의해 순간적으로 발화가 일어날 수 있는 최저온도를 인화점 또는 유도 발화점이라 한다. 특히 휘발성 물질의 경우 점화원을 접하여 발화될 수 있는 최저온도를 말하며 인화성 액체의 위험성을 나타내는 척도이다.

(2) 연소점(Fire Point)
　　인화점 이후 점화원을 제거한 후에도 지속적으로 연소상태를 유지시킬 수 있는 최저온도를 연소점이라 한다. 특히 고체가연물의 경우 인화점에 도달하여도 점화원을 제거하면 연소상태가 그칠 수 있다. 하지만 인화점보다 약간 높은 온도에서는 연소상태를 유지할 수 있다. 이는 인화점보다는 약 10℃정도 높은 온도이며 5~10초 이상 연소를 지속할 수 있는 상태이다.

(3) 자동발화점(착화점, Ignition Point)
　　외부의 직접적인 점화원 접촉 없이 발화가 일어나기 시작할 때의 최저온도를 자동발화점 또는 착화점이라 한다. 즉, 공기 중에서 가연물을 가열할 경우 가열된 열만을 가지고 스스로 연소가 시작되는 최저온도를 말하며, 화재 시 발생하는 복사열로 인해 인접 가연물에 발화가 되는 경우나 화재 진압 후에도 계속해서 주수를 하는 이유도 바로 주위온도를 발화점 이하로 낮추어 가연물의 재 발화를 방지하기 위함이다.

(4) 최소발화(착화)에너지(Minimum Ignition Energy)
　① 정의 : 연소범위 내에 있는 가스 등을 발화시키는 데 필요한 최소한의 에너지를 말한다. 이는 온도, 압력, 산소농도, 연소속도 등에 따라 영향을 받는다.
　② 측정방법은 구형의 안전용기 가연성가스와 공기를 혼합시킨 상태에서 콘덴서를 두고 그 사이에 방전(전기적 에너지)을 일으켜 다음의 식에 의해 구한다.

$$MIE = \frac{1}{2}CV^2$$

MIE : 최소발화에너지[J]
C : 콘덴서 용량[F]
V : 전압[V]

　③ 최소발화에너지에 영향을 주는 인자
　　－ 온도, 압력이 높을수록 MIE가 작아진다.
　　－ 산소농도가 높을수록 MIE가 작아진다.
　　－ 연소속도가 클수록 MIE가 작아진다.
　　－ 가스농도가 많을수록 MIE가 작아진다.
　　－ 열전도율이 낮을수록 MIE가 작아진다.
　　－ 가연성가스의 조성이 화학적양론 농도(완전연소 농도)에서 MIE가 최저가 된다.

13 ③
환원제는 산소를 필요로 하는 물질이다.

14 ②
질소는 산화반응이면서 흡열반응 한다.

15 ①
발화점은 자동발화이고 인화점, 연소점은 유도발화이므로 발화점과 인화점 또는 연소점과는 관계가 없다.

16 ④
- 인화점(유도발화점, Flash Point)
  가연성 기체와 공기가 혼합된 상태에서 외부의 직접적인 점화원에 의해 순간적으로 연소가 일 어날 수 있는 최저온도를 인화점 또는 유도 발화점이라 한다. 특히 휘발성 물질의 경우 점화원 을 접하여 발화될 수 있는 최저온도를 말하며 인화성 액체의 위험성을 나타내는 척도이다.
- 연소점(Fire Point)
  인화점 이후 점화원을 제거한 후에도 지속적으로 연소상태를 유지시킬 수 있는 최저온도를 연 소점이라 한다.
- 연소범위의 특성
  ① 연소범위가 넓을수록 위험성은 증가한다.
  ② 연소상한계가 증가할수록, 연소하한계가 감소할수록 연소범위도 증가하여 위험성도 증가한다.

파라핀계 탄화수소화합물의 경우 탄소수가 많을수록 발화점이 낮아진다.

17 ③
온도와 위험도의 관계를 생각한다. 인화점과 착화점은 관계가 없다.

18 ③
온도, 화염전달속도, 발화에너지 등과 위험도의 관계를 생각한다.

19 ④
CO_2의 증기비중 $= \dfrac{CO_2 \text{의 분자량}}{\text{공기의 분자량}} = \dfrac{44}{29} = 1.52$

20 ②
이상기체에 적용되는 식 중 "샤를의 법칙"

21 ③
켈빈온도는 섭씨온도에 273을 더한다. 따라서 빙점은 273[K]이고 비점은 373[K]이다.

22 ①
액체와 기체의 밀도가 같아질 때의 온도를 임계점(임계온도)이라 한다.

23 ①
비점이 낮은 액체일수록 증기압이 높아져 위험성도 커진다.

24 ①
인화점(Flash Point) : 불꽃을 접하여 순간적으로 발화될 수 있는 최저온도

25 ③
연소점(Fire Point) : 불꽃을 접하여 지속적으로 발화될 수 있는 최저온도

26 ③
- 인화점(Flash Point) : 불꽃을 접하여 순간적으로 발화 될 수 있는 최저온도
- 연소점(Fire Point) : 불꽃을 접하여 지속적으로 발화 될 수 있는 최저온도

27 ③
화학양론 : 화학반응에서 반응물과 생성물의 양적 관계에 대한 이론으로서 화학반응 전후 원자의 개수와 양이 보존된다는 것을 의미한다.

28 ①
가연성 가스의 연소 가능한 농도 범위를 말한다.[연소범위 (= 연소한계 = 폭발범위 = 폭발한계)]

29 ③
연소속도
- 온도, 압력이 증가 – 연소속도 증가 (위험성 크다)
- 불연성 물질(수증기, 질소(N_2), 이산화탄소(CO_2) 등)의 농도 증가 – 연소속도 저해(위험성감소)

- 온도가 약 10℃정도 증가 할 때 연소속도는 2~3배 정도 증가한다.

산소의 농도
산소의 농도가 증가할수록 연소범위는 넓어진다.

30 ④
연소한계란 가연성 가스의 연소 가능한 농도 범위이다. 따라서 연소가 일어나기 위해서는 반드시 연소한계(연소범위)에 있어야 한다.

31 ①
최소산소농도
(MOC;Minimum Oxygen Concentration)
- 화염이 전파되는 한계산소농도를 MOC라고 한다. MOC 아래의 산소농도에서는 화염의 전파반응이 진행되지 않는다. 이는 화학반응에 참여하는 산소의 농도가 부족하기 때문이다.
- MOC의 산출 : 산소의 몰수×연소하한계
  $C_3H_8 + 5O_2 \rightarrow 3CO_2 + 4H_2O$

위 식에서 프로판이 완전연소 하기 위해서는 5몰의 산소가 필요한 것을 알 수 있다. 따라서, 프로판의 연소하한계 값이 2.1%이므로 최소산소농도(MOC) = 5×2.1 = 10.5% 이다.

32 ③
하한이 낮을수록, 상한이 높을수록, 연소범위가 넓을수록 발화위험은 크다.

33 ③
$MOC = $ 산소몰수$(mol) \times $ 연소하한계$(\%)$

메틸알코올(CH_3OH)의 완전연소 시 산소몰수(mol)

$2CH_3OH + 3O_2 \rightarrow 2CO_2 + 4H_2O$

메틸알코올 $2mol$ 일 때 산소는 $3mol$ 이므로
메틸알코올 $1mol$ 일 경우 산소는 $1.5mol$ 이다.
또한, 연소하한계 = 연소상한계 − 연소범위의 상·하한폭
  = 37% − 30
  = 7%
∴ $MOC = 1.5 \times 7 = 10.5\%$

34 ④
연소범위에 따른 위험도(H)

가연성 물질	연소범위(V%)		위험도(H)
	하한계(L)	상한계(U)	$\frac{U-L}{L}$
메탄	5	15	2
에탄	3	12.4	3.1
프로판	2.1	9.5	3.5
부탄	1.8	8.4	3.7

35 ④
위험도(H)
$$H = \frac{UFL - LFL}{LFL}$$

여기서, UFL: 연소상한계[%], LFL: 연소하한계[%]

수소의 위험도 $H = \frac{75-4}{4} = 17.8$

에틸렌의 위험도 $H = \frac{36-3}{3} = 11$

디에틸에테르의 위험도 $H = \frac{48-1.9}{1.9} = 24.3$

산화에틸렌의 위험도 $H = \frac{80-3}{3} = 25.7$

36 ①
위험도
폭발범위를 이용하여 가연물의 위험성을 갈음할 수 있는 계산 값으로 위험도가 클수록 연소 위험성이 크다.

$H = \frac{U-L}{L}$ H : 위험도 U : 연소상한계(%) L : 연소하한계(%)

A 가스의 위험도 $= \frac{22-2}{2} = 10 \, vol\%$

B 가스의 위험도 $= \frac{75-4}{4} = 17.75 \, vol\%$

C 가스의 위험도 $= \frac{44-1}{1} = 43 \, vol\%$

37 ②
혼합가스의 연소하한계 계산(르 샤틀리에의 법칙)
2가지 이상의 가연성 가스가 혼합되어 있을 때 연소하한계를 구하는 식

$$L = \frac{V_1 + V_2 + V_3 + \ldots}{\frac{V_1}{L_1} + \frac{V_2}{L_2} + \frac{V_3}{L_3} + \ldots}$$

$$L = \frac{20 + 40 + 40}{\frac{20}{4} + \frac{40}{20} + \frac{40}{10}} = \frac{100}{5 + 2 + 4} = 9.09 ≒ 9.1\, vol\%$$

L : 혼합가스의 연소하한계(%)
V_1, V_2, V_3 : 각 가연성 가스의 농도(%)
L_1, L_2, L_3 : 각 가연성 가스의 연소하한계(%)

38 ①

화염이 전파되는 한계산소농도를 최소산소농도(MOC)라고 한다. 최소산소농도(MOC)아래의 산소농도에서는 화염의 전파반응이 진행되지 않는다. 이는 화학반응에 참여하는 산소의 농도가 부족하기 때문이다.

$$MOC = \left(\frac{\text{산소의 몰수}}{\text{연료의 몰수}}\right) \times \text{연소하한계}$$

메탄의 연소: $CH_4 + 2O_2 \rightarrow CO_2 + 2H_2O$
$$MOC = \left(\frac{2}{1}\right) \times 5 = 10\%$$

에탄의 연소: $C_2H_6 + 3.5O_2 \rightarrow 2CO_2 + 3H_2O$
$$MOC = \left(\frac{3.5}{1}\right) \times 3 = 10.5\%$$

프로판의 연소: $C_3H_8 + 5O_2 \rightarrow 3CO_2 + 4H_2O$
$$MOC = \left(\frac{5}{1}\right) \times 2.1 = 10.5\%$$

부탄의 연소: $C_4H_{10} + 6.5O_2 \rightarrow 4CO_2 + 5H_2O$
$$MOC = \left(\frac{6.5}{1}\right) \times 1.8 = 11.7\%$$

39 ③

인위적인 에너지 공급 없이 가연물 스스로 서서히 산화되면서 발생된 열을 축적하여 발화점에 이르게 되면 발화하는 현상을 자연발화라 한다.

40 ④

자연발화에 영향을 주는 인자
열의 축적, 열의 전도율, 공기의 유통, 발열량, 주위온도 등이 있다.

41 ②

자연발화방지법
- 습도를 낮춘다.
- 저장실 온도를 낮춘다.
- 통풍을 잘 시킨다.
- 열의 축적을 방지한다.

42 ②

화학열 : 연소열, 분해열, 자연발열, 용해열

43 ③

블레비 현상(Boiling Liquid Expanding Vapor Explosion, BLEVE)
액화가스를 저장하는 용기 주변에 화재 등의 발생으로 용기를 가열하는 경우 액화가스의 비등으로 압력이 급격히 상승한다. 이때 안전장치(안전밸브)를 통하여 이루어지는 압력의 완화율보다 내부의 압력증가율이 큰 경우 용기의 균열, 파괴되는 현상을 블레비 현상이라 한다.(물리적 폭발) 또한 폭발 시 외부 화염에 의해 착화되어 거대한 화구를 형성하여 화염의 덩어리가 만들어지는데 이것을 화이어 볼(Fire ball)이라 한다.(화학적 폭발)
(참고 – 용기에 액체가 1/2에서 3/4까지 차 있을 때 많이 발생)

44 ②

물리적 폭발 : 보일러폭발, 수증기폭발, 증기폭발, BLEVE, 고압용기폭발 등 압력방출에 의한 폭발을 말한다.

45 ①

- 폭굉(Detonation) : 연소의 전파속도가 그 물질 내에서 음속보다 빠른 것을 말한다.
- 폭연(Deflagration) : 연소의 전파속도가 그 물질 내에서 음속보다 느린 것을 말한다.

46 ④

열공급원은 충격파이다.

47 ①

열전달
① 전도(Conduction)
  열에너지가 물질(매질)의 이동 없이 고온체와 저온체의 직접적인 접촉에 의해서 열이 고온에서 저온으로

이동하는 현상을 말한다. 기체나 액체의 열전도는 분자간의 충돌이나 확산에 의해 일어나고, 고체는 분자의 진동에 의해 일어나는데 금속과 비금속중 금속의 열전도가 빠른 이유는 자유전자의 이동이 있기 때문이다. 주로 화재 초기에 해당한다.
② 대류(Convection) : 고온체와 저온체 간의 온도차에 의한 밀도차로 열전달현상이 일어나며 유체 분자간의 이동이 있다. 실내 공기의 유동 및 물을 가열하는 것은 주로 대류에 의해 이루어진다.
예) 난로를 피우면 실내의 온도가 따뜻해지는 현상
③ 복사(Radiation) : 물체의 원자 내부의 전자는 열을 받거나 빼앗길 때 원래의 에너지 준위에서 벗어나 다른 에너지 준위로 전이할 때 전자파를 방출 또는 흡수하는데, 이 전자파에 의해 열이 매질을 통하지 않고 고온체에서 저온체로 직접 전달되는 현상을 말한다.

48 ①

- 폭굉(Detonation) : 연소의 전파속도가 그 물질 내에서 음속보다 빠른 것을 말한다.
- 폭연(Deflagration) : 연소의 전파속도가 그 물질 내에서 음속보다 느린 것을 말한다.

49 ②

분진폭발이 발생하지 않는 물질
산화칼슘(CaO, 생석회, 석회석 가루), 시멘트 가루, 대리석 가루, 탄산칼슘($CaCO_3$), 수산화칼슘[$Ca(OH)_2$]

50 ②

인화성 액체는 작열연소의 형태를 띠지 않는다.

51 ③

증발연소의 형태 : 액면연소, 등심연소, 분무연소

52 ①

숯, 코크스는 표면연소의 가장 대표적인 물질이다.

53 ①

고체 가연물의 연소
① 분해연소 : 고체 가연물에 가열을 통한 열분해로 생성된 다양한 가연성 가스(기체)가 연소하는 형태이다. 목재, 종이, 섬유, 플라스틱 등 고분자물질 등이 이에 속한다.

② 표면연소 : 고체의 표면에서 가연성 기체가 발생되지 않아 고체 표면에서 불꽃을 내지 않고 연소하는 형태이다. 불꽃연소에 비해 연소열량이 적고 연소속도가 느려 화재에 대한 위험성은 크지 않다. 숯, 목탄, 코크스, 금속분 등이 이에 속한다.
③ 증발연소 : 고체 가연물을 가열 할 때 열분해를 하지 않고 그대로 승화하여 연소하거나 액화 후 발생하는 가연성 증기가 연소하는 형태이다. 열분해 온도보다 융점온도가 더 낮은 물질의 경우에 해당한다. 유황, 나프탈렌, 파라핀(양초) 등이 이에 속한다.
④ 자기연소 : 가연물 이면서 그 분자 내에 연소에 필요한 충분한 양의 산소 공급원을 함유하고 있는 물질의 연소형태이다. 질산에스테르류, 유기과산화물, 니트로화합물류 등 제5류 위험물이 이에 속한다.

54 ②

자기 자신이 산소를 함유하고 있는 연소형태는 제5류 위험물로서 자기연소성이라고 한다.

55 ①

산화정도에 의한 분류
(1) 완전연소 : 공기 및 산소의 공급이 충분하여 불꽃의 온도가 높으며 가연성 가스가 완전히 산화되어 이산화탄소 등의 연소생성물이 발생되는 연소
(2) 불완전연소 : 공기 및 산소의 공급이 불충분하여 불꽃의 온도가 낮으며 가연성 가스가 완전히 산화되지 못하여 일산화탄소, 그을음 등의 연소생성물이 발생되는 연소

56 ①

백드래프트(back draft)
화재로 인하여 밀폐된 실내의 상층부는 고열의 기체가 축적되고 산소가 부족한 상태에서 연소가 계속 진행 되는 도중 새로운 산소가 유입되면 축적되어 있던 고열가스가 폭발하면서 연소하는 현상을 말한다. 급격한 압력 상승으로 건물이 붕괴될 수 있다.
- 산소의 공급에 의해 발생한다.
- 화재의 진행 단계 중 백 드래프트(B·D)는 감쇠기에서 주로 발생한다.(최성기 후)
- 충격파를 발생한다.

57 ④

백 드래프트(Back Draft, B·D) 현상

(1) 정의

화재로 인하여 밀폐된 실내의 상층부는 고열의 기체가 축적되고 산소가 부족한 상태에서 연소가 계속 진행 되는 도중 새로운 산소가 유입되면 축적되어 있던 고열가스가 폭발하면서 연소하는 현상을 말한다. 급격한 압력 상승으로 건물이 붕괴될 수 있다.

- 산소의 공급에 의해 발생한다.
- 화재의 진행 단계 중 백 드래프트(B·D)는 감쇠기에서 주로 발생한다.(최성기 후)
- 충격파를 발생한다.

(2) 백 드래프트의 징후
① 화염이 없는 상태에서 창문이나 문이 뜨거운 경우
② 실내의 연기가 소용돌이 치고 있는 경우
③ 연기가 작은 틈 등으로 특이한 소리를 내며 빨려 들어가는 경우
④ 훈소 상태에 있는 경우(훈소란 가연물이 불꽃 없이 불기운이나 열기만으로 타들어가는 연소현상)
⑤ 유리창 안쪽에 물질이 녹아 검게 흘러내리고 있거나 흔적이 있는 경우
⑥ 짙고 검은색의 연기가 밖으로 많은 양이 분출되고 있을 때

(3) 대처법
① **배연법** : 화재실 내에 가득한 뜨거운 연기와 가연성 가스를 상층부로 배출시키는 방법
② **급냉법** : 화재실의 문을 천천히 개방함과 동시에 신속하게 주수를 함으로써 밖으로 밀려나오는 화염이나 열기를 급냉시키는 방법
③ **측면공격법** : 화재실의 문을 천천히 개방하여 백드래프트 현상을 발생시킨 후에 측면에서 공격하는 방법

58 ④

블레비(BLEVE : Boiling Liquid Expanding Vapor Explosion)현상

액화가스를 저장하는 용기주변에 화재 등의 발생으로 용기를 가열하는 경우 액화가스의 비등으로 압력이 급격히 상승한다. 이때 안전장치(안전밸브, 봉판)를 통하여 이루어지는 압력의 완화율 보다 내부의 압력증가율이 큰 경우 용기가 파열되는 현상을 블레비(BLEVE)라 한다. 또한 액화가스가 가연성인 경우 거대한 화구를 형성하게 되는데 이런 현상을 파이어볼(Fire Ball)이라고 한다.

59 ③

블레비 현상 (Boiling Liquid Expanding Vapor Explosion, BLEVE)

액화가스를 저장하는 용기 주변에 화재 등의 발생으로 용기를 가열하는 경우 액화가스의 비등으로 압력이 급격히 상승한다. 이때 안전장치(안전밸브)를 통하여 이루어지는 압력의 완화율보다 내부의 압력증가율이 큰 경우 용기의 균열, 파괴되는 현상을 블레비 현상이라 한다(물리적 폭발). 또한 폭발 시 외부 화염에 의해 착화되어 거대한 화구를 형성하여 화염의 덩어리가 만들어지는데 이것을 화이어 볼(Fire ball)이라 한다(화학적 폭발). (참고 – 용기에 액체가 1/2에서 3/4까지 차 있을 때 많이 발생)

(1) BLEVE 현상 메카니즘

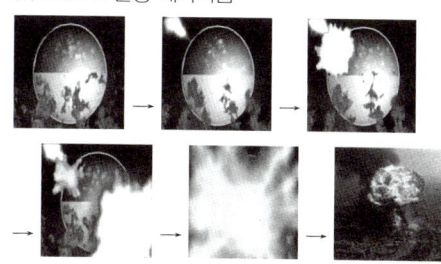

① 옥외 액화가스저장탱크 주위에 화재 발생
② 화재로 인한 열이 탱크를 가열(탱크 내 온도 상승)
③ 탱크 하부 액화가스를 가열 하여 증기 압력 상승(액온상승)
④ 액체가 없는 탱크 상부는 직접적인 열에 의해 강도가 떨어져 균열이 발생하여 외부로 가스 유출되어 탱크 내의 압력이 급격히 감소(연성파괴)
⑤ 과열된 액화가스는 격렬하게 인화성 액체를 비산시켜 탱크 내벽에 강한 충격을 줌(액격현상)
⑥ 체적의 약 200배 이상의 강한 팽창력에 의해 탱크 파열(취성파괴)
⑦ 외부로 분출된 대량의 가스는 외부 화염과 만나 큰 폭발을 일으키며 화이어 볼(Fire ball) 발생

(2) BLEVE 현상 방지대책
① 탱크의 안쪽 벽면에 열전도율이 좋은 알루미늄 합금박판을 설치한다.
② 탱크 주위에 고정식 살수설비를(물분무설비 등) 설치하여 탱크의 온도 상승을 억제시킨다.
③ 탱크를 2중관(진공상태)으로 한다.
④ 탱크를 설치하는 지반에 경사도를 준다.
⑤ 탱크를 지하에 설치한다.

60 ④

블레비(BLEVE : Boiling Liquid Expanding Vapor Explosion)현상

액화가스를 저장하는 용기주변에 화재 등의 발생으로 용기를 가열하는 경우 액화가스의 비등으로 압력이 급격히 상승한다. 이때 안전장치(안전밸브, 봉판)를 통하여 이루어지는 압력의 완화율 보다 내부의 압력증가율이 큰 경우 용기가 파열되는 현상을 블레비(BLEVE)라 한다. 또한 액화가스가 가연성인 경우 거대한 화구를 형성하게 되는데 이런 현상을 파이어볼(Fire Ball)이라고 한다.

61 ④

플래시 오버(Flash Over, F·O) 현상

(1) 정의

건축물 내에서 화재가 발생하면 실외 화재에 비해 열의 축적이 용이하다. 이로 인해 실내의 온도 상승으로 가연물의 열분해 또는 증발을 촉진하게 되어 어느 순간 실내 전체로 화염이 확대되는 현상을 말한다. 이는 굉장히 순간적인(폭발적인) 착화현상이다.

- 열의 공급에 의해 발생한다.(발생 시 실내의 온도가 800~900[℃]정도 상승)
- 순간적인 착화현상이다.
- 화재의 진행 단계 중 플래시 오버(F·O)는 성장기에서 발생한다.(최성기 직전)
- 충격파는 발생하지 않는다.
- 플래시 오버 발생 시간을 F·O·T 라고 하며 이는 피난 허용시간을 의미한다.

(2) 플래시 오버 지연 대책

① 화원의 위치와 크기 : 화원의 크기가 소형일수록 지연된다.
② 내장재의 종류, 열전도율 및 불연화 순서
  - 종류 : 불연재료, 준불연재료
  - 열전도율이 큰 재료일수록 지연된다.
  - 불연화 순서 : 천장 → 벽 → 바닥 순으로 불연화 한다.
③ 개구율 : 개구율이 작을수록 산소 부족으로 연소가 원활하게 일어나지 않으므로 실내의 열축적이 적어 플래시 오버가 지연될 수 있고, 개구율이 클수록 실내에 축적되는 열보다 외부로 유출되는 열이 많으므로 플래시 오버가 지연될 수 있다.

(3) 플래시 오버의 징후

① 자유연소와 계속적인 열 집적(열 축적)
② 두껍고 뜨거운 진한 연기가 아래로 쌓인다.
③ 열로 인해 낮은 자세를 유지해야 할 때

62 ①

연소생성물 : 열, 연기, 연소가스, 불꽃

63 ①

건물화재 시 사망 원인의 60% 이상이 연소가스에 의한 질식, 사망이다.

64 ①

연기로 인한 의식불명 또는 질식을 가져오는 여러 가스 중 보기에서는 일산화탄소(CO)에 해당한다.

65 ②

"독성이 거의 없다." 에서 힌트를 얻으면 된다.

66 ②

인체에 거의 해가 없고 소화약제로도 사용되는 가스는 이산화탄소(CO_2)이다.

67 ④

인체의 여러 가지 물질 중 헤모글로빈은 일산화탄소(CO)와의 결합력이 산소(O_2)와의 결합력보다 210배 크다.

68 ②

인체의 여러 가지 물질 중 헤모글로빈은 일산화탄소(CO)와의 결합력이 산소(O_2)와의 결합력보다 210배 크다.

69 ④

석유제품, 유지류 등이 연소할 때 발생되는 아크로레인은 맹독성 가스로 화학제품의 연소 시 다량 발생하므로 쉽게 치사농도에 이르게 된다.

70 ②

시안화수소(HCN)
- 질소를 함유한 가연물의 불완전연소 시 발생하는 가스이다.
- 폴리우레탄(polyurethane)의 불완전연소 시에도 극미량

발생하는 가스로 **청산가스** 라고 한다.
• 독성허용농도는 10ppm이다.

71 ②
폴리우레탄 연소 시 시안화수소(HCN)가 발생한다.

72 ③
황 함유물 연소 시 불완전연소하면 황화수소(H_2S)가 발생하는데, 매우 자극적인 달걀썩는 냄새를 유발한다.

73 ①
황 함유물 연소 시 불완전연소하면 황화수소(H_2S)가 발생하는데, 매우 자극적인 달걀썩는 냄새를 유발한다.

74 ②
암모니아(NH_3)
① 질소와 수소 화합물의 연소 시 발생하는 무색의 가스이다.
② 눈, 코, 인후, 폐에 자극이 크다. 냉동시설의 냉매로 쓰인다.(산업용)
③ 독성허용농도는 25ppm이다.

75 ④
염소 함유물 연소 시 발생하는 포스겐가스($COCl_2$)는 허용농도가 0.1PPM인 맹독성 가스이다.

76 ④
PVC (폴리염화비닐) 의 구조

$$\begin{bmatrix} H & H \\ | & | \\ -C & -C- \\ | & | \\ H & Cl \end{bmatrix}_n$$

• 구성원소가 탄소(C), 수소(H), 염소(Cl) 로 되어 있다.
• 연소 시 염화수소(HCl), 일산화탄소(CO), 이산화탄소(CO_2) 등이 발생한다.

77 ④
석유제품, 유지류 등이 연소할 때 발생되는 아크롤레인은 맹독성 가스이다.

78 ④
사염화탄소(CCl_4)는 할론104라는 소화약제이다.

79 ①
포스겐($COCl_2$) 가스는 염소(Cl_2) 함유물 연소 시 생성되는 가스이다.

80 ②
목재류 연소 시에는 일산화탄소와 이산화탄소 등 여러 가스가 나오지만 인명피해와 관련된 가스는 일산화탄소이다.

81 ①
공기 중 산소농도를 15% 이하로 낮추면 질식소화가 가능하다.

82 ④
연기에 의한 유해성은 생리적, 시각적, 심리적 유해성 등으로 구분할 수 있다.

83 ①
연소가스는 인명피해의 60% 이상을 차지한다.

84 ②
연기는 공기 중 산소의 감소와 동시에 일산화탄소의 증가를 가져온다.

85 ④
연기 이동 요인
① 굴뚝효과(실내·외의 온도차)
② 화재에 의한 부력(온도에 의한 가스의 팽창)
③ 건축물 내의 강제적인 공기 이동(공조 설비)
④ 외부에서의 바람의 향(풍압차)

86 ③
연기가 새어 들어올 때는 문을 열면 안 된다. 가장 위험한 행동이다.

87 ③
중성대 의의
건축물에서 화재가 발생하면 실내온도가 상승하여 부력에 의해 고온의 기체가 상부에 축적 되어 실내 상부의 압력은 실외의 압력보다 높아지고 하부의 압력은 실외의 압력보다 낮아진다. 따라서 실내의 상부와 하부 사이의 어느 지점에 실내의 압력과 실외의 압력이 같아지는 면이 생기는데 이를 중성대라고 한다. 그러므로 중성대의 위쪽은 기체가 외부로 유출(배기)되고, 중성대의 아래쪽은 내부로 유입(급기)된다.

88 ③
연기의 유동속도
- 수평속도 : 0.5~1.0[m/s]
- 수직속도 : 2~3[m/s]
- 계단실 : 3~5 [m/s]

89 ①
감광계수와 가시거리는 반비례한다. 감광계수가 10일 때는 최성기 때이다.

90 ①
연기 감지기가 작동할 때의 감광계수는 0.1이다.

91 ④
연기의 유해성 중 생리적 유해 작용으로 혈압이 떨어져 혈액순환 장애를 초래하여 사망에 이르게 한다.

92 ②
분홍색이 되고 분비액이 많은 화상의 정도는 2도 화상이다.

93 ③
- 역화는 연료의 연소속도가 분출속도보다 빠를 때 불꽃이 연료노즐 속으로 빨려 들어가 연료노즐 속에서 연소하는 현상이다.
- 선화는 불꽃이 연료노즐 위에 들뜨는 현상으로 연료노즐에서 연료기체의 연소속도가 분출속도보다 느릴 때 발생하는 현상이다.
- 황염(Yellow tip)은 분출하는 기체연료와 공기의 화학양론비에서 공기량이 적을 때 발생한다.
- 층류(Laminar flow)일 때 보다 난류(Turbulent flow)인 경우, 확산연소에서 분출 속도에 대한 화염의 높이는 줄어든다.

94 ③
용해열이라 함은 어떤 물질이 용해될 때 발생되는 열을 말한다.

95 ④
복사열유속[kW/m²] : 화원의 중심으로부터 어느 거리가 떨어진 물체에 작용하는 복사에너지에 의한 열유속으로 거리가 가까울수록 많은 양의 열이 작용할 수 있다.

$$q'' = \frac{Q x_r}{4\pi R^2}$$

q'' : 복사열유속 $[kW/m^2]$,

Q : 열방출률 $[kW]$,

x_r : 복사된 에너지 분율

R : 화원의 중심으로부터 물체까지 떨어진 거리 $[m]$

따라서, $q'' = \frac{120 \times 0.5}{4 \times 3 \times 1^2} = 5.0 [kW/m^2]$

96 ③
프로판 가스의 완전연소 반응식은 다음과 같다.
- 1몰일 경우 : $C_3H_8 + 5O_2 \rightarrow 3CO_2 + 4H_2O$
- 3몰일 경우 : $3C_3H_8 + 15O_2 \rightarrow 9CO_2 + 12H_2O$

97 ④
메탄(CH_4) 1mol 의 완전연소

$CH_4 + 2O_2 \rightarrow CO_2 + 2H_2O + Q[kcal]$

이때 산소(O_2)는 2mol 이 필요하다. (1mol 일 때 체적은 0[℃] 1기압에서 22.4ℓ 이다.)
산소는 체적비로 공기의 21% 이므로 이론공기량은 $\frac{2}{0.21} = 9.52$ 이므로 이론 공기량은 약 9.5배 이다.
(이론공기량 : 연료를 이론적으로 완전연소 시키는데 필요한 최소한의 공기량. 이론산소량을 함유하는 공기량)

98 ③
메탄(CH_4)의 완전연소

$CH_4 + 2O_2 \rightarrow CO_2 + 2H_2O + Q[kcal]$

메탄 1몰의 완전연소 시 산소는 2몰이 필요하므로 몰수비는 부피비와 같다.
따라서, 메탄 $2m^3$ 이 완전연소 하려면 산소는 $4m^3$ 가 필요하다.

99 ③

할론 1301의 증기비중

- 할론 1301의 분자식 : CF_3Br

- 할론 1301의 분자량 (C의 원자량 12)
  $12 \times 1 + 19 \times 3 + 80 \times 1 = 149$

- 할론 1301의 증기 비중
  $\dfrac{\text{할론 1301의 분자량}}{\text{공기의 분자량}} = \dfrac{149}{29} = 5.137 ≒ 5.14$

100 ③

프로판(C_3H_8)의 완전연소 반응식은 다음과 같다.

$C_3H_8 + 5O_2 \rightarrow 3CO_2 + 4H_2O$

부피비는 mol비와 같다. 따라서 프로판 1mol 의 완전연소 시 필요한 산소는 5mol 이므로 프로판 $1m^3$를 완전연소 시키는데 필요한 산소는 $5m^3$ 이다.

101 ③

$A_o = \dfrac{\text{이론산소량}}{0.21}$

여기서, A_o : 이론공기량, 이론산소량: 산소mol수, 0.21: 공기중 산소농도(vol%)

① 수소(H) : $H_2 + 0.5O_2 \rightarrow H_2O$

$A_0 = \dfrac{0.5}{0.21} = 2.38 \, mol$

② 메탄(CH_4) : $CH_4 + 2O_2 \rightarrow CO_2 + 2H_2O$

$A_0 = \dfrac{2}{0.21} = 9.52 \, mol$

③ 아세틸렌(C_2H_2) : $C_2H_2 + 2.5O_2 \rightarrow 2CO_2 + H_2O$

$A_0 = \dfrac{2.5}{0.21} = 11.9 \, mol$

④ 프로판(C_3H_8) : $C_3H_8 + 5O_2 \rightarrow 3CO_2 + 4H_2O$

$A_0 = \dfrac{5}{0.21} = 23.81 \, mol$

102 ④

이상기체 상태방정식 : 모든 기체의 상태(체적, 온도, 압력, 무게, 밀도 등)를 계산할 때 사용하는 방정식이다.

$$PV = nRT$$

$$PV = \dfrac{W}{M}RT \quad (n = \dfrac{W}{M})$$

P : 압력[atm] V : 체적[L] n : 몰수[mol] W : 질량[g]

M : 분자량[g] T : 절대온도[K] R : 기체상수[atm·L/mol·K]($R = 0.082$)

$V = \dfrac{WRT}{PM} = \dfrac{2,000[g] \times 0.082[atm·L/mol·K] \times (273 + 800)[K]}{1[atm] \times 64[g]} = 2,749.56[L]$

$V = 2,749.56[L] \times \dfrac{1[m^3]}{1,000[L]} = 2.749[m^3] ≒ 2.75[m^3]$

$$PV = nRT$$

$$PV = \dfrac{W}{M}RT \quad (n = \dfrac{W}{M})$$

P : 압력[atm] V : 체적[L] n : 몰수[mol] W : 질량[g]

M : 분자량[g] T : 절대온도[K] R : 기체상수[atm·L/mol·K]($R = 0.082$)

$V = \dfrac{WRT}{PM} = \dfrac{2,000[g] \times 0.082[atm·L/mol·K] \times (273 + 800)[K]}{1[atm] \times 64[g]} = 2,749.56[L]$

$V = 2,749.56[L] \times \dfrac{1[m^3]}{1,000[L]} = 2.749[m^3] ≒ 2.75[m^3]$

103 ③

최소발화(착화)에너지(Minimum Ignition Energy)

① 정의 : 연소범위 내에 있는 가스 등을 발화시키는데 필요한 최소한의 에너지를 말한다. 이는 온도, 압력, 산소농도, 연소속도 등에 따라 영향을 받는다.

② 측정방법은 구형의 안전용기 가연성가스와 공기를 혼합시킨 상태에서 콘덴서를 두고 그 사이에 방전(전기적 에너지)을 일으켜 다음의 식에 의해 구한다.

> $\text{MIE} = \dfrac{1}{2}CV^2$
>
> MIE : 최소발화에너지[J]
>
> C : 콘덴서 용량[F]
>
> V : 전압[V]

③ 최소발화에너지에 영향을 주는 인자
   - 온도, 압력이 높을수록 MIE가 작아진다.
   - 산소농도가 높을수록 MIE가 작아진다.
   - 연소속도가 클수록 MIE가 작아진다.
   - 가스농도가 많을수록 MIE가 작아진다.
   - 가연성가스의 조성이 화학적양론 농도(완전연소 농도)에서 MIE가 최저가 된다.

※ 열전도율이 낮으면 열의 축적이 용이하므로 최소발화에너지(MIE)는 작아진다.

104 ④
연소속도에 영향을 미치는 요인
- 가연물의 종류
- 촉매의 존재 유무와 농도
- 공기 중 산소량
- 가연물과 산소의 반응의 정도
- 압력

105 ②
인화점과 발화점이 가까운 액체일수록 재점화가 쉽고 냉각에 의한 소화활동이 쉽지 않다.

106 ①
인화점(Flash Point)
가연성 기체와 공기가 혼합된 상태에서 외부의 직접적인 점화원의 접촉에 의해 순간적으로 연소가 일어날 수 있는 최저온도를 인화점이라 한다. 특히 휘발성 물질의 경우 점화원을 접하여 발화될 수 있는 최저온도를 말하며 인화성 액체의 위험성을 나타내는 척도이다.

연소범위(Flammability Limit , 연소한계, 폭발범위, 폭발한계)
가연성 가스와 공기가 혼합기체를 형성함에 있어 연소가 가능하게 만드는 가연성 가스의 농도범위를 연소범위(연소한계)라고 한다. 연소를 가능하게 만드는 농도의 가장 낮은 값을 연소하한계(Lower Flammability Limit, LFL)라 하며, 가장 높은 값을 연소상한계(Upper Flammability Limit, UFL)라 한다. 또한 연소하한계는 그 물질의 인화점에서의 값을 의미한다.

107 ④
TLV(Threshold Limit Value, 독성가스의 허용 농도)

	암모니아	시안화수소	불화수소	포스겐
TLV	25ppm	10ppm	3ppm	0.1ppm

108 ①
분해폭발
아세틸렌, 에틸렌, 산화에틸렌 등과 같은 물질이 주위의 온도나 압력의 영향을 받아 분해되면서 만들어지는 열에 의해 폭발하는 것을 말한다. 분해폭발은 물질이 분해 도중 폭발하는 현상이므로 산소의 공급이 없어도 발생할 수 있는 현상이다.

109 ④
가스폭발은 분진폭발보다 최소발화에너지가 작다.

110 ④
분진폭발의 정의
가연성고체가 미세한 분말상태로 공기와 혼합기를 형성한 상태에서 점화원에 의해 폭발하는 현상을 분진폭발 이라한다.

111 ④
분진의 단위체적당 표면적이 커지면 폭발이 용이해진다.

112 ④
분무폭발
가연성 액체의 무적(霧滴, mist)이 일정 농도이상으로 조연성 가스 중에 분산되어 있을 때 착화하여 발생한다.

113 ②
- 예혼합가스의 초기압력이 높을수록 폭굉유도거리가 짧아진다.
- 화염전파속도는 폭연의 경우 음속보다 느리며, 폭굉의 경우 음속보다 빠르다.
- 폭연은 폭굉으로 전이될 수 있으나 폭굉은 폭연으로 전이 될 수 없다.
- 폭연은 화염면에서 온도, 압력, 밀도의 변화가 연속적으로 나타난다.

114 ①
폭연과 폭굉

(1) 폭연(Deflagration)
  ① 화염의 전파속도가 음속보다 느리다.
     약 0.1~10[m/sec] 이하이다.(아음속)
  ② 폭발반응은 열전달(전도, 대류, 복사)에 의한 전파에 원인을 두고 있다.
  ③ 충격파의 압력은 정압이다. 수기압[MPa] 정도이며 폭굉으로 전이될 수 있다.
  ④ 온도, 압력, 밀도 등이 화염면에서 연속적으로 나타난다.

(2) 폭굉(Detonation)
  ① 화염의 전파속도가 음속보다 빠르다.
     약 1,000~3,500[m/sec] 이하이다.(초음속)

② 폭발반응은 충격파의 압력에 원인을 두고 있다.
③ 충격파의 압력은 정압 + 동압이다. 약 100[MPa] 정도이며 폭연의 10배 이상이다.
④ 온도, 압력, 밀도 등이 화염면에서 불연속적으로 나타난다.

115 ①
폭발물질의 물리적 상태에 의한 분류

1) 기상폭발
   ① 가스폭발 : 수소, 일산화탄소, 메탄, 프로판 등의 가연성 기체와 공기와의 혼합기의 폭발
   ② 분무폭발 : 공기 중에 분출된 가연성 액체의 미세한 액적이 무상으로 되어 점화원에 의한 폭발
   ③ 분진폭발 : 가연성 고체 미분의 폭발
   ④ 분해폭발 : 분해성 가스와 같은 자기분해성 고체류는 분해하면서 폭발하며 이는 공기 중 산소 없이 단독으로 가스가 분해하여 폭발
   ⑤ 증기운폭발(VCE) : 기중에 량의 가연성 가스가 유출되거나 량의 가연성 액체가 유출 하여 발생하는 증기와 공기와의 혼합기의 폭발

2) 응상폭발(액상과 고상의 폭발)
   ① 수증기폭발 : 용융금속이나 고온물질이 물 속에 투입되었을 때에 물은 순간적으로 급격히 비등하므로 이로 인한 상태변화에 따른 폭발
   ② 전선폭발 : 금속선에 큰 전류가 흐르면 주울열에 의한 고온고압의 금속가스가 발생해 팽창 에 의해 충격파가 발생하는 폭발
   ③ 증기폭발 : 상이 액화가스일 경우 발생하는 폭발로서 물로부터 에너지를 공급받은 액화 가스의 폭발적인 비등현상으로 상변화에 따른 폭발(액상 → 기상)

116 ③
- 비열, 비점, 표면장력, 인화점, 발화점, 비중, 융점 : 작거나 낮을수록 위험하다.
- 온도, 압력, 연소속도, 연소열, 위험도, 연소범위 : 크거나 높거나 빠를수록 위험하다.

Chapter 04. 화재이론 정답 및 해설

01 ③	02 ①	03 ②	04 ①	05 ④	06 ①	07 ③	08 ③	09 ②	10 ③
11 ④	12 ②	13 ③	14 ②	15 ②	16 ②	17 ④	18 ②	19 ④	20 ②
21 ①	22 ④	23 ④	24 ③	25 ③	26 ②	27 ②	28 ③	29 ③	30 ②
31 ②	32 ①	33 ③	34 ①	35 ④	36 ④	37 ①	38 ④	39 ①	40 ②
41 ②	42 ④	43 ③	44 ④	45 ③	46 ③	47 ④	48 ③	49 ③	50 ②
51 ④	52 ④	53 ④	54 ④	55 ④	56 ④	57 ②	58 ④	59 ②	60 ④
61 ②	62 ④	63 ②	64 ③	65 ①	66 ④	67 ③	68 ③	69 ①	70 ④
71 ④	72 ②	73 ①	74 ③	75 ③	76 ③	77 ②	78 ③	79 ④	80 ①
81 ③	82 ③	83 ③	84 ①	85 ④	86 ①	87 ④	88 ②	89 ①	90 ④
91 ④	92 ①	93 ①	94 ④	95 ④	96 ④	97 ②	98 ②	99 ②	100 ②
101 ④	102 ④	103 ①	104 ①	105 ①	106 ④	107 ①	108 ④	109 ④	110 ④
111 ②	112 ①	113 ④	114 ②	115 ③	116 ④	117 ④	118 ②	119 ②	120 ③
121 ③	122 ②	123 ③	124 ②	125 ③	126 ①	127 ②			

01 ③

프로스 오버(Froth-Over)
화재를 수반하지 않고 유류를 탱크 밖으로 분출시키는 현상으로 점도가 높은 유류를 저장하는 탱크 내의 수분이 어떤 원인에 의해 수증기로 부피가 팽창하면서 유류를 분출시키는 현상

02 ①

보일오버(Boil-Over)
유류저장탱크 화재 시 상부에 열유층을 형성하고 장시간 연소 시 열유층이 점차 하부로 내려가 탱크 바닥에 도달되면 탱크 저부의 물 또는 에멀젼(물과 기름이 함께하는 상태, 유화[乳化])이 비점 이상으로 되면 수증기로 부피가 팽창하면서 유류를 탱크 밖으로 분출시켜 화재를 확대 시키는 현상

보일-오버 발생조건
㉮ 뚜껑이 없는 탱크로 장시간 연소해야 한다.
㉯ 고점도와 불균일한 비점을 갖는 유류일수록 크다.
㉰ 탱크 바닥에 물이 있어야 한다.

03 ②

슬롭오버(Slop-Over)
유류 화재 시 화재의 계속 진행에 의해 액표면이 가열된 상태에서 물이 포함된 소화약제를 방사할 경우 고온에 의해 물이 튀면서 수증기로 변하며 유류를 탱크 밖으로 비산시켜 화재를 확대 시키는 현상

04 ①

유류저장탱크 연소 시 발생될 수 있는 현상
① 보일오버(Boil over)
  유류저장탱크 **화재 시** 상부에 **열유층을 형성**하고 장시간 연소 시 열유층이 점차 하부로 내려가 탱크 바닥에 도달되면 **탱크 저부의 물 또는 에멀젼**(물과 기름이 함께하는 상태, 유화[乳化])이 비점 이상으로 되면 **수증기로 부피가 팽창**하면서 유류를 탱크 밖으로 분출시켜 화재를 확대 시키는 현상
② 슬롭오버(Slop over)
  유류 **화재 시** 화재의 계속 진행에 의해 **유류표면이 가열된 상태에서 물이 포함된 소화약제를 방사**할 경우 고온에 의해 물이 튀면서 **수증기로 부피가 팽창**하면서 유류를 탱크 밖으로 비산시켜 화재를 확대 시키는 현상
③ 프로스오버(Froth over)
  화재를 수반하지 않고 유류를 탱크 밖으로 분출시키는 현상으로 점도가 높은 유류를 저장하는 **탱크 내의 수**

분이 어떤 원인에 의해 **수증기로 부피가 팽창**하면서 유류를 분출시키는 현상
④ 링파이어(Ring fire, 윤화)
일반적으로 **부상식 지붕방식(Floating roof)**의 화재 시 포를 방출하는 경우 가열된 벽면부분에서 포가 열화되어 안정성이 저하되면 이때 증발된 유류 가스가 거품층을 뚫고 상승하면서 불이 붙는 현상으로 마치 불길이 링(Ring) 처럼 보인다하여 링파이어 라고 한다.
⑤ 오일오버(Oil over)
탱크 내의 유류가 50% 미만 저장된 경우 화재로 인한 탱크 내부의 압력 상승으로 탱크가 폭발하는 현상을 말한다. 가장 격렬한 현상이라고 할 수 있다.

05 ④

정전기 방지대책
① 공기를 이온화한다.
② 공기 중 상대습도를 70%이상으로 한다.
③ 전기의 도체를 사용한다.
④ 접지 또는 본딩 한다.
⑤ 이물질을 제거한다.
⑥ 유류수송배관의 유속을 제한 한다.(1m/sec이하)

06 ①

【화재의 분류】

종류	급수	표시색	내 용
일반화재	A급화재	백색	나무, 섬유, 종이, 고무, 플라스틱류와 같은 일반 가연물이 타고 나서 재가 남는 화재
유류화재	B급화재	황색	인화성 액체, 가연성 액체, 석유 그리스, 타르, 오일, 유성도료, 솔벤트, 래커, 알코올 및 인화성 가스와 같은 유류가 타고 나서 재가 남지 않는 화재
전기화재	C급화재	청색	전류가 흐르고 있는 전기기기, 배선과 관련된 화재
금속화재	D급화재	무색	가연성이 강한 금속류의 화재
주방화재	K급화재	무색	주방에서 동·식물유를 취급하는 조리기구에서 일어나는 화재
가스화재	E급화재	황색	LNG, LPG 등 가스누설로 인한 연소·폭발

* 우리나라의 경우 B급과 E급은 같이 취급하여 B급으로 표시한다.

07 ③

6번 해설 참고

08 ③

주방화재 – K급, 무색
1) 가연물의 종류 : 주방에서 사용하는 동·식물유
2) 특징
① 동물성기름 또는 식물성기름을 사용하여 대량의 음식을 조리하는 식당 또는 식품가공공장 등에서 예상치 못하게 화재가 발생하는 경우가 있다.
② 인화성 또는 가연성액체 화재에 사용되는 소화기를 주방화재에도 사용하고 있다. 하지만 주방화재를 진압하고 재발화를 방지하는 데는 부족하다. 따라서 주방화재를 소화하기 위하여 비누화 반응이 일어나는 물질을 사용한다.
③ 주방화재용 소화약제를 사용하여 기름의 표면온도를 낮추는 냉각효과와 비누화 반응에 의한 질식효과를 이용하여 소화를 한다.

09 ②

6번 해설 참고

10 ③

내화구조 건축물의 화재 진행 사항
초기 → 성장기 → 플래시오버 → 최성기 → 종기

11 ④

실내 화재의 진행과정
- 발화기 – 화재 초기로서 건물 내의 가구 등이 독립 연소하고 있으며 다른 동(棟)으로의 연소 위험은 없다.
- 성장기 – 화재의 진행이 급속히 이루어지고 개구부에서는 검은 연기가 분출된다. 플래시오버가 발생하는 단계이다.
- 최성기 – 플래시오버로 인하여 산소의 급격한 소비로 산소가 부족하여 연소되지 않은 가스가 다량 발생된다. 이는 환기지배형 화재의 양상이며 산소의 공급이 원활해지면 맹렬한 연소로 진행하게 된다.
- 감퇴기 – 지붕이나 벽체, 대들보나 기둥도 무너져 떨어지고 열 발산율은 감소하기 시작한다.

12 ②
성장기
① 화세가 점차 성장하여 실내의 온도가 상승하고(약 800[℃]정도) 개구부가 파괴 되는 시기이다.
② 연기가 백색에서 흑색으로 변한다.
③ 실내에 순간적으로 화염이 충만 하는 플래시 오버(F·O)가 발생하는 시기이다.

13 ③
내화 건축물의 화재 진행(2~3시간)

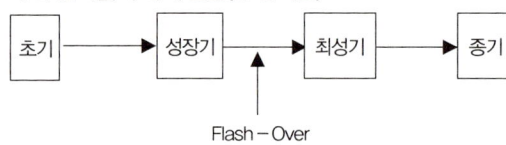

1) 초기
    ① 목조에 비해 기밀성(기밀도)이 우수 하여 완만한 연소 상태를 띤다.
    ② 산소량의 감소로 불완전연소의 형태를 띤다.
    ③ 다량의 연기가 실내를 채운다.
2) 성장기
    ① 화세가 점차 성장하여 실내의 온도가 상승하고(약 800[℃] 정도) 개구부가 파괴되는 시기이다.
    ② 연기가 백색에서 흑색으로 변한다.
    ③ 실내에 순간적으로 화염이 충만하는 플래시 오버(F·O)가 발생 하는 시기이다.

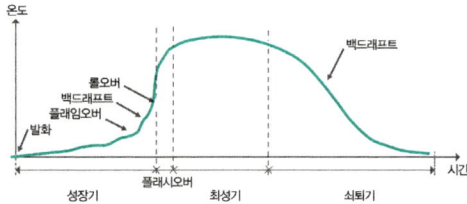

3) 최성기
    ① 화재실의 최고온도가 약 1,000[℃] 정도에 이른다.
    ② 목조에 비해 장시간 연소한다.
    ③ 건축 구조물이 무너져 내린다.(콘크리트 폭렬현상 발생)
    ④ 화재의 특징은 목조에 비해 저온장기형 이다. (내화 구조 자체의 화재의 특징은 고온장기형 이다.)
4) 종기
    화세가 약해지고, 연기의 양도 점차 줄어들며, 실내의 온도가 서서히 줄어드는 시기 이다.
    화염의 급격한 소멸로 훈소 상태가 되어 백드래프트(back draft)의 위험이 있다.

14 ②
플래시 오버(Flash Over, F·O) 현상
- 열의 공급에 의해 발생한다.(발생 시 실내의 온도가 800~900[℃]정도 상승)
- 순간적인 착화현상이다.
- 화재의 진행 단계 중 플래시 오버(F·O)는 성장기에서 발생한다.(최성기 직전)
- 충격파는 발생하지 않는다.
- 플래시 오버 발생 시간을 F·O·T 라고 하며 이는 피난허용시간을 의미한다.

15 ②
플래시 오버 지연대책
- 내장재의 종류는 불연재로 하고 천장, 벽, 바닥 순으로 한다.
- 열전도율이 클수록 지연된다.
- 개구율이 작을수록 또는 아주 클수록 지연된다.
- 화원의 크기는 소형일수록 지연된다.

16 ②
백드래프트
화재로 인하여 밀폐된 실내의 상층부는 고열의 기체가 축적되고 산소가 부족한 상태에서 연소가 계속 진행 되는 도중 새로운 산소가 유입되면 축적되 있던 고열가스가 폭발적으로 연소하는 현상을 말한다. 이는 급격한 압력 상승으로 건물이 붕괴될 수 있다.
- 산소의 공급에 의해 발생한다.
- 화재의 진행 단계 중 백 드래프트(B·D)는 감쇠기에서 주로 발생한다.(최성기 후)
- 충격파를 발생한다.

17 ④
백드래프트
- 산소의 공급에 의해 발생한다.
- 화재의 진행 단계 중 백 드래프트(B·D)는 감쇠기에서 주로 발생한다.(최성기 후)
- 충격파를 발생한다.

18 ②
화재의 종류(일반, 유류, 전기, 금속, 가스)와 종류별 기본 소화 방법

종류	급수	표시색	내 용
일반화재	A급화재	백색	나무, 섬유, 종이, 고무, 플라스틱류와 같은 일반 가연물이 타고 나서 재가 남는 화재
유류화재	B급화재	황색	인화성 액체, 가연성 액체, 석유 그리스, 타르, 오일, 유성도료, 솔벤트, 래커, 알코올 및 인화성 가스와 같은 유류가 타고 나서 재가 남지 않는 화재
전기화재	C급화재	청색	전류가 흐르고 있는 전기기기, 배선과 관련된 화재
금속화재	D급화재	무색	가연성이 강한 금속류의 화재
주방화재	K급화재	무색	주방에서 동·식물유를 취급하는 조리기구에서 일어나는 화재
가스화재	E급화재	황색	LNG, LPG 등 가스누설로 인한 연소·폭발

19 ④
목조 건축물의 화재 진행 (30~40분)

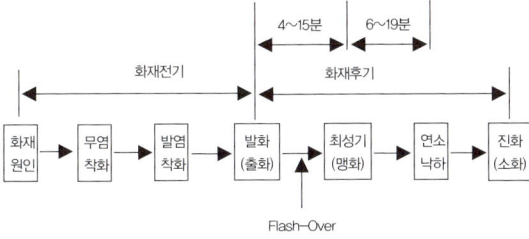

20 ③
발화(출화) : 발화단계에서 플래시 오버(F·O)현상이 발생한다.
① 옥내출화
  ㉠ 건축물 실내의 천장 속, 벽, 내부에서 발염착화
  ㉡ 준불연성, 난연성으로 피복된 내부의 목재에 착화
② 옥외출화
  ㉠ 건축물 외부의 지붕, 추녀 밑, 벽에 발염착화
  ㉡ 창, 출입구 등의 개구부에 발염착화

21 ①
무염착화 : 가연물이 연소하면서 재로 덮인 숯불모양으로 불꽃 없이 착화되는 현상

22 ④
화재가혹도(Fire Severity)
화재발생으로 당해 건물과 내부 수용재산 등을 파괴하거나 손상을 입히는 정도를 말한다. 최고온도(화재강도) × 화재지속시간의 개념으로 판단하며, 최고온도는 화재가혹도의 질적 개념으로 화재강도와 관련이 있고, 지속시간은 화재가혹도의 양적 개념으로 화재하중과 관련이 있다. 화재가혹도에 영향을 미치는 환기요소는 개구부 면적에 비례하고 개구부 높이의 제곱근에 비례한다.

23 ④
22번 해설 참고

24 ③
화재하중(Fire Load)
화재하중이란 단위면적당 가연물의 질량이다. 일정구역 안에 있는 가연물 전체 발열량을 목재의 단위질량당 발열량으로 나누면 목재의 질량으로 환산된다. 이를 다시 그 구역의 바닥면적으로 나누면 단위면적당 가연물(목재)의 질량이 되는데, 이를 화재하중이라 하고 주수시간을 결정하는 주요인이 된다.

25 ③
- 훈소 – 가연물이 불꽃 없이 불기운이나 열기만으로 타 들어가는 연소현상)
- 화재하중(Fire Load) – 화재하중이란 단위면적당 목재 환산 등가 가연물의 양을 말한다. 즉, 일정구역 안에 있는 가연물 전체 발열량을 목재의 단위질량당 발열량으로 나누면 목재의 양으로 환산된다. 이를 다시 그 구역의 바닥면적으로 나누면 단위면적당 가연물(목재)의 양이 되는데, 이를 화재하중이라 하고 주수시간을 결정하는 주요인이 된다.
- 화재강도(Fire Intensity) – 화재실의 단위 시간당 축적되는 열의 양
- 화재가혹도(Fire Severity) – 화재 시 최고온도(화재강도)와 지속시간은 화재의 피해정도를 판단하는 중요한 요소가 된다. 화재가혹도는 최고온도 × 지속시간으로 표현되며 화재로 인한 피해의 정도를 판단할 수 있는 척도가 된다.

26 ②
소실정도에 따른 화재의 분류
- 전소화재 : 건물 전체의 70% 이상 또는 70% 미만이라 하더라도 재수리하여 사용이 불가능한 경우
- 반소화재 : 건물 전체의 30% 이상 70% 미만인 경우
- 부분소화재 : 건물 전체의 10% 이상 30% 미만인 경우, 전소화재 및 반소화재 이외의 화재

즉소화재는 즉시소화된 화재로 피해가 경미한 화재로서 이재정도에 따른 화재의 분류에는 포함하지 않는다.

27 ③
황린은 자연발화성이 크므로 물속에 저장한다. 직사광을 방지하고 온도 상승 및 저장하는 물의 산성화를 방지한다.

28 ③
"제1석유류"라 함은 아세톤, 휘발유 그 밖에 1기압에서 인화점이 섭씨 21도 미만인 것을 말한다.

29 ③
제4류 위험물 화재 시 소화방법은 분무주수가 적당하다.

30 ②
제1석유류는 제4류 위험물에 속하며 성상은 인화성 액체이다. 제1석유류에는 아세톤, 가솔린, BTX(벤젠, 톨루엔, 크실렌) 등이 있고, 인화점이 21℃ 미만인 것이다.

31 ②
제1류 위험물(산화성 고체)
① 모두 무기화합물로서 대부분 무색 결정 또는 백색분말의 산화성 고체이다.
② 강산화성 물질이며 불연성 고체이다.
③ 가열, 충격, 마찰, 타격으로 분해하여 산소를 방출하여 가연물의 연소를 도와준다.
④ 비중은 1보다 크며 물에 녹는 것도 있다.
⑤ 가열, 충격, 마찰, 타격 등 약간의 분해반응이 개시된다.
⑥ 가열하여 용융된 진한 용액은 가연성 물질과 접촉 시 혼촉 발화의 위험이 있다.

32 ①
특수인화물류
- 1기압에서 발화점이 100[℃] 이하인 것.
- 인화점이 영하 20[℃] 이하이고, 비점이 40[℃] 이하인 것.
- 이황화탄소, 디에틸에테르, 아세트알데히드, 산화프로필렌, 이소프렌, 이소펜탄 등

33 ③
위험물의 성상
- 제1류 위험물 : 산화성 고체
- 제2류 위험물 : 가연성 고체
- 제3류 위험물 : 자연발화성 및 금수성
- 제4류 위험물 : 인화성 액체
- 제5류 위험물 : 자기반응성(연소성)
- 제6류 위험물 : 산화성 액체

34 ①
제2류 위험물(가연성 고체)

위험물			지정수량
유별	성질	품명	
제2류 위험물	가연성 고체	1. 황화인	100킬로그램
		2. 적린	100킬로그램
		3. 황	100킬로그램
		4. 철분	500킬로그램
		5. 금속분	500킬로그램
		6. 마그네슘	500킬로그램
		7. 그 밖에 행정안전부령으로 정하는 것 8. 제1호 내지 제7호의 1에 해당하는 어느 하나 이상을 함유한 것	100킬로그램 또는 500킬로그램
		9. 인화성고체	1,000킬로그램

35 ④
가연성 고체는 제2류 위험물의 성상으로 여기에는 황화인, 적린, 황, 철분, 마그네슘, 금속분류, 인화성 고체가 있다.
칼륨(K), 나트륨(Na), 알킬알루미늄은 제3류 위험물로서 금수성 물질이다.

36 ④
제4류 위험물
- 특수인화물류 : 이황화탄소, 디에틸에테르 등
- 제1석유류 : 아세톤, 가솔린(휘발유) 등

- 제2석유류 : 등유, 경유 등
- 제3석유류 : 중유, 클레오소트유 등
- 제4석유류 : 기어유, 실린더유, 절삭유 등

37 ①

제4류 위험물 중 제2석유류는 인화성 액체이다. 증기는 공기보다 무겁다. 물에 녹지 않으며, 물보다 가볍다. 포에 의한 질식소화가 적합하다.

38 ④

산화성 고체인 제1류 위험물의 화재 시 소화방법은 물에 의한 냉각소화가 가장 적합하다. (단, 알칼리금속의 과산화물은 금수성 이므로 주수소화는 위험성을 초래한다. 따라서 건조사에 의한 질식소화가 적합하다.)

39 ①

탄화칼슘

㉠ 카바이드라고 하며, 분자식 CaC_2, 융점은 2,300[℃]이다.
㉡ 순수한 것은 무색, 투명하나 보통은 회백색의 덩어리 상태이다.
㉢ 공기 중에서 안정하지만 350[℃] 이상에서는 산화된다.
㉣ 습기가 없는 밀폐용기에 저장하고, 용기에는 질소가스 등 불연성 가스를 봉입시킬 것.

```
탄화칼슘의 반응식
CaC₂ + 2H₂O → Ca(OH)₂ + C₂H₂↑ + 27.8[kcal]
         (소석회, 수산화칼슘) (아세틸렌)
• 약 700[℃] 이상에서 반응
  CaC₂ + N₂ → CaCN₂ + C + 74.6[kcal]
           (석회질소) (탄소)
• 아세틸렌가스와 금속과 반응
  C₂H₂ + 2Ag → Ag₂C₂ + H₂↑
      (금속아세틸레이트 : 폭발물질)
```

40 ③

소화대책
- 물에 의한 냉각소화는 절대적으로 불가능하다.
- 건조사, 팽창질석, 팽창진주암 등을 사용한다.

41 ②

질산염류는 산화성고체로 제1류 위험물에 해당한다.

42 ④

제4류 위험물의 분류 기준은 인화점이다.
- 특수인화물류 : 1기압에서 발화점이 100[℃] 이하인 것 인화점이 영하 20[℃] 이하이고, 비점이 40[℃] 이하인 것(이황화탄소, 디에틸에테르 등)
- 제1석유류 : 1기압에서 인화점이 21℃ 미만인 것(아세톤, 휘발유 등)
- 제2석유류 : 1기압에서 인화점이 21℃ 이상 70℃ 미만인 것(등유, 경유 등)
- 제3석유류 : 1기압에서 인화점이 70℃ 이상 200℃ 미만인 것(중유, 클레오소트유 등)
- 제4석유류 : 1기압에서 인화점이 200℃ 이상 250℃ 미만인 것(기어유, 실린더유, 절삭유 등)

43 ③

이황화탄소(CS_2)의 저장 및 취급방법
발화온도가 낮으므로 화기를 피해야 하며 직사광을 피하여 통풍이 잘되는 찬 곳에 저장하는 것이 바람직하다. 물보다 무겁고, 물에 녹기 어려우므로 용기나 탱크에 저장할 때에는 상부를 물로 덮어 온도를 낮추어 주는 것이 좋다.

44 ④

품명 및 지정수량
- 제3류 위험물 : 황린 — 20kg
- 제2류 위험물 : 마그네슘 — 500kg
- 제5류 위험물 : 유기과산화물 — 10kg
- 제6류 위험물 : 과염소산 — 300kg

※ 위험물의 위험등급

1) 위험등급 Ⅰ 의 위험물
    ① 제1류 위험물 중 아염소산염류, 염소산염류, 과염소산염류, 무기과산화물, 그 밖에 지정수량이 50kg인 위험물
    ② 제3류 위험물 중 칼륨, 나트륨, 알킬알루미늄, 알킬리튬, 황린, 그 밖에 지정수량이 10kg 또는 20kg인 위험물
    ③ 제4류 위험물 중 특수인화물
    ④ 제5류 위험물 중 유기과산화물, 질산에스터류, 그 밖에 지정수량이 10kg인 위험물
    ⑤ 제6류 위험물

2) 위험등급 Ⅱ 의 위험물
    ① 제1류 위험물 중 브로민산염류, 질산염류, 아이오딘

산염류 그 밖에 지정수량이 300㎏인 위험물
② 제2류 위험물 중 황화인, 적린, 황, 그 밖에 지정수량이 100㎏인 위험물
③ 제3류 위험물 중 알칼리금속(칼륨 및 나트륨을 제외한다) 및 알칼리토금속, 유기금속화합물(알킬알루미늄 및 알킬리튬을 제외한다), 그 밖에 지정수량이 50㎏인 위험물
④ 제4류 위험물 중 제1석유류 및 알코올류
⑤ 제5류 위험물 중 제1호 라목에 정하는 위험물 외의 것

3) 위험등급Ⅲ의 위험물 : 제1호 및 제2호에 정하지 아니한 위험물

45 ③

제5류 위험물의 성질은 자기반응성(자기연소성) 물질이다. 외부로부터 산소의 공급 없이도 가열, 충격 등에 의해 연소, 폭발을 일으킬 수 있는 물질이다.

제5류 위험물 (자기반응성 물질)	유기과산화물, 질산에스터류 등	10㎏
	하이드록실아민, 하이드록실아민염류	100㎏
	하이드라진유도체, 나이트로화합물, 나이트로소화합물, 아조화합물, 다이아조화합물	200㎏

46 ③

- 제3류 위험물(자연발화성 및 금수성물질) : 공기 및 물과의 접촉 시 발화하는 물질
- 제1류 위험물(산화성 고체) : 질산염류
- 제5류 위험물(자기반응성 물질) : 다이아조화합물, 나이트로셀룰로이드

47 ④

위험물 성상
- 제1류 위험물 : (강)산화성 고체
- 제2류 위험물 : 가연성 고체(강환원성)
- 제3류 위험물 : 자연발화성 및 금수성
- 제4류 위험물 : 인화성 액체
- 제5류 위험물 : 자기반응성(연소성)
- 제6류 위험물 : 강산화성 액체

48 ③

제4류 위험물(인화성 액체)의 일반적인 성질
① 대단히 인화하기 쉽다.
② 물보다 가볍고 물에 녹지 않는다.
③ 증기비중은 공기보다 무겁기 때문에 낮은 곳에 체류하여 연소, 폭발의 위험이 있다.
④ 연소범위의 하한이 낮기 때문에 공기 중 소량 누설되어도 연소한다.
⑤ 전기부도체이므로 정전기 발생에 주의한다.

49 ③

제4류 위험물의 위험성 및 예방대책
- 인화위험이 높다.
- 증기는 공기보다 무겁다.
- 연소범위의 하한이 낮다.
- 액체의 비중은 1보다 작다.
- 대부분 물에 용해되지 않는다.
- 점화원을 제거한다.
- 누출방지(밀폐용기 사용)
- 환기를 철저히 한다.

50 ②

파라핀, 나프탈렌은 연소 시 증발연소 한다.

51 ④

제1류 위험물(산화성 고체)의 일반적인 성질
① 모두 무기화합물로서 대부분 무색 결정 또는 백색분말의 산화성 고체이다.
② 강산화성 물질이며 불연성 고체이다.
③ 가열, 충격, 마찰, 타격으로 분해하여 산소를 방출하여 가연물의 연소를 도와준다.
④ 비중은 1보다 크며 물에 녹는 것도 있다.
⑤ 가열, 충격, 마찰, 타격 등 약간의 분해반응이 개시된다.
⑥ 가열하여 용융된 진한 용액은 가연성 물질과 접촉 시 혼촉 발화의 위험이 있다.

제2류 위험물(가연성 고체)의 일반적인 성질
① 가연성 고체로서 비교적 낮은 온도에서 착화하기 쉬운 이연성, 속연성 물질이다.
② 비중은 1보다 크고, 물에 불용성이며, 산소를 함유하지 않기 때문에 강력한 환원성 물질이다.
③ 산소와 결합이 용이하여 산화되기 쉽고 연소속도가 빠르다.

④ 연소시 연소열이 크고 연소온도가 높다.

제4류 위험물(인화성 액체)의 일반적인 성질
① 대단히 인화하기 쉽다.
② 물보다 가볍고 물에 녹지 않는다.
③ 증기비중은 공기보다 무겁기 때문에 낮은 곳에 체류하여 연소, 폭발의 위험이 있다.
④ 연소범위의 하한이 낮기 때문에 공기 중 소량 누설되어도 연소한다.
⑤ 전기부도체이므로 정전기 발생에 주의한다.

52 ④
인화성, 가연성 물질의 취급 시에는 반드시 환기를 해야한다.

53 ③
동(구리, Cu)는 물과 반응하지 않는 금속이다.

54 ④
제3류 위험물의 성질을 이해한다. 황린은 자연발화성 성질이 크다.

55 ④
연소 후 생성되는 물질을 확인한다.

56 ②
알루미늄 분말은 금수성 물질이다.

57 ②
위험물의 소화대책
- 황화인 : 제2류 위험물(질식소화)
- 질산에스터류 : 제5류 위험물(냉각소화)
- 유기금속화합물 : 제3류 위험물(질식소화)
- 알칼리금속의 과산화물 : 제1류 위험물(질식소화)

58 ①
제3류 위험물은 자연발화성 및 금수성 이라는 성질을 이해한다.

59 ②
물속에 저장하는 물질 : 황린(P_4), 이황화탄소(CS_2)

60 ④
금속과 물이 반응하면 가연성 가스인 수소가 생성된다.

61 ②
금수성 물질
물과 접촉하면 격렬한 발열반응, 화재 또는 폭발 등을 일으키는 물질로 소방법 상의 제1류 위험물 중 무기과산화물류(과산화나트륨, 과산화칼륨, 과산화마그네슘, 과산화칼슘, 과산화바륨, 과산화리튬, 과산화베릴륨 등), 제2류 위험물 중 마그네슘, 철분, 금속분, 황화린, 제3류 위험물(칼륨, 나트륨, 알킬알루미늄, 알킬리튬, 알칼리금속 및 알칼리토금속류, 유기금속화합물류, 금속수소화합물류, 금속인화물류, 칼슘 또는 알루미늄의 탄화물류 등), 제6류 위험물(과염소산, 과산화수소, 황산, 질산), 특수인화물인 디에틸에테르, 콜로디온 등이 해당된다.

62 ②
61번 해설참고

63 ②
금속류 화재 시 사용할 수 있는 소화약제 중 가장 좋은 것으로는 팽창질석, 팽창진주암 등이 있다.

64 ③
금속류 화재 시 적당한 소화약제가 없다면 자연 진화될 때까지 내버려 두는 것이 좋다.

65 ②
제4류 위험물이 성질을 이해한다. 가연성 증기는 공기보다 무겁다.

66 ④
물의 비중이 제4류 위험물보다 크기 때문에 연소면을 확대시킬 우려가 있어 물에 의한 소화는 곤란하다.

67 ③
제4류위험물 중 특수인화물류의 종류를 생각한다.((디에틸)에테르, 이황화탄소)

68 ③
제5류 위험물(자기연소성)의 성질은 분자 내에 산소를 과량으로 함유하고 있어 외부에서 산소 공급이 없어도 점화원에 의해 연소가 가능하다. 이를 자기연소 또는 내부연소라고 한다. 연소속도 또한 굉장히 빠르고 폭발적이다. 소화는 질식소화는 효과가 없고, 다량주수에 의한 냉각소화가 효과적이다.

69 ①
제5류 위험물(자기반응성 물질)
① 일반적인 성질 : 외부로부터 산소의 공급 없이도 가열, 충격 등에 의해 연소폭발을 일으킬 수 있는 자기반응성 물질(자기연소성 물질)이다.
② 외부의 산소공급 없이도 자기연소하므로 연소속도가 빠르고 폭발적이다.
③ 소분하여 저장하고 용기의 파손 및 위험물의 누출을 방지한다.
④ 소화방법 : 이산화탄소 소화약제, 분말, 할론, 포 등에 의한 질식소화는 효과가 없다. 다량 주수에 의한 냉각소화가 효과적이다. 분말로 일시적인 소화효과는 있으나 재착화의 위험이 있으므로 물로 냉각소화 하여야 한다.

70 ④
제5류 위험물 – 셀룰로이드류

71 ④
- 아염소산나트륨(제1류 위험물) : 불연성, 조해성, 수용성이며, 무색 또는 백색의 결정성 분말 형태
- 마그네슘(제2류 위험물) : 물과 접촉 시 수소가스를 발생
- 황린(제3류 위험물) : 발화점이 매우 낮고 산소와 결합 시 산화열이 크며, 공기 중에 방치하면 액화되면서 자연발화를 일으킨다.[황린은 발화점(착화점)이 낮기 때문에 자연발화를 일으킨다.]

72 ②
과산화수소는 제6류 위험물(산화성 액체)이다. 문제는 금수성이 아닌 것을 찾는 문제이다.

73 ①
- 탄화알루미늄의 반응식 $Al_4C_3 + 12H_2O \rightarrow 4Al(OH)_3 + 3CH_4\uparrow$(메테인≒메탄)
- 인화칼슘과 물과의 반응식 $Ca_3P_2 + 6HCl \rightarrow 3CaCl_2 + 2PH_3\uparrow$(포스핀)
- 수소화알루미늄리튬의 반응식 $LiAlH_2 + 4H_2O \rightarrow LiOH + Al(OH)_3 + 3H_2\uparrow$(수소)
- 트리에틸알루미늄의 반응식 $(C_2H_5)_3Al + 3H_2O \rightarrow Al(OH)_3 + 3C_2H_6\uparrow$(에테인≒에탄)

74 ③
용기에 옮길 때는 밀폐용기를 사용한다.

75 ③
위험물의 품명 및 지정수량
- 탄화칼슘 – 제3류 위험물, 지정수량 : 300kg
- 과염소산 – 제6류 위험물, 지정수량 : 300kg
- 마그네슘 – 제2류 위험물, 지정수량 : 500kg
- 금속의 인화물 – 제3류 위험물, 지정수량 : 300kg

76 ③
황린은 물과의 반응성이 없으므로 주수소화가 가능하다.

77 ②
위험물의 성질을 이해한다. (마그네슘은 금수성이다).

78 ③
- 잔신시간 : 불꽃이 붙은 후 점화원을 뗀 때부터 불꽃을 올리지 아니하고 연소상태가 그칠 때까지의 경과시간 (잔염이 생기는 동안의 시간은 제외한다.)
- 잔염시간 : 불꽃이 붙은 후 점화원을 뗀 때부터 불꽃을 올리고 연소하는 상태가 그칠 때까지의 경과시간

79 ④
목조 건축물의 화재진행
1) 무염착화 : 가연물이 연소하면서 재로 덮인 숯불모양으로 불꽃 없이 착화되는 현상
2) 발염착화(목재의 발화) : 무염상태의 가연물이 250[℃] 부근에 이르게 되면 불꽃을 내면서 착화되는 현상
3) 발화(출화) : 발화단계에서 플래시 오버(F·O)현상이 발생한다.
   ① 옥내출화
      ㉠ 건축물 실내의 천장 속, 벽, 내부에서 발염착화
      ㉡ 준불연성, 난연성으로 피복된 내부의 목재에 착화
   ② 옥외출화

㉠ 건축물 외부의 지붕, 추녀 밑, 벽에 발염착화
㉡ 창, 출입구 등의 개구부에 발염착화
4) 최성기
① 출화와 동시에 불꽃이 실 전체로 급속히 확되며 연기도 백색에서 흑색으로 변한다.
② 실내의 최고온도는 1,300[℃]에 이른다.
③ 화재의 특징은 고온단기형이다.
5) 연소낙하 : 최성기 이후 천장, 벽 등이 무너지고 화세가 약해지는 시기이다.
6) 진화(소화)

80 ①
- 내화구조 : 인근 구역으로의 화재전파를 차단하고 수리하여 재사용 가능
- 방화구조 : 화재전파만 차단, 재사용 불가능

81 ③
내화구조부재의 기능 : 화재 차단, 설계하중 지지, 재사용 가능

82 ③
- 내화구조 : 인근 구역으로의 화재전파를 차단하고 수리하여 재사용 가능
- 방화구조 : 화재전파만 차단, 재사용 불가능

83 ③
화재하중을 적게 하여 피해를 최소화한다.

84 ①
구조를 물어보는 문제인데 철골 트러스는 불연재료이다.

85 ④
내화구조 : 인근 구역으로의 화기 차단과 재사용 가능한 구조

86 ①
벽의 내화구조 기준
- 철근콘크리트조 또는 철골콘크리트조로서 두께가 10[cm] 이상인 것
- 골구를 철골조로 하고 그 양면을 두께 4[cm] 이상의 철망모르타르 또는 두께 5[cm] 이상의 콘크리트블록·벽돌 또는 석재로 덮은 것
- 철재로 보강된 콘크리트블록조·벽돌조 또는 석조로서 철재에 덮은 콘크리트블록의 두께가 5[cm] 이상인 것
- 벽돌조로서 두께가 19[cm] 이상인 것
- 고온·고압의 증기로 양생된경량기포 콘크리트패널 또는 경량기포 콘크리트블록조로서 두께가 10[cm] 이상인 것

87 ①
바닥의 내화구조 기준
- 철근콘크리트조 또는 철골콘크리트조로서 두께 10[cm] 이상인 것
- 철재로 보강된 콘크리트블록조·벽돌조 또는 석조로서 철재로 덮은 콘크리트블록의 두께가 5[cm] 이상인 것
- 철재의 양면을 두께 5[cm] 이상의 철망모르타르 또는 콘크리트로 덮은 것

88 ②
기둥의 내화구조 기준(소경 25[cm] 이상)
- 철근콘크리트조 또는 철골콘크리트조
- 철골을 두께 6[cm] 이상의 철망모르타르 또는 두께 7[cm]이상의 콘크리트블록·벽돌 또는 석재로 덮은 것
- 철골을 두께 5[cm] 이상의 콘크리트보로 덮은 것

89 ②
- 내화구조 : 인근 구역으로의 화재전파를 차단하고 수리하여 재사용 가능
- 방화구조 : 화재전파만 차단, 재사용 불가능

90 ④
불연재료를 찾는 문제이다.

91 ④
방화구획 : 면적별 구획, 층별 구획, 용도별 구획

92 ①
- 10층 이하 : 바닥면적의 합계1,000 [m²] 이내마다
- 지상층 : 매층마다, 지하층 : 지하층마다
- 11층 이상은 바닥면적 200[m²] 이내마다
- 벽은 60+방화문 또는 60분방화문으로 구획

93 ①
방화문은 항상 닫힌 상태를 유지하되 수시로 열 수 있어야 한다.

94 ④
11층 이상의 층으로 내장재가 불연재인 경우 : 500 [m²] 이내 (단, 스프링클러설비가 설치되어 있을 경우 : 1,500 [m²]이내)

95 ④
방화구획된 벽의 개구부에 연소 확대방지를 위해 설치하는 것이다.

96 ④
모든 방화문에는 자동 폐쇄장치가 요구된다.

97 ②
특별피난계단의 부속실로부터 계단실로 통하는 방화문에는 60+방화문, 60분방화문 또는 30분방화문을 설치할 수 있다.

98 ②
방화벽의 방화문은 60+방화문 또는 60분방화문만을 설치해야 한다.

99 ②
방화벽 양단과 상단은 0.5[m] 이상 돌출시킨다.

100 ②
방화벽에 설치하는 방화문은 60 + 방화문(차열 30분 + 비차열 60분) 또는 60분 방화문(비차열 60분)을 설치하여야 한다.

101 ④
피난층이란 직접 지상으로 통하는 출입구가 있는 층을 말한다.

102 ④
실내에 면하는 부분 및 통로의 내부는 불연재료 또는 준불연재료로 마감할 것

103 ①
옥내로부터 계단실로 통하는 출입구에 60+방화문 또는 60분방화문을 설치하여야 한다.

104 ③
개구부의 유효 폭은 0.9[m]이상으로 할 것

105 ①
계단으로부터 옥외의 출구까지는 30[m] 이하가 되도록 할 것. 다만 주요 구조부가 내화구조 또는 불연재료로 된 건축물에 있어서는 그 보행거리가 50[m](층수가 16층 이상인 공동주택의 경우에는 40[m]) 이하가 되도록 설치할 것

106 ④
계단은 그 계단으로 통하는 출입구 외의 창문 등으로부터 2[m] 이상의 거리를 두고 설치할 것

107 ①
지상으로 직접 통하는 출입구가 있는 층(피난층) 또는 지상

108 ④
인명피해가 없을 것 같은 곳은 내장재를 불연재로 하지 않아도 된다.

109 ④
난연재료란 불에 잘 타지 않는 성능을 가진 재료

110 ③
- 주요구조부 : 건축물의 골격을 유지하는 부분
- 종류 : 내력벽, 기둥, 바닥, 보, 지붕틀 및 주계단(다만, 사잇벽, 사잇기둥, 최하층 바닥, 작은 보, 차양, 옥외계단 등은 제외)

111 ②
수평구획(면적별 구획), 수직구획(층별 구획), 용도별 구획

112 ①
「화재조사 및 보고규정」 제30조 (화재의 소실정도)
① 건축·구조물화재의 소실정도는 3종류로 구분하며 그 내용은 다음의 각 호에 따른다.

1. 전소 : 건물의 70% 이상(입체면적에 대한 비율을 말한다. 이하 같다)이 소실되었거나 또는 그 미만이라도 잔존부분을 보수하여도 재사용이 불가능한 것
2. 반소 : 건물의 30% 이상 70% 미만이 소실된 것
3. 부분소 : 전소, 반소화재에 해당되지 아니하는 것

② 자동차·철도차량, 선박 및 항공기 등의 소실정도는 제1항의 규정을 준용한다.

113 ④

피난계획의 일반적인 원칙
- 피난수단은 원시적인 방법으로 한다.
- 피난통로는 2방향 이상의 피난로를 확보한다.
- 피난설비는 고정적인 시설로 한다.
- 피난계단 및 특별피난계단 등은 가급적 분산 배치한다.
- 피난통로의 종단에는 충분한 안전공간을 확보한다.
- 피난의 경로는 간단, 명료하게한다.
- 인간의 피난특성을 고려한다.
- Fool Proof, Fail Safe의 원칙에 따른다.

114 ②

113번 해설 참고

115 ③

화재 발생장소에서 안전한 장소로 신속하게 대피할 수 있도록 구획한 것
- 1차 안전구획 – 복도
- 2차 안전구획 – 계단 부속실(전실)
- 3차 안전구획 – 계단

116 ④

화재 발생장소에서 안전한 장소로 신속하게 대피할 수 있도록 구획한 것
- 1차 안전구획 – 복도
- 2차 안전구획 – 계단 부속실(전실)
- 3차 안전구획 – 계단

117 ④

91번 해설 참고

118 ③

화재하중(Fire Load)

$$Q = \frac{\Sigma(G_t \times H_t)}{H \times A} = \frac{\Sigma Q_t}{4{,}500 \times A}$$

- Q : 화재하중[kg/m²]
- G_t : 가연물의 양[kg]
- H_t : 가연물의 단위 발열량[kcal/kg]
- Q_t : 가연물의 전체 발열량[kcal]
- H : 목재 단위 발열량(4,500[kcal/kg])
- A : 화재실 바닥면적[m²]

$$Q = \frac{(200 \times 2{,}000) + (100 \times 9{,}000)}{4{,}500 \times (10 \times 8)}$$

$= 3.611 ≒ 3.61\,[kg/m^2]$

119 ②

화재하중(Fire Load) : 화재하중이란 단위면적당 목재 환산 등가 가연물의 양을 말한다. 즉, 일정구역 안에 있는 가연물 전체 발열량을 목재의 단위질량당 발열량으로 나누면 목재의 양으로 환산된다. 이를 다시 그 구역의 바닥면적으로 나누면 단위면적당 가연물(목재)의 양이 되는데, 이를 화재하중이라 하고 주수시간을 결정하는 주요인이 된다.

$$Q = \frac{\Sigma(G_t \times H_t)}{H \times A}$$

$$= \frac{(2{,}000 \times 5{,}000) + (3{,}000 \times 9{,}000)}{4{,}500 \times 500}$$

$$= 16.44\,[kg/m^2]$$

- Q : 화재하중[kg/m²],
- G_t : 가연물의 양[kg],
- H_t : 가연물의 단위발열량[kcal/kg]
- H : 목재단위발열량(4,500[kcal/kg]),
- A : 화재실바닥면적[m²]

120 ③

화재하중(Fire Load) : 화재하중이란 단위면적당 목재 환산 등가 가연물의 양을 말한다. 즉, 일정구역 안에 있는 가연물 전체 발열량을 목재의 단위질량당 발열량으로 나누면 목재의 양으로 환산된다. 이를 다시 그 구역의 바닥면적으로 나누면 단위면적당 가연물(목재)의 양이 되는데, 이를 화재하중이라 하고 주수시간을 결정하는 주요인이 된다.

$$Q = \frac{\Sigma(G_t \times H_t)}{H \times A}$$

$$= \frac{(1{,}000 \times 5{,}000) + (2{,}000 \times 9{,}000)}{4{,}500 \times 200}$$

$$= 25.56 \,[kg/m^2]$$

Q : 화재하중[kg/m²], G_t : 가연물의 양[kg]

H_t : 가연물의 단위발열량[kcal/kg]

H : 목재단위발열량(4,500[kcal/kg])

A : 화재실바닥면적[m²]

121 ③

주방화재 – K급, 무색

1) 가연물의 종류 : 주방에서 사용하는 동·식물유
2) 특징
   ① 동물성기름 또는 식물성기름을 사용하여 대량의 음식을 조리하는 식당 또는 식품가공공장 등에서 예상치 못하게 화재가 발생하는 경우가 있다.
   ② 인화성 또는 가연성액체 화재에 사용되는 소화기를 주방화재에도 사용하고 있다. 하지만 주방화재를 진압하고 재발화를 방지하는 데는 부족하다. 따라서 주방화재를 소화하기 위하여 비누화 반응이 일어나는 물질을 사용한다.
   ③ 주방화재용 소화약제를 사용하여 기름의 표면온도를 낮추는 냉각효과와 비누화 반응에 의한 질식효과를 이용하여 소화를 한다.

122 ②

환기가 잘되지 않으면 환기지배형 화재로서 연기 발생이 많아진다.

123 ③

플래시 오버 지연 대책

① 화원의 위치와 크기 : 화원의 크기가 소형일수록 지연된다.
② 내장재의 종류, 열전도율 및 불연화 순서
   • 종류 : 불연재료, 준불연재료
   • 열전도율이 큰 재료일수록 지연된다.
   • 불연화 순서 : 천장 → 벽 → 바닥 순으로 불연화 한다.
③ 개구율 : 개구율이 작을수록 산소 부족으로 연소가 원활하게 일어나지 않으므로 실내의 열축적이 적어 플래시 오버가 지연될 수 있고, 개구율이 아주 클수록 실내에 축적되는 열보다 외부로 유출되는 열이 많으므로 플래시 오버가 지연될 수 있다.

124 ③

특수현상에 대한 화재 양상

(1) 플래시 오버(Flash Over) 현상으로 본 화재 양상

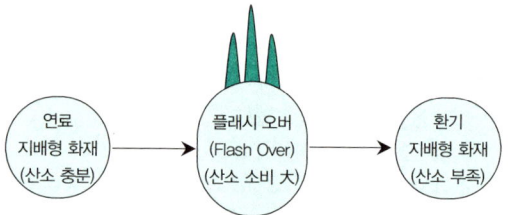

(2) 백 드래프트(Back Draft) 현상으로 본 화재 양상

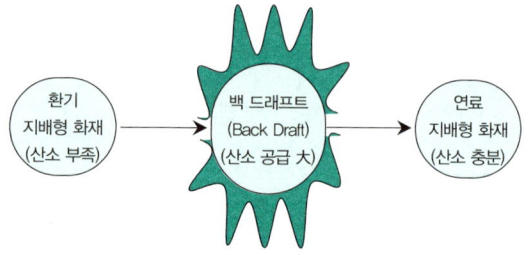

※ 연료지배형 화재 : 산소는 충분한 상태로서 연료가 제한적인 상태에서 화재의 지속가능한 상태를 연료의 양에 의해 결정되는 화재를 말한다.
※ 환기지배형 화재 : 연료는 충분한 상태로서 산소가 제한적인 상태에서 화재의 지속가능한 상태를 산소의 양에 의해 결정되는 화재를 말한다.

125 ③

화재하중(Fire Load)

$$Q = \frac{\Sigma(G_t \times H_t)}{H \times A} = \frac{\Sigma Q_t}{4{,}500 \times A}$$

Q : 화재하중[kg/m²],
G_t : 가연물의 양[kg],
H_t : 가연물의 단위 발열량[kcal/kg]
Q_t : 가연물의 전체 발열량[kcal],
H : 목재 단위 발열량(4,500[kcal/kg]),
A : 화재실 바닥면적[m²]

$$Q = \frac{(300 \times 3{,}000) + (200 \times 8{,}000)}{4{,}500 \times (10 \times 8)}$$

$$= 6.944 \fallingdotseq 6.94 \,[kg/m^2]$$

126 ①

제1류 위험물의 소화방법
① 제1류 위험물 : 물에 의한 냉각소화
② 알칼리금속의 과산화물 : 마른모래, 탄산수소염류 분말약제, 팽창질석, 팽창진주암에 의한 질식소화

127 ③

제4류 위험물의 위험성
① 인화위험이 높아 화기의 접근을 피해야 한다.
② 증기는 공기와 약간만 혼합되어도 연소한다.
③ 연소범위의 하한이 낮다.
④ 발화점이 낮다.
⑤ 전기부도체이므로 정전기 발생에 주의한다.

Chapter 05. 소화이론 정답 및 해설

01 ②	02 ③	03 ①	04 ①	05 ④	06 ②	07 ②	08 ①	09 ②	10 ①
11 ③	12 ④	13 ①	14 ②	15 ②	16 ①	17 ②	18 ②	19 ①	20 ①
21 ①	22 ①	23 ④	24 ①	25 ③	26 ②	27 ③	28 ②	29 ②	30 ①
31 ①	32 ④	33 ③	34 ③	35 ②	36 ④	37 ④	38 ③	39 ①	40 ④
41 ③	42 ①	43 ③	44 ②	45 ④	46 ④	47 ③	48 ④	49 ④	50 ④
51 ③	52 ①	53 ②	54 ②	55 ②	56 ②	57 ③	58 ④	59 ①	60 ①
61 ④	62 ③	63 ③	64 ③	65 ①	66 ②	67 ④	68 ③	69 ②	70 ④
71 ④	72 ①	73 ③	74 ②	75 ①	76 ④	77 ④	78 ①	79 ②	80 ②
81 ①	82 ②	83 ③	84 ④	85 ③	86 ④	87 ④	88 ①	89 ②	90 ④
91 ②	92 ①	93 ④	94 ④	95 ③	96 ①	97 ①	98 ②	99 ③	100 ②
101 ④	102 ①	103 ④	104 ③	105 ④	106 ①	107 ③	108 ②	109 ①	110 ④
111 ③	112 ③	113 ①	114 ③	115 ③	116 ②				

01 ②
소화방법(원리) : 제거소화, 질식소화, 냉각소화, 부촉매소화

02 ③
1번 해설 참고

03 ①
- 물리적 소화 : 제거소화, 냉각소화, 질식소화
- 화학적 소화 : 연쇄반응을 차단하는 억제소화

04 ①
소화방법
- 질식소화 – 일반적으로 공기 중 산소 농도를 낮추어 소화하는 방법
- 물 – 냉각소화, 질식소화, 희석소화, 유화소화
- 강화액 – 냉각소화, 질식소화, 유화소화, 부촉매소화
- CO_2 – 질식소화, 냉각소화, 피복소화
- 할론 – 부촉매소화, 질식소화, 냉각소화
- 유화소화 – 비중이 물보다 큰 비수용성 유류화재 시 무상주수하여 소화하는 방법
- 제거소화 – 가스화재 시 가스공급을 차단하여 소화하는 방법

05 ④
표면연소는 순조로운 연쇄반응이 없으므로 연소의 3요소에 해당한다. 따라서 소화의 3요소에는 냉각소화, 질식소화, 제거소화가 있다.

06 ②
내알코올포 소화약제 (3%, 6%형 – 저발포)
알코올과 같은 수용성 액체가연물의 화재에 사용이 가능하다.

07 ②
가연물질을 제거하거나 가연성 액체 또는 가연성 증기의 농도를 희석시켜 연소하한계 이하로 하여 연소를 저지시키는 소화방법을 말한다.

08 ①
가연성 액체의 농도가 낮아졌다는 것은 탈 수 있는 양이 작아졌다는 것을 말한다.

09 ②
억제소화(부촉매소화)
연소의 4요소 중 순조로운 연쇄반응을 억제하여 소화하는 방법을 말한다.
① 할론 소화약제를 이용하여 소화하는 방법

② 할로겐화합물 및 불활성기체를 이용하여 소화하는 방법
③ 분말 소화약제를 이용하여 소화하는 방법

10 ①
질식소화 : 산소공급을 차단하거나 산소의 농도를 낮추어 소화하는 원리를 말한다.

11 ③
각 위험물과 물과의 반응
- 칼륨 : $2K + 2H_2O \rightarrow 2KOH + H_2\uparrow$
- 탄화칼슘 : $CaC_2 + 2H_2O \rightarrow Ca(OH)_2 + C_2H_2\uparrow$
- 과산화나트륨 : $2Na_2O_2 + 2H_2O \rightarrow 4NaOH + O_2\uparrow$ + 발열
- 오황화인 : $P_2S_5 + 8H_2O \rightarrow 5H_2S + 2H_3PO_4$

12 ④
각 위험물의 소화방법
- 제3류 위험물 – 황린 : 물을 이용한 냉각소화
- 제2류 위험물 – 황 : 물을 이용한 냉각소화
- 제4류 위험물 – 경유, 휘발유 : 포 소화약제를 이용한 질식소화
- 제3류 위험물 – 탄화알루미늄, 알킬알루미늄 : 건조사, 팽창질석을 이용한 질식소화

13 ④
배춧잎으로 연소면을 덮어서 소화를 했다는 건 산소공급을 차단하여 소화하는 질식소화의 원리를 이용한 소화방법이다.

14 ②
소화의 4대 원리
① 제거소화 – 연소의 3요소 중 가연물을 다른 곳으로 이동 또는 제거하여 소화하는 방법을 말한다. (물리적 소화)
② 질식소화 – 연소의 3요소 중 산소공급원을 차단하여 소화하거나 산소농도를 15% 이하로 낮추어 소화하는 방법을 말한다. (물리적 소화)
③ 냉각소화 – 연소의 3요소 중 점화원과 관련된 소화방법으로 가연물질의 인화점 또는 발화점 이하로 낮추어 소화하는 방법을 말한다. (물리적 소화)
④ 억제소화(부촉매 소화) – 연소의 4요소 중 순조로운 연쇄반응을 억제하여 소화하는 방법을 말한다. (화학적 소화)

15 ②
물의 증발잠열은 539[kcal/kg]으로 다른 물질보다 커서 냉각효과가 우수하기 때문이다.

16 ①
물과 경유의 비중을 생각한다. 경유는 물보다 가볍고 물은 유동성이 좋으므로 경유가 물 위에 떠서 연소면이 확대될 우려가 있기 때문에 부적당 하다.

17 ②
물은 연쇄반응 차단효과는 없다. 즉 화학적 소화의 원리는 없다.

18 ②
중유탱크 화재 시 고압의 분무상 주수(무상주수)로 유화막을 형성(유화(乳化)소화)하여 산소의 공급을 차단(질식소화)하여 소화하는 방법을 말한다.

19 ①
물 분무 소화설비는 무상으로서 유류화재나 전기화재에도 이용 가능하다.

20 ①
알킬알루미늄 화재 시 가장 먼저 건조사로 화재 확대를 방지하고 소화약제를 이용하여 소화를 하는데 가장 좋은 소화약제로는 팽창질석, 팽창진주암이 있고 이게 안되면 그 다음으로 마른 모래(건조사)로 소화를 하는 것이 좋다. 그러나 이 방법으로도 소화가 되지 않았다면 최후의 수단으로는 화재를 주위 깊게 관찰하며 자연진화 될 때까지 내버려 두는 방법이 있다.

21 ①
유전지대의 화재 시에는 질소폭약을 이용하여 가연성 가스를 제거시켜 소화한다.

22 ①
수성막포 소화약제 (3%, 6%형 – 저발포)
불소계 계면활성제가 주성분으로 AFFF(Aqueous Flim Foaming Foam)라고 부른다. (불소계 계면 활성제포라고도 부른다). 유류표면에 수성막을 형성하여 액체의 증발을

억제함으로써 다른 포에 비해 소화성능이 우수하다. 다만, 고온에서는 수성막을 형성하기 어렵다. 수성막포 소화약제는 일명 Lighting Water라고도 하며, 단백포에 비해 약 5배 정도의 소화 능력을 가지고 있으며, 또한 CDC분말(드라이케미컬)과 혼합하여 사용하면 약 7~8배 정도의 소화 능력을 가질 수 있다. 유류저장탱크, 비행기격납고 등에 적합하다. 고정포 방출방식 중 표면하 주입방식이 가능하다.

불화단백포 소화약제 (3%, 6%형 - 저발포)
불소계 계면활성제를 단백포에 첨가하여 제조한 소화약제로 안정도가 높고 열에 잘 견디는 내구력이 강한 소화약제이다. 가격이 비싸 잘 사용하지 않는다. 고정포 방출방식 중 표면하 주입방식이 가능하다.

23 ④

포 소화약제는 주성분인 물과 포원액으로 이루어져 있어 냉각효과와 질식효과를 모두 갖추고 있다. 이 중 주된 소화효과는 질식효과이다.

24 ③

포 소화약제의 종류
① 화학포 소화약제 (화학포의 포핵은 이산화탄소(CO_2)이다.)
   탄산수소나트륨(A제, $NaHCO_3$)과 황산알루미늄 수용액(B제, $Al_2(SO_4)_3 \cdot 18H_2O$)에 포안정제(카세인, 샤포닝, 젤라틴 등)를 첨가하여 화학반응에 의해 거품을 생성한다.

   $$6NaHCO_3 + Al_2(SO_4)_3 \cdot 18H_2O \rightarrow 3Na_2SO_4 + 2Al(OH)_3 + 6CO_2 + 18H_2O$$

② 기계포(공기포) 소화약제 (기계포(공기포)의 포핵은 공기이다.)
   기계적인 동력으로 흡입된 공기에 의해서 발생된 거품을 방사하는 형태이다.
   종류로는 단백포, 합성계면활성제포, 수성막포, 불화단백포, (내)알코올포가 있다.
   ㉠ **단백포 소화약제** (3%, 6%형 - 저발포)
      동·식물성 단백질을 추출하고 이를 가수분해를 통해 아미노산을 얻는 공정으로 제조된다. 포안정제(제일철염)를 첨가하여 내화성과 내유성은 우수하나 부패·변질의 우려가 있어 보관성이 떨어진다. 또한 동결의 우려가 있어 보온조치가 필요하다. 유동성이 작아 소화시간이 오래 걸린다.

   ㉡ **합성계면활성제포 소화약제** (3%, 6%형 - 저발포와 1%, 1.5%, 2%형 - 고발포)
      가장 오래된 기계포 소화약제이다. 다양한 발포율이 가능하다.(저발포, 고발포) 차고, 주차장 및 일반 유류화재에 적합하다. 또한 고팽창포로 사용 시 화학플랜트화재, 지하가, 저유탱크 등의 화재에 적합하다.
   ㉢ **수성막포 소화약제** (3%, 6%형 - 저발포)
      불소계 계면활성제가 주성분으로 AFFF(Aqueous Film Foaming Foam)라고 부른다(불소계 계면 활성제포 라고도 부른다). 내열성은 약해 윤화(Ring Fire) 현상이 일어날 수 있으나 유류표면에 수성막을 형성하여 액체의 증발을 억제함으로써 다른 포에 비해 소화성능이 우수하다. 수성막포 소화약제는 일명 Lighting Water라고도 하며, 단백포에 비해 약 5배 정도의 소화 능력을 가지고 있으며, 또한 CDC분말(드라이케미컬)과 혼합하여 사용가능하며 약 7~8배 정도의 소화능력을 가질 수 있다. 유류저장탱크, 비행기격납고 등에 적합하다. 고정포 방출방식 중 표면하 주입방식이 가능하다.
   ㉣ **불화단백포 소화약제** (3%, 6%형 - 저발포)
      불소계 계면활성제를 단백포에 첨가하여 제조한 소화약제로 안정도가 높고 열에 잘 견디는 내구력이 강한 소화약제이다. 가격이 비싸 잘 사용하지 않는다. 고정포 방출방식 중 표면하 주입방식이 가능하다.
   ㉤ **내알코올포 소화약제** (3%, 6%형 - 저발포)
      알코올과 같은 수용성 액체가연물의 화재에 사용이 가능하다. 일반적으로 포의 주성분은 물이므로 수용성 액체가연물의 경우 포가 소멸되어 소화 기능을 상실하기 때문에 이러한 소포성(파포성)을 방지하기 위해 만들어진 포 소화약제이다.

25 ③

금속화재 - D급, 무색(없음)
① 가연물의 종류 : Na, K, Al, Mg 등 가연성이 강한 금속류
② 분말 상태로 공기 중에 부유 시 분진폭발의 우려가 있다.
③ 물과 반응하여 심한 발열과 함께 많은 가연성 가스를 발생시킨다.
④ 초기화재 때는 마른모래의 질식·피복소화가 효과적이며 팽창질석·팽창진주암의 소화제가 더욱 효과적이다.

26 ②

변압기실과 같은 전기시설물을 사용하는 곳의 화재는 전기화재이므로 물 성분은 사용할 수 없다.

27 ③

할로겐화합물 소화약제와 분말 소화약제는 연쇄반응을 차단하는 억제소화이다.

28 ②

할론 104(사염화탄소, CCl_4)는 화재 시 발생하는 이산화탄소(CO_2)와 반응하여 맹독성인 포스겐 가스($COCl_2$)를 만든다.

할론 104의 포스겐($COCl_2$) 생성반응식
① 건조공기 중에서 $2CCl_4 + O_2 \rightarrow 2COCl_2 + 2Cl_2$
② 습한 공기 중에서 $CCl_4 + H_2O \rightarrow COCl_2 + 2HCl$
③ 탄산가스 중에서 $CCl_4 + CO_2 \rightarrow 2COCl_2$
④ 철이 존재할 때 $3CCl_4 + Fe_2O_3 \rightarrow 3COCl_2 + 2FeCl_3$

29 ②

이산화탄소의 특성
1) 장점
  ① **무색, 무취, 무독성의 기체**로 소화 후 잔유물이 없고 증거보존 및 화재조사가 용이하다.
  ② **불연성**이며 **공기보다 약 1.52배 무겁다.**
  ③ 약제의 변질이 없어 영구보존이 가능하다.
  ④ **유류화재(B급)에 적합**하고, **전기의 부도체이므로 전기화재(C급)에도 적합**하다.
  ⑤ 임계온도가 높아 액체 상태로 저장·취급한다.(임계온도 : 31.25[℃])
  ⑥ **고압의 자체 압력**을 가지고 있으므로 **다른 압력원이 필요 없다.**
2) 단점
  ① **방사 시 운무현상이 발생**한다.(고체탄산=드라이아이스)
  ② 방사 시 소음이 크다.(고압)
  ③ **동상의 우려**가 있다.
  ④ 산소 농도 저하에 따른 **질식의 우려**가 있다.
  ⑤ **지하층, 무창층, 거실로서 바닥면적 20[㎡] 미만인 장소**는 **설치 제외** 장소이다.

30 ④

이산화탄소의 소화효과
① **질식효과** : 이산화탄소 소화약제의 방사 시 공기 중 **산소 농도를 15[%] 이하**로 낮추어 소화할 수 있다.
② **냉각효과** : 고압의 탄산가스를 방출 시 주위의 온도가 급격히 낮아져 드라이아이스를 생성하게 되어 **화재실의 온도를 낮추어** 소화할 수 있다.
③ **피복효과** : 이산화탄소는 **공기보다 약 1.52배 정도 무겁기 때문에** 가연물을 피복하여 공기와의 접촉을 차단하여 소화할 수 있다.

31 ①

이산화탄소(CO_2) 소화약제
- 무색, 무취, 무독성의 기체로 소화 후 잔유물이 없고 증거보존 및 화재조사가 용이하다.
- 약제의 변질이 없어 영구보존이 가능하다.
- 고압의 자체 압력을 가지고 있으므로 다른 압력원이 필요 없다.
- 불연성이며 공기보다 약 1.52배 무겁다.
- 주된 소화효과는 공기 중의 산소 농도를 저하시키는 질식효과이다.

32 ④

제5류 위험물과 같은 자기연소성 물질에는 적합하지 못하다.(화약류, 폭약류)

33 ③

할로겐화합물 소화약제와 분말 소화약제는 연쇄반응을 차단하는 억제소화이다.

34 ③

물 소화약제의 첨가제
물소화약제의 침투능력·분산능력·유화능력 등을 증시키기 위하여 첨가하는 물질을 총칭하여 첨가제라 한다.
① 부동제(Antifreeze Agent) : 동결방지제, 부동액
  ㉠ 물의 빙점(0℃) 하에서 동파 및 물의 응고현상을 방지하기 위하여 물에 첨가하는 물질이다.
  ㉡ 부동제 종류 : 에틸렌글리콜, 프로필렌글리콜, 디에틸렌글리콜, 글리세린, 염화나트륨, 염화칼슘등이 사용되며, 동결방지제로 에틸렌글리콜을 가장 많이 사용되고 있다.
② 침투제(Wetting Agent)
  ㉠ 물에 계면활성제 계통의 물질을 첨가시켜 물이 가지고 있는 표면장력을 낮추어 침투성을 강화시킨 물질이다.
  ㉡ 유수(Wet Water) : 물의 표면장력을 감소시켜서 물의 침투성을 증가시키는 침투제(Wetting Agent)를 혼합시킨 수용액을 말한다.

③ 증점제(Viscosity Agent) : 가연물질에 한 물소화약제의 부착성(접착성)을 증가시키기 위 한 첨가 물질을 증점제라 한다. 이는 많은 열을 발생하는 화재, 즉 산림화재 등에 매우 효과 적이다.

35 ②
물 소화약제의 소화원리
① 냉각효과 : 물은 비열 및 잠열이 크므로 화재면에 방사 시 많은 양의 에너지를 흡수하게 되어 가연물의 온도를 인화점 또는 발화점 이하로 낮출 수 있다.
② 질식소화 : 물의 기화 시 약 1,700배의 부피 팽창이 일어나는데 이로 인하여 상대적으로 주변의 산소 농도를 저하시켜 질식소화 작용을 할 수 있다.
③ 희석효과 : 수용성(알코올 등)이고 가연성 액체의 화재 시 주수에 의해 가연성 액체의 농도를 희석하여 소화할 수 있다.
④ 유화(乳化)효과 : 중질유 화재 시 고압의 분무주수에 의해 불연성의 유화막을 형성하여 산소 차단에 의해 소화할 수 있다.

주수형태(방사형태)
① 봉상주수 : 물을 방사 시 옥내소화전, 옥외소화전 설비와 같이 노즐에 의해 물줄기와 같은 모양으로 방사되는 형태를 말한다. 다량주수가 가능한 형태이다.
② 적상주수 : 스프링클러설비의 헤드를 통한 방사와 같이 물방울(빗방울) 모양으로 방사하는 형태를 말한다. 우상주수라고도 한다.
③ 무상주수 : 물분무 소화설비 헤드를 통한 방사와 같이 물입자를 안개 모양으로 미세하게 방사하는 형태를 말한다. 분무주수라고도 한다. 분무주수 시 물입자는 매우 미세하기 때문에 냉각효과 및 질식효과가 뛰어나며 전기절연성도 우수하여 전기화재에도 사용 가능하다.

36 ④
제연방식
- 밀폐 제연방식
- 자연 제연방식
- 스모크 타워 제연방식
- 기계 제연방식

37 ④
이산화탄소 소화약제의 저장용기 설치장소 기준
① 방호구역외의 장소에 설치 할 것. 다만, 방호구역 내에 설치할 경우에는 피난 및 조작이 용이하도록 피난구 부근에 설치하여야 한다.
② 온도가 섭씨 40℃ 이하이고, 온도변화가 작은 곳에 설치할 것
③ 직사광선 및 빗물이 침투할 우려가 없는 곳에 설치할 것
④ 방화문으로 구획된 실에 설치할 것
⑤ 용기의 설치장소에는 당해 용기가 설치된 곳임을 표지하는 표지를 할 것
⑥ 용기간의 간격은 점검에 지장이 없도록 3cm 이상의 간격을 유지할 것
⑦ 저장용기와 집합관을 연결하는 연결배관에는 체크밸브를 설치할 것. 다만, 저장용기가 하나의 방호구역만을 담당하는 경우에는 그러하지 아니하다.

38 ③
옥외소화전설비에는 옥외소화전마다 그로부터 5m이내의 장소에 소화전함을 설치하여야 한다.

39 ①
옥내소화전방수구는 다음 각 호의 기준에 따라 설치해야 한다.
1. 특정소방대상물의 층마다 설치하되, 해당 특정소방대상물의 각 부분으로부터 하나의 옥내소화전방수구까지의 수평거리가 25미터 이하가 되도록 할 것
2. 바닥으로부터의 높이가 1.5미터 이하가 되도록 할 것
3. 호스는 구경 40밀리미터(호스릴옥내소화전설비의 경우에는 25밀리미터) 이상인 것으로서 특정소방대상물의 각 부분에 물이 유효하게 뿌려질 수 있는 길이로 설치할 것
4. 호스릴옥내소화전설비의 경우 그 노즐에는 노즐을 쉽게 개폐할 수 있는 장치를 부착할 것

40 ④
옥내소화전설비
- 기동용수압개폐장치(압력챔버) : 소화설비의 배관 내 압력변동을 검지하여 자동적으로 펌프를 기동 및 정지시키는 것으로서 압력챔버 또는 기동용압력스위치 등을 말한다.
- 물올림장치(호수조, Priming tank): 수원의 수위가 펌프보다 낮은 위치에 있는 가압송수장치에는 흡입 측 배관에서의 공동현상 발생방지 및 펌프의 원활한 운전을 위하여 물올림장치를 설치하여야 한다.

- 순환배관 : 펌프의 토출 측 체크밸브 이전에서 분기시켜 20mm 이상의 배관으로 설치하며 배관상에는 개폐밸브를 하여서는 안 된다. 체절운전 시 체절압력 미만에서 개방되는 릴리프밸브(Relief valve)를 설치한다.
- 동력제어반 : 앞면은 적색으로 하고 "옥내소화전설비용 동력제어반"이라고 표시한 표지를 설치하여야 한다.

41 ③
자동화재탐지설비의 경계구역 설정기준
- 하나의 경계구역이 2개 이상의 건축물에 미치지 아니하도록 할 것
- 하나의 경계구역이 2개 이상의 층에 미치지 아니하도록 할 것. 다만, 500㎡ 이하의 범위 안에서는 2개의 층을 하나의 경계구역으로 할 수 있다.
- 하나의 경계구역의 면적은 600㎡ 이하로 하고 한변의 길이는 50m 이하로 할 것. 다만, 당해 소방대상물의 주된 출입구에서 그 내부 전체가 보이는 것에 있어서는 한변의 길이가 50m 범위내에서 1,000㎡이하로 할 수 있다.
- 계단·경사로(에스컬레이터경사로 포함)·엘리베이터 승강로(권상기실이 있는 경우에는 권상기실)·린넨슈트·파이프 피트 및 덕트 기타 이와 유사한 부분에 대하여는 별도로 경계구역을 설정하여야 한다.

42 ①
옥내소화전설비의 수원의 양(㎥)
= 옥내소화전 설치개수(N) × 2.6㎥
= 5개 × 2.6㎥
= 13㎥ 이상
(옥내소화전의 설치개수가 5개 이상일 경우 5개로 한다.)

43 ③
압력수조를 이용한 가압송수장치
수조(물탱크)를 압력탱크의 형태로 하여 여기에 콤프레샤를 이용하여 1/3정도의 압축공기를 불어 넣어서, 탱크 내의 2/3정도의 물을 압축공기가 가압하는 방식으로서 공기의 압력을 이용한 가압송수방식을 말한다.
① 압력수조의 압력(P)

$$P_1 = P_1 + P_2 + P_3 + 0.17$$
(호스릴옥내소화전설비를 포함한다)

P_1 : 필요한 압력[MPa]
P_1 : 소방용호스 마찰손실 수두압[MPa]
P_2 : 배관의 마찰손실 수두압[MPa]
P_3 : 낙차의 환산 수두압[MPa]

② 압력수조에는 수위계·급수관·배수관·급기관·맨홀·압력계·안전장치 및 압력저하 방지를 위한 자동식 공기압축기를 설치하여야 한다.

44 ②
「화재조사 및 보고규정」제26조 (화재건수의 결정)
1건의 화재란 1개의 발화지점에서 확대된 것으로 발화부터 진화까지를 말한다. 다만, 다음 각 목의 경우에는 당해 각 호에 의한다.
1. 동일범이 아닌 각기 다른 사람에 의한 방화, 불장난은 동일 대상물에서 발화했더라도 각각 별건의 화재로 한다.
2. 동일 소방대상물의 발화점이 2개소 이상 있는 다음의 화재는 1건의 화재로 한다.
   가. 누전점이 동일한 누전에 의한 화재
   나. 지진, 낙뢰 등 자연현상에 의한 다발화재

45 ④
연결송수관설비의 구성장치
- 송수구
- 배관
- 방수구
- 방수용기구함
- 가압송수장치

살수헤드는 연결살수설비의 구성장치이다.

46 ①
팽창비 : 최종 발생한 포의 체적[L]을 발포전의 포 수용액의 체적[L]으로 나눈 값을 말한다.

$$\text{팽창비} = \frac{\text{발포 후 포의 체적[L]}}{\text{발포 전 포 수용액(물 + 원액)의 체적[L]}}$$

$$= \frac{\frac{\text{발포 후 포의 체적[L]}}{\text{포 소화약제의 체적[L]}}}{\text{원액의 농도}}$$

47 ③

포 소화설비의 혼합장치는 물과 포원액을 혼합하여 일정한 혼합비를 갖는 포 수용액을 만들기 위한 장치이다.

48 ④
포 소화약제 혼합장치
포 소화약제의 혼합장치는 포 소화약제의 사용농도에 적합한 수용액으로 혼합할 수 있도록 다음의 방식에 따라 제품검사에 합격한 것으로 설치하여야 한다.

포소화약제 혼합방식 종류	포소화약제 혼합방식 설명
펌프 푸로포셔너방식 (Pump Proportioner)	펌프의 토출관과 흡입관 사이의 배관도중에 설치한 흡입기에 펌프에서 토출된 물의 일부를 보내고, 농도 조절밸브에서 조정된 포 소화약제의 필요량을 포 소화약제 탱크에서 펌프 흡입측으로 보내어 이를 혼합하는 방식
라인 푸로포셔너방식 (Line Proportioner)	펌프와 발포기의 중간에 설치된 벤츄리관의 벤츄리작용에 따라 포 소화약제를 흡입·혼합하는 방식
프레져 푸로포셔너방식 (Pressure Proportioner)	펌프와 발포기의 중간에 설치된 벤츄리관의 벤츄리작용과 펌프 가압수의 포 소화약제 저장탱크에 대한 압력에 따라 포 소화약제를 흡입·혼합하는 방식
프레져사이드 푸로포셔너방식 (Pressure Side Proportioner)	펌프의 토출관에 압입기를 설치하여 포 소화약제 압입용 펌프로 포 소화약제를 압입시켜 혼합하는 방식
압축공기포 믹싱챔버방식	물, 포 소화약제 및 공기를 믹싱챔버로 강제주입시켜 챔버 내에서 포수용액을 생성한 후 포를 방사하는 방식

49 ④
방출방식에 위한 분류
- 전역방출방식 : 고정식 이산화탄소 공급장치에 배관 및 분사헤드를 고정 설치하여 밀폐 방호구역 내에 이산화탄소를 방출하는 설비를 말한다.
- 국소방출방식 : 고정식 이산화탄소 공급장치에 배관 및 분사헤드를 설치하여 직접 화점에 이산화탄소를 방출하는 설비로 화재발생부분에만 집중적으로 소화약제를 방출하도록 설치하는 방식을 말한다.
- 호스릴방식 : 분사헤드가 배관에 고정되어 있지 않고 소화약제 저장용기에 호스를 연결하여 사람이 직접 화점에 소화약제를 방출하는 이동식 소화설비를 말한다.

50 ②
Ⅲ형 고정포방출구 : 콘루프 탱크(Cone roof tank)에서 사용하는 방식으로 표면하 주입방식 이라고 하며 약제가 탱크 하부에서 방출하여 유류를 거쳐 부상해야 하므로 내유성과 내화학성이 요구되는 약제만 가능하다. (수성막포, 불화단백포)

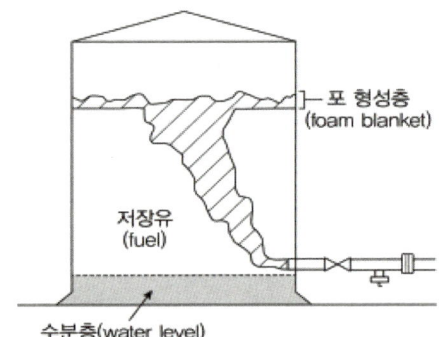

51 ③
포 소화약제의 혼합방식
- 펌프 프로포셔너방식(펌프 혼합방식)
- 라인 프로포셔너방식(관로 혼합방식)
- 프레져 프로포셔너방식(차압 혼합방식)
- 프레져 사이드 프로포셔너방식(압입 혼합방식)

52 ①
51번 해설 참고

53 ②

이산화탄소 소화기, 할로겐화합물 소화기는 지하층이나 무창층 또는 밀폐된 거실 및 사무실로서 그 바닥면적이 20㎡미만인 장소에(다만, 배기를 위한 유효한 개구부가 있는 경우에는 제외)설치해서는 아니된다. (할론1301 소화기, 청정소화약제 소화기는 제외)

54 ③

스프링클러설비의 수원의 양(㎥)
= 헤드의 기준개수 × 1.6㎥
= 30개 × 1.6㎥
= 48㎥ 이상
(지하층을 제외한 층수가 11층 이상은 헤드의 기준개수가 30개 이다.)

55 ②

비상전원용량
- 자동화재탐지설비, 간이스프링클러설비(근린생활시설 – 20분) – 10분
- 무선통신보조설비 – 30분
- 기타 나머지 설비 – 20분

56 ②

옥내소화전 방수구(앵글 밸브)는 바닥으로부터 1.5m 이하가 되도록 설치하여야 한다.

57 ③

제연설비의 종류

1) 밀폐 제연(방연)방식
   화재 발생 시 벽이나 문 등으로 연기를 밀폐하여 연기의 유출 및 외부의 신선한 공기의 유입을 막아 제연하는 방식을 말한다. 주택, 호텔 등 소규모 구획을 하는 건축물에 적합하다.

2) 자연 제연방식
   화재 발생 시 실내의 온도 상승에 따른 부력이나 외부 공기의 흡출효과에 의해 실 상부에 설치된 창 또는 전용의 배연구로부터 연기를 옥외로 배출하는 방식을 말한다. 무동력이므로 전원이 필요 없다. 하지만 화염이 상층부로 확대되는 문제점이 있다.

3) 스모크 타워 제연방식
   화재 발생 시 열에 의한 온도 상승으로 실내와 실외의 온도차가 발생 하는데 이를 건물 꼭대기에 설치된 루프 모니터 등의 외부 공기에 대한 흡인력에 의해 연기를 배출시키는 방식을 말한다. 장치가 간단하고, 고층건물에 적합하다.

4) 기계제연방식
   ① 제1종 기계 제연방식
      화재 실에 대하여 기계력(배출기)을 행하고 동시에 복도나 계단을 통하여서도 기계력(송풍기)을 행하는 방식을 말한다. 급기량은 배기량보다 적어야하고 화재 발생 장소의 부압을 유지하며 연기의 누출을 방지해야 한다.
   ② 제2종 기계 제연방식
      화재 발생 시 복도, 계단 및 부속실 등 피난통로에 송풍기를 이용하여 공기를 유입시키고 화재 실과의 차압을 두어 연기의 침입을 방지하는 방식을 말한다.
   ③ 제3종 기계 제연방식
      화재 발생 시 발생한 실내의 연기를 실의 상부로 배출기를 이용하여 외부로 유출시키는 방식을 말한다. 이는 화재실 내의 압력을 낮추는 효과가 있어 다른 구획으로의 연기 확산을 방지할 수 있어 많이 이용되고 있는 방식이다.

58 ④

이산화탄소 소화설비의 특징

㉮ 무색, 무취, 무독성의 기체로 소화 후 잔유물이 없고 증거보존 및 화재조사가 용이하다.
㉯ 불연성이며 공기보다 약 1.52배 무겁다.
㉰ 약제의 변질이 없어 영구보존이 가능하다.
㉱ 침투성이 좋아 유류화재(B급)에 적합하고, 전기의 부도체이므로 전기화재(C급)에도 적합하다.
㉲ 임계온도가 높아 액체 상태로 저장·취급한다.(임계온도 : 31.25[℃])
㉳ 고압의 자체 압력을 가지고 있으므로 다른 압력원이 필요 없다.
㉴ 방사 시 운무현상이 발생한다.(고체탄산=드라이아이스)
㉵ 방사 시 소음이 크다.(고압)
㉶ 동상의 우려가 있다.
㉷ 산소 농도 저하에 따른 질식의 우려가 있다.

59 ①

기동용기의 가스는 선택밸브 및 이산화탄소 저장용기를 개방시키는 역할을 한다.

60 ①

소화기의 설치장소

㉮ 바닥으로부터 1.5[m] 이내에 설치한다.
㉯ 통행 및 피난에 지장이 없고 사용하기 쉬운 장소에 비치한다.
㉰ 고온, 다습한 장소와 직사광선을 받는 장소는 피하여 비치한다.

61 ④

자동차용 소화기(자동차용 이라고 표기한다.)

- 강화액 소화기(무상을 방사되는 것에 한한다)
- 할로겐화합물 소화기
- 이산화탄소 소화기
- 분말 소화기
- 포 소화기

62 ③

자동소화장치는 초기화재 시 소화를 목적으로 하는 기구이다.

63 ③

스프링클러설비의 종류와 각 설비의 1차측 및 2차측 배관의 상태

스프링클러설비 종류	유수검지장치	2차 측 상태	헤드 종류	감지기 유무
습식 스프링클러설비	습식 유수검지장치 (알람체크밸브)	가압수	폐쇄형	X
건식 스프링클러설비	건식 유수검지장치 (드라이밸브)	압축공기 또는 질소	폐쇄형	X
준비작동식 스프링클러설비	준비작동식 유수검지장치 (프리액션밸브)	대기압 또는 저압	폐쇄형	O
일제살수식 스프링클러설비	일제개방밸브 (델류지밸브)	대기압	개방형	O
부압식 스프링클러설비	준비작동식 유수검지장치 (프리액션밸브)	소화수 (부압수)	폐쇄형	O

64 ③

습식 스프링클러설비

가압송수장치에서 폐쇄형 스프링클러 헤드까지 배관 내에 항상 물이 가압되어 있다가 화재로 인한 열로 폐쇄형 스프링클러 헤드가 개방되면 배관 내에 유수가 발생하여 습식유수검지장치 가 작동하게 되는 스프링클러설비를 말한다.

① 습식 스프링클러설비의 장·단점

장 점	단 점
㉠ 감지기가 없는 설비로 구조가 간단하고 공사비 가 저렴하다. ㉡ 다른 스프링클러설비보다 유지관리가 용이하다. ㉢ 화재발생 시 즉시 방수가 되므로 소화가 빠르고 동작의 신뢰성이 가장 높은 설비이다.	㉠ 배관 내의 물이 동결의 우려가 있는 장소에는 설치할 수 없다. ㉡ 배관의 누수로 인해 피해가 우려되는 장소엔 설 치할 수 없다. ㉢ 층고가 높을 경우 헤드의 작동이 지연되어 신속 한 방수가 되지 못한다. ㉣ 감지기 기동 방식보다 경보 발생이 늦다.

② 리타팅 챔버 : 배관 내의 누수에 의한 비화재인 오보를 방지하기 위하여 필요한 장치

65 ①

	화재가 발생할 경우 피난하기 위하여 사용하는 기구 또는 설비	
피난 설비	1. 피난기구	① 피난사다리 ② 구조대 ③ 완강기 ④ 간이완강기 ⑤ 그 밖에 화재안전기준으로 정하는 것
	2. 인명구조기구	① 방열복, 방화복(안전모, 보호장갑 및 안전화를 포함한다) ② 공기호흡기 ③ 인공소생기
	3. 유도등	① 피난유도선 ② 피난구유도등 ③ 통로유도등 ④ 객석유도등 ⑤ 유도표지
	4. 비상조명등 및 휴대용비상조명등	

66 ④
연결송수관설비
① 송수구·방수구 구경 : 65mm
② 주배관의 구경 : 100mm 이상

67 ④
연소방지설비
방화벽 또는 연소방지설비는 지하구(전력 또는 통신사업용인 것에 한한다)에 설치하여 연소의 방지·확대를 막기 위한 소화활동설비를 말한다.

【지하구】
가. 전력·통신용의 전선이나 가스·냉난방용의 배관 또는 이와 비슷한 것을 집합수용하기 위하여 설치한 지하 인공구조물로서 사람이 점검 또는 보수를 하기 위하여 출입이 가능한 것 중 다음의 어느 하나에 해당하는 것
  1) 전력 또는 통신사업용 지하 인공구조물로서 전력구(케이블 접속부가 없는 경우에는 제외한다) 또는 통신구 방식으로 설치된 것
  2) 1)외의 지하 인공구조물로서 폭이 1.8미터 이상이고 높이가 2미터 이상이며 길이가 50미터 이상인 것
나. 「국토의 계획 및 이용에 관한 법률」 제2조제9호에 따른 공동구

68 ①
펌프의 1분당 토출량은 다음의 기준에 따라 설치하여야 한다.

소방대상물	1m²에 대하여 1분당 토출량
특수가연물을 저장·취급하는 특정소방대상물	바닥면적(최대 방수구역의 바닥면적을 기준으로 하며, 50m² 이하인 경우에는 50m²) 1m²에 대하여 10L를 곱한 양 이상
차고·주차장	바닥면적(최대 방수구역의 바닥면적을 기준으로 하며, 50m² 이하인 경우에는 50m²) 1m²에 대하여 20L를 곱한 양 이상
절연유 봉입 변압기	바닥면적을 제외한 표면적을 합한 면적 1m²에 대하여 10L를 곱한 양 이상
케이블트레이, 케이블덕트	투영된 바닥면적 1m²에 대하여 12L를 곱한양 이상
콘베이어 벨트	벨트부분의 바닥면적 1m²에 대하여 10L를 곱한양 이상

69 ②
- 스프링클러헤드 방수압력 : 0.1MPa 이상 1.2MPa 이하
- 스프링클러헤드 방수량 : 0.1MPa의 방수압력 기준으로 헤드 1개당 80 L/min 이상의 방수성능을 충족시킬 수 있는 양 이상의 것으로 하여야 한다.

70 ②
가압송수장치의 체절운전 시 수온의 상승을 방지하기 위하여 체크밸브와 펌프사이에서 분기한 구경 20mm 이상의 배관에 체절압력 미만에서 개방되는 릴리프밸브를 설치하여야 한다.

71 ④
펌프에서 발생되는 이상현상
② **수격현상(Water Hammering)**
배관 내를 흐르던 유체가 밸브의 갑작스런 차단이나 관로의 변경에 의해 운동에너지가 압력에너지로 변해 유체내의 고압이 발생하여 벽면을 타격하는 현상을 말한다.
㉠ **수격현상(Water Hammering)의 발생원인**
  ⓐ 펌프를 갑자기 정지시킬 때
  ⓑ 정상운전일 때 유체의 압력변동이 생길 때
  ⓒ 밸브를 급격히 개폐할 때
  ⓓ 관로가 갑자기 변경될 때
㉡ **수격현상(Water Hammering)의 방지대책**
  ⓐ **관경을 크게** 한다.
  ⓑ 관내 유체의 **유속을 낮게** 한다.
  ⓒ 펌프의 급격한 속도 변화를 방지하기 위해 **플라이 휠(fly wheel)을 설치**한다.
  ⓓ **수격방지기(Water Hammer Cusion, WHC)를 설치**한다.
  ⓔ 관로에 **서지탱크(Surge tank)를 설치**한다.

72 ①
가지배관 설치기준
① 가지배관의 최소구경은 25㎜ 이상이 되도록 하여야 한다.
② 토너먼트(tournament)방식이 아니어야 한다.
③ 교차배관에서 분기되는 지점을 기점으로 한쪽 가지배관에 설치되는 헤드의 개수(반자 아래와 반자속의 헤드를 하나의 가지배관 상에 병설하는 경우에는 반자 아래에 설치하는 헤드의 개수)는 8개 이하로 하여야 한다.

73 ③

배관
- "가지배관"이란 스프링클러헤드가 설치되어 있는 배관을 말한다.
- "교차배관"이란 직접 또는 수직배관을 통하여 가지배관에 급수하는 배관을 말한다.
- "주배관"이란 각 층을 수직으로 관통하는 수직배관을 말한다.
- "신축배관"이란 가지배관과 스프링클러헤드를 연결하는 구부림이 용이하고 유연성을 가진 배관을 말한다.
- "급수배관"이란 수원 및 옥외송수구로부터 스프링클러헤드에 급수하는 배관을 말한다.

74 ②

습식 스프링클러설비의 장·단점

장 점	단 점
㉠ 감지기가 없는 설비로 구조가 간단하고 공사비가 저렴하다.	㉠ 배관 내의 물이 동결의 우려가 있는 장소에는 설치할 수 없다.
㉡ 다른 스프링클러설비보다 유지관리가 용이하다.	㉡ 배관의 누수로 인해 피해가 우려되는 장소엔 설치할 수 없다.
㉢ 화재발생 시 즉시 방수가 되므로 소화가 빠르고 동작의 신뢰성이 가장 높은 설비이다.	㉢ 층고가 높을 경우 헤드의 작동이 지연되어 신속한 방수가 되지 못한다.
	㉣ 감지기 기동 방식보다 경보 발생이 늦다.

75 ①

대형소화기는 다음의 소화약제 충전량 이상인 수동식소화기를 말한다.

소화기 종류	소화약제 충전량
물 소화기	80ℓ
강화액 소화기	60ℓ
기계포 소화기	20ℓ
분말 소화기	20kg
할로겐화합물 소화기	30kg
이산화탄소 소화기	50kg

76 ④

기동용수압개폐장치는 배관 내의 압력변동을 검지하여 자동적으로 펌프를 기동 및 정지시키는 장치로 수계 소화설비에 주로 설치한다. 따라서 옥내소화전설비, 옥외소화전설비, 스프링클러설비, 물분무 소화설비, 포 소화설비에서는 필수적인 장치이다. 가스계 소화설비는 필요하지 않다.

77 ②

- 산·알칼리 소화기는 수계 소화기로 분류된다.
- 슈퍼바이저리패널(supervisory panel)은 준비작동식 스프링클러설비의 구성요소이다.
- 순환배관은 옥내소화전설비의 펌프 체절운전 시 수온 상승 방지를 위해 설치한다.

78 ①

물올림장치(호수조, Priming tank)

수원의 수위가 펌프보다 낮은 위치에 있는 가압송수장치에는 흡입측 배관에서의 공동현상 발생방지 및 펌프의 원활한 운전을 위하여 물올림장치를 설치하여야 한다.
- 펌프의 토출 측 개폐밸브 이전에서 분기한다.
- 물올림장치에는 전용의 탱크를 설치하여야 한다.
- 탱크의 유효수량은 100L 이상으로 하되, 구경 15mm 이상의 급수배관에 따라 해당 탱크에 물이 계속 보급되도록 하여야 한다.

79 ②

포 소화약제 혼합장치

포 소화약제의 혼합장치는 포 소화약제의 사용농도에 적합한 수용액으로 혼합할 수 있도록 다음의 방식에 따라 제품검사에 합격한 것으로 설치하여야 한다.

포소화약제 혼합방식 종류	포소화약제 혼합방식 설명
펌프 푸로포셔너방식 (Pump Proportioner)	펌프의 토출관과 흡입관 사이의 배관도중에 설치한 흡입기에 펌프에서 토출된 물의 일부를 보내고, 농도 조절밸브에서 조정된 포 소화약제의 필요량을 포 소화약제 탱크에서 펌프 흡입측으로 보내어 이를 혼합하는 방식
라인 푸로포셔너방식 (Line Proportioner)	펌프와 발포기의 중간에 설치된 벤츄리관의 벤츄리작용에 따라 포 소화약제를 흡입·혼합하는 방식

프레져 푸로포셔너방식 (Pressure Proportioner)	펌프와 발포기의 중간에 설치된 벤츄리관의 벤츄리작용과 펌프 가압수의 포 소화약제 저장탱크에 대한 압력에 따라 포 소화약제를 흡입 · 혼합하는 방식
프레져사이드 푸로포셔너방식 (Pressure Side Proportioner)	펌프의 토출관에 압입기를 설치하여 포 소화약제 압입용 펌프로 포 소화약제를 압입시켜 혼합하는 방식
압축공기포 믹싱챔버방식	물, 포 소화약제 및 공기를 믹싱챔버로 강제주입시켜 챔버 내에서 포수용액을 생성한 후 포를 방사하는 방식

80 ②

감지기 종류

열감지기	차동식	주위온도가 일정상승률 이상이 되는 경우에 작동하는 것	넓은 범위 내에서의 열효과의 누적에 의하여 작동되는 것	분포형	• 공기관식 • 열전대식 • 열반도체식
			일국소에서의 열효과에 의하여 작동되는 것	스포트형	• 공기팽창에 의한 것 • 열기전력에 의한 것
	정온식	일국소의 주위온도가 일정한 온도이상으로 되었을 때 작동하는 것	외관이 전선으로 되어 있는 것	감지선형	
			외관이 전선으로 되어있지 아니한 것	스포트형	
	보상식	차동식 스포트형과 정온식 스포트형 감지기의 성능을 겸비한 것으로서 둘 중 어느 한 기능이 작동되면 신호를 발하는 것		스포트형	
연기감지기	이온화식	공기가 일정한 농도의 연기를 포함하게 되는 경우에 작동하는 것으로서 일국소의 연기에 의하여 이온전류가 변화하여 작동하는 것			
	광전식	공기가 일정한 농도의 연기를 포함하게 되는 경우에 작동하는 것으로서 일국소의 연기에 의하여 광전소자에 접하는 광량의 변화로 작동하는 것			

81 ①

80번 해설 참고

82 ②

80번 해설 참고

83 ③

80번 해설 참고

84 ④

연기감지기 설치장소

1. 계단·경사로 및 에스컬레이터 경사로
2. 복도(30m 미만의 것을 제외한다)
3. 엘리베이터 승강로(권상기실이 있는 경우에는 권상기실)·린넨슈트·파이프 피트 및 덕트 기타 이와 유사한 장소
4. 천장 또는 반자의 높이가 15m 이상 20m 미만의 장소
5. 다음 각 목의 어느 하나에 해당하는 특정소방대상물의 취침·숙박·입원 등 이와 유사한 용도로 사용되는 거실
   가. 공동주택·오피스텔·숙박시설·노유자시설·수련시설
   나. 교육연구시설 중 합숙소
   다. 의료시설, 근린생활시설 중 입원실이 있는 의원·조산원
   라. 교정 및 군사시설
   마. 근린생활시설 중 고시원

85 ③
감지기 설치 제외장소
① 천장 또는 반자의 높이가 20m 이상인 장소. 다만, 부착높이에 따라 적응성이 있는 장소는 제외한다.
② 헛간 등 외부와 기류가 통하는 장소로서 감지기에 따라 화재발생을 유효하게 감지할 수 없는 장소
③ 부식성가스가 체류하고 있는 장소
④ 고온도 및 저온도로서 감지기의 기능이 정지되기 쉽거나 감지기의 유지·관리가 어려운 장소
⑤ 목욕실·욕조나 샤워시설이 있는 화장실·기타 이와 유사한 장소
⑥ 파이프 덕트 등 그 밖의 이와 비슷한 것으로서 2개층마다 방화구획된 것이나 수평단면적이 $5m^2$ 이하인 것
⑦ 먼지·가루 또는 수증기가 다량으로 체류하는 장소 또는 주방 등 평시에 연기가 발생하는 장소(연기감지기에 한한다)
⑧ 프레스공장·주조공장 등 화재발생의 위험이 적은 장소로서 감지기의 유지·관리가 어려운 장소

86 ④
용어의 정의
① "피난사다리"란 화재 시 긴급대피를 위해 사용하는 사다리를 말한다.
② "완강기"란 사용자의 몸무게에 따라 자동적으로 내려올 수 있는 기구 중 사용자가 교대하여 연속적으로 사용할 수 있는 것을 말한다.
③ "간이완강기"란 사용자의 몸무게에 따라 자동적으로 내려올 수 있는 기구 중 사용자가 연속적으로 사용할 수 없는 것을 말한다.
④ "구조대"란 포지 등을 사용하여 자루형태로 만든 것으로서 화재시 사용자가 그 내부에 들어가서 내려옴으로써 대피할 수 있는 것을 말한다.
⑤ "공기안전매트"란 화재 발생시 사람이 건축물 내에서 외부로 긴급히 뛰어 내릴 때 충격을 흡수하여 안전하게 지상에 도달할 수 있도록 포지에 공기 등을 주입하는 구조로 되어 있는 것을 말한다.
⑥ "다수인피난장비"란 화재 시 2인 이상의 피난자가 동시에 해당층에서 지상 또는 피난층으로 하강하는 피난기구를 말한다.
⑦ "승강식 피난기"란 사용자의 몸무게에 의하여 자동으로 하강하고 내려서면 스스로 상승하여 연속적으로 사용할 수 있는 무동력 승강식피난기를 말한다.
⑧ "하향식 피난구용 내림식사다리"란 하향식 피난구 해치에 격납하여 보관하고 사용 시에는 사다리 등이 소방대상물과 접촉되지 아니하는 내림식 사다리를 말한다.

87 ④
완강기
사용자의 체중에 따라 자동적으로 내려올 수 있는 기구이다.
① 완강기 : 연속적으로 사용할 수 있는 완강기
② 간이완강기 : 연속적으로 사용할 수 없는 완강기
③ 완강기 구성
 ㉮ 조속기(속도조절기)
 ㉯ 후크
 ㉰ 로프
 ㉱ 벨트
 ㉲ 연결금속구
 ㉳ 릴

88 ①
피난구유도등의 설치장소 및 설치기준
① 피난구유도등의 설치장소
 ㉮ 옥내로부터 직접 지상으로 통하는 출입구 및 그 부속실의 출입구
 ㉯ 직통계단의 계단실 및 그 부속실의 출입구
 ㉰ ㉮ 및 ㉯의 규정에 따른 출입구에 이르는 복도 또는 통로로 통하는 출입구
 ㉱ 안전구획된 거실로 통하는 출입구
② 피난구유도등의 설치기준
 피난구유도등은 피난구의 바닥으로부터 높이 1.5m 이상의 곳에 설치하여야 한다.

89 ②
소화약제 저장량(kg) = 방호구역 체적(m^3) × 방호구역 체적당 소화약제의 양(kg/m^3)
 + 개구부 면적(m^2) × 면적당 개구부 가산양(kg/m^2)
따라서 소화약제 저장량 = $100m^3$ × $1.3kg/m^3$ = 130kg
자동폐쇄장치가 설치된 경우에는 개구부 가산량은 포함하지 않는다.

90 ④
소방대상물로부터 호스접결구까지의 수평거리가 40m 이하이어야 한다.

91 ③

건식 스프링클러설비의 장·단점

장 점	단 점
㉠ 배관 내의 물이 동결의 우려가 있는 장소에도 설치할 수 있다. ㉡ 감지기가 없는 설비로 공사가 간단하고 준비작동식에 비해 공사비가 저렴하다. ㉢ 폐쇄형헤드를 이용하여 화재를 감지하므로 오동작이 적다.	㉠ 건식밸브에 에어콤푸레샤를 설치하여야 하므로 설치장소가 커야 한다. ㉡ 건식밸브 2차측에 항상 압축공기를 채워야 하므로 배관의 기밀성이 좋고, 공사의 정밀성이 요구된다. ㉢ 배관 내의 압축공기가 화재의 세기를 더욱 키울 수 있다.

92 ①

건식 스프링클러설비 주요 구성부

① 건식밸브 : 1차측에는 가압수가 2차측에는 압축공기 또는 질소가스를 채운 것으로 습식 설비의 자동경보밸브와 같은 역할을 한다.
② 엑셀레이터(Accelater) : 배관 내 압축공기의 배출속도를 가속시켜 1차측으로 공급하므로 가압수의 이동속도를 빠르게 만드는 급속개방기구에 해당한다.
③ 익져스터(Exhauster) : 건식설비에서 물이 2차측 배관 내의 압축공기의 장애로 인하여 습식설비보다 방수가 늦게 되므로 배관내의 압축공기나 질소가스의 배출속도를 가속시켜 주는 부속장치이다.
④ 공기조절기(Air Regulator) : 건식밸브와 주공기 공급관 사이에 설치되는 압력조절장치이다.
⑤ 공기압축기(Air Compressor) : 건식밸브의 2차측에 압축공기를 채우기 위해 설치한다.
⑥ 저압 경보 스위치(Low Alarm Switch) : 건식설비의 배관 어디에선가 공기누설이 생기거나 헤드가 작동했을 때 저압의 공기분출을 감지해서 경보하게 장치된 것으로 건식밸브와 공기공급관 사이에 설치된다.

93 ③

슈퍼비조리팬널(Supervisory and Control Panel)
준비작동설비의 사령탑으로 주기능은 각 회로의 고장을 알리는 경보기능, 전원이상 경보, 감지기와 준비작동밸브의 작동을 연결하는 것 외에 문, 창문, 공조기의 댐퍼 등 개구부 폐쇄작동기능을 할 수 있다.

94 ④

각 스프링클러설비의 비교

스프링클러설비 종류	유수검지장치	1차측 상태	2차측 상태	헤드 종류	감지기 유무	기타 설비
습식 스프링클러설비	습식유수검지장치(알람체크밸브)	가압수	가압수	폐쇄형	X	리타팅 챔버
건식 스프링클러설비	건식유수검지장치(드라이밸브)	가압수	압축공기 또는 질소	폐쇄형	X	급속개방기구(익죠스터, 엑셀레이터)
준비작동식 스프링클러설비	준비작동식유수검지장치(프리액션밸브)	가압수	대기압 또는 저압	폐쇄형	O	슈퍼비죠리판넬
일제살수식 스프링클러설비	일제개방밸브	가압수	대기압	개방형	O	-
부압식 스프링클러설비	준비작동식유수검지장치(프리액션밸브)	가압수	소화수(부압수)	폐쇄형	O	

95 ③

충압펌프 : 배관내 압력손실에 따른 주펌프의 빈번한 기동을 방지하기 위하여 충압역할을 하는 펌프를 말한다.

96 ①

배관
- "가지배관"이란 스프링클러헤드가 설치되어 있는 배관을 말한다.
- "교차배관"이란 직접 또는 수직배관을 통하여 가지배관에 급수하는 배관을 말한다.
- "주배관"이란 각 층을 수직으로 관통하는 수직배관을 말한다.

- "신축배관"이란 가지배관과 스프링클러헤드를 연결하는 구부림이 용이하고 유연성을 가진 배관을 말한다.
- "급수배관"이란 수원 및 옥외송수구로부터 스프링클러헤드에 급수하는 배관을 말한다.

97 ①

[별표 1]
소방시설(제3조 관련)

1. 소화설비: 물 또는 그 밖의 소화약제를 사용하여 소화하는 기계·기구 또는 설비로서 다음 각 목의 것
   가. 소화기구
      1) 소화기
      2) 간이소화용구: 에어로졸식 소화용구, 투척용 소화용구, 소공간용 소화용구 및 소화약제 외의 것을 이용한 간이소화용구
      3) 자동확산소화기
   나. 자동소화장치
      1) 주거용 주방자동소화장치
      2) 상업용 주방자동소화장치
      3) 캐비닛형 자동소화장치
      4) 가스자동소화장치
      5) 분말자동소화장치
      6) 고체에어로졸자동소화장치
   다. 옥내소화전설비(호스릴옥내소화전설비를 포함한다)
   라. 스프링클러설비등
      1) 스프링클러설비
      2) 간이스프링클러설비(캐비닛형 간이스프링클러설비를 포함한다)
      3) 화재조기진압용 스프링클러설비
   마. 물분무등소화설비
      1) 물 분무 소화설비
      2) 미분무소화설비
      3) 포소화설비
      4) 이산화탄소소화설비
      5) 할론소화설비
      6) 할로겐화합물 및 불활성기체 소화설비
      7) 분말소화설비
      8) 강화액소화설비
      9) 고체에어로졸소화설비
   바. 옥외소화전설비
2. 경보설비: 화재발생 사실을 통보하는 기계·기구 또는 설비로서 다음 각 목의 것
   가. 단독경보형 감지기
   나. 비상경보설비
      1) 비상벨설비
      2) 자동식사이렌설비
   다. 자동화재탐지설비
   라. 시각경보기
   마. 화재알림설비
   바. 비상방송설비
   사. 자동화재속보설비
   아. 통합감시시설
   자. 누전경보기
   차. 가스누설경보기
3. 피난구조설비: 화재가 발생할 경우 피난하기 위하여 사용하는 기구 또는 설비로서 다음 각 목의 것
   가. 피난기구
      1) 피난사다리
      2) 구조대
      3) 완강기
      4) 간이완강기
      5) 그 밖에 화재안전기준으로 정하는 것
   나. 인명구조기구
      1) 방열복, 방화복(안전헬멧, 보호장갑 및 안전화를 포함한다)
      2) 공기호흡기
      3) 인공소생기
   다. 유도등
      1) 피난유도선
      2) 피난구유도등
      3) 통로유도등
      4) 객석유도등
      5) 유도표지
   라. 비상조명등 및 휴대용비상조명등
4. 소화용수설비: 화재를 진압하는 데 필요한 물을 공급하거나 저장하는 설비로서 다음 각 목의 것
   가. 상수도소화용수설비
   나. 소화수조·저수조, 그 밖의 소화용수설비
5. 소화활동설비: 화재를 진압하거나 인명구조활동을 위하여 사용하는 설비로서 다음 각 목의 것
   가. 제연설비
   나. 연결송수관설비
   다. 연결살수설비
   라. 비상콘센트설비
   마. 무선통신보조설비
   바. 연소방지설비

98 ②

경보설비
- 청각장애인용 시각경보장치 : 복도·통로·청각장애인용 객실 및 공용으로 사용하는 거실(로비, 회의실, 강의실,

식당, 휴게실 등을 말한다)에 설치하며, 각 부분으로부터 유효하게 경보를 발할 수 있는 위치에 설치하여야 한다.
- 비상방송설비 : 사람·화재감지기 또는 자동화재탐지설비 등에 의해 감지된 화재발생 사실을 소방대상물 내의 사람들에게 음성으로 알리는 기계·기구 또는 설비를 말한다.
- 연기감지기 : 연기를 감지하여 화재신호를 발하는 장치이다.(이온화식 감지기, 광전식 감지기)

항목	R형 수신기
구조와 기능	• 기록장치, 지구등 또는 적당한 표시장치 • 화재표시 작동시험 장치 • 외부배선(수신기와 중계기 사이의) 단락, 단선, 도통 시험 장치 • 상용전원과 예비전원 자동 절환 장치 • 예비전원 양부 시험 장치
특 징	• 선로수가 적어 경제적이다. • 증설 또는 이설이 쉽다. • 신호전달이 확실하다. • 발생지구를 숫자로 선명하게 표시 가능하다.
신호전달방식 (전송)	다중전송방식(고유신호)
적용	다수동·대형 및 대단위단지
중계기	반드시 필요하다.
신뢰성	특정 중계기가 고장나도 다른 중계기는 정상 동작하므로 시스템은 정상 가동된다.
수신반가격	가격이 비싸다.

99 ③

준비작동식 스프링클러설비

가압송수장치에서 준비작동식유수검지장치 1차측까지 배관 내에 항상 물이 가압되어 있고 2차측에서 폐쇄형스프링클러헤드까지 대기압 또는 저압으로 있다가 화재발생 시 감지기의 작동으로 준비작동식유수검지장치가 작동하여 폐쇄형스프링클러헤드까지 소화용수가 송수되어 폐쇄형스프링클러헤드가 열에 따라 개방되는 방식의 스프링클러설비를 말한다.

100 ②

각 스프링클러설비의 비교

스프링클러설비 종류	유수검지장치	1차측 상태	2차측 상태	헤드 종류	감지기 유무	기타 설비
습식 스프링클러설비	습식유수검지장치(알람체크밸브)	가압수	가압수	폐쇄형	X	리타팅 챔버
건식 스프링클러설비	건식유수검지장치(드라이밸브)		압축공기 또는 질소	폐쇄형	X	급속개방기구(익죠스터, 엑셀레이터)
준비작동식 스프링클러설비	준비작동식유수검지장치(프리액션밸브)		대기압 또는 저압	폐쇄형	O	슈퍼비조리판넬
일제살수식 스프링클러설비	일제개방밸브		대기압	개방형	O	–
부압식 스프링클러설비	준비작동식유수검지장치(프리액션밸브)		소화수(부압수)	폐쇄형	O	–

101 ④

분말소화설비의 정압작동장치

가압용 가스용기에는 15MPa 정도의 압력으로 질소(N_2)가스가 충전되어 있고 이 압력을 압력조정기에서 2.5MPa로 감압된 후 저장용기 내부로 들어가면 저장용기의 내부 압력이 적정 압력(1.5~2.0MPa)에 도달하면 주밸브를 개방시키는 장치를 정압작동장치라고 한다.

102 ①
정압작동장치 작동방식
① 기계적 방식 : 정압작동밸브에 의해서 주밸브를 작동시킨다.
② 시한릴레이 방식 : 타이머에 의해 전자 밸브가 작동하여 주밸브를 개방시킨다.
③ 압력스위치 방식 : 압력스위치에 의해 전자밸브가 작동하여 주밸브를 개방시킨다.

103 ④
소방시설
- 피난구조설비 – 비상조명등
- 소화활동설비 – 연소방지설비
- 경보설비 – 비상방송설비
- 소화활동설비 – 비상콘센트설비

104 ③
용어의 정의
① 유도등 이란 화재시에 피난을 유도하기 위한 등으로서 장상상태에서는 상용전원에 따라 켜지고 상용전원이 정전되는 경우에는 비상전원으로 자동전환되어 켜지는 등을 말한다.
② 피난구유도등 이란 피난구 또는 피난경로로 사용되는 출입구를 표시하여 피난을 유도하는 등을 말한다.
③ 통로유도등 이란 피난통로를 안내하기 위한 유도등으로 복도통로유도등, 거실통로유도등, 계단통로유도등을 말한다.
④ 복도통로유도등 이란 피난통로가 되는 복도에 설치하는 통로유도등으로서 피난구의 방향을 명시하는 것을 말한다.
⑤ 거실통로유도등 이란 거주, 집무, 작업, 집회, 오락 그 밖에 이와 유사한 목적을 위하여 계속적으로 사용하는 거실, 주차장 등 개방된 통로에 설치하는 유도등으로 피난의 방향을 명시하는 것을 말한다.
⑥ 계단통로유도등 이란 피난통로가 되는 계단이나 경사로에 설치하는 통로유도등으로 바닥면 및 디딤 바닥면을 비추는 것을 말한다.
⑦ 객석유도등 이란 객석의 통로, 바닥 또는 벽에 설치하는 유도등을 말한다.
⑧ 피난구유도표지 이란 피난구 또는 피난경로로 사용되는 출입구를 표시하여 피난을 유도하는 표지를 말한다.
⑨ 통로유도표지 이란 피난통로가 되는 복도, 계단 등에 설치하는 것으로서 피난구의 방향을 표시하는 유도표지를 말한다.

105 ④
- 인공소생기란 호흡 부전 상태인 사람에게 인공호흡을 시켜 환자를 보호하거나 구급하는 기구이다.
- 피난구유도등이란 피난구 또는 피난경로로 사용되는 출입구를 표시하여 피난을 유도하는 등을 말한다.
- 복도통로유도등이란 피난통로가 되는 복도에 설치하는 통로유도등으로서 피난구의 방향을 명시하는 것을 말한다.
- 승강식 피난기란 사용자의 몸무게에 의하여 자동으로 하강하고 내려서면 스스로 상승하여 연속적으로 사용할 수 있는 무동력 승강식 피난기를 말한다.

106 ①
- 물은 비열, 증발잠열의 값이 커서 주로 냉각소화에 사용된다.
- 물에 침투제를 첨가하는 이유는 표면장력을 감소시켜 침투성을 강화해 소화능력을 향상하기 위함이다.

107 ③
제3종 분말 소화약제 ($NH_4H_2PO_4$: 제1인산암모늄 또는 인산암모늄)
㉠ 담홍색(핑크색)으로 착색, 실리콘 오일 등으로 방습처리, A급, B급·C급 화재에 적합하다.
㉡ 질식, 냉각, 부촉매 소화 효과와 **메타인산(HPO_3)의 방진작용**, 올트인산(H_3PO_4)의 탈수작용을 가지고 있다.
㉢ 실리콘 오일 등으로 방습처리 한다.
㉣ 열분해 반응식
190[℃] $NH_4H_2PO_4 \rightarrow H_3PO_4$(올트인산) + NH_3
215[℃] $2H_3PO_4 \rightarrow H_4P_2O_7$(피로인산) + H_2O
300[℃]이상 $H_4P_2O_7 \rightarrow 2HPO_3$(메타인산) + H_2O
(250[℃]이상 $2HPO_3 \rightarrow P_2O_5$(오산화인) + H_2O)

108 ②
제3종 분말소화약제 열분해 반응식 (CO_2는 생성되지 않는다.)

190[℃]	$NH_4H_2PO_4 \rightarrow H_3PO_4$(올트인산) + NH_3
215[℃]	$2H_3PO_4 \rightarrow H_4P_2O_7$(피로인산) + H_2O
300[℃] 이상	$H_4P_2O_7 \rightarrow 2HPO_3$(메타인산) + H_2O
(250[℃] 이상	$2HPO_3 \rightarrow P_2O_5$(오산화인) + H_2O)

109 ①

분말 소화약제의 종류 및 적응화재

구분	화학식 (주성분)	소화원리	적응화재	착색	방습처리제
제1종 분말 소화약제	NaHCO₃ (탄산수소나트륨, 중탄산나트륨, 중조)	부촉매 질식 냉각	B급 C급	백색	스테아린산염 (아연, 마그네슘)
제2종 분말 소화약제	KHCO₃ (탄산수소칼륨, 중탄산칼륨)	부촉매 질식 냉각	B급 C급	담자색 (보라색)	스테아린산염 (아연, 마그네슘)
제3종 분말 소화약제	NH₄H₂PO₄ (제1인산암모늄)	부촉매 질식 냉각 방진 탈수	A급 B급 C급	담홍색 (핑크색)	실리콘오일
제4종 분말 소화약제	KHCO₃ + (NH₂)₂CO (탄산수소칼륨 + 요소)	부촉매 질식 냉각	B급 C급	회색	스테아린산염 (아연, 마그네슘)

110 ④

감지기의 종류

열감지기	차동식	주위온도가 일정상승률 이상이 되는 경우에 작동하는 것	넓은 범위 내에서의 열효과의 누적에 의하여 작동되는 것	분포형	• 공기관식 • 열전대식 • 열반도체식
			일국소에서의 열효과에 의하여 작동되는 것	스포트형	• 공기팽창에 의한 것 • 열기전력에 의한 것
	정온식	일국소의 주위온도가 일정한 온도이상으로 되었을 때 작동하는 것	외관이 전선으로 되어 있는 것	감지선형	
			외관이 전선으로 되어있지 아니한 것	스포트형	
	보상식	차동식 스포트형과 정온식 스포트형 감지기의 성능을 겸비한 것으로서 둘 중 어느 한 기능이 작동되면 신호를 발하는 것		스포트형	
연기감지기	이온화식	공기가 일정한 농도의 연기를 포함하게 되는 경우에 작동하는 것으로서 일국소의 연기에 의하여 이온전류가 변화하여 작동하는 것			
	광전식	공기가 일정한 농도의 연기를 포함하게 되는 경우에 작동하는 것으로서 일국소의 연기에 의하여 광전소자에 접하는 광량의 변화로 작동하는 것			

111 ③

팽창비 : 최종 발생한 포의 체적[L]을 발포전의 포 수용액의 체적[L]으로 나눈 값을 말한다.

$$팽창비 = \frac{발포 후 포의 체적[L]}{발포 전 포 수용액(물 + 원액)의 체적[L]}$$

$$= \frac{발포 후 포의 체적[L]}{\frac{포 소화약제의 체적[L]}{원액의 농도}}$$

$$팽창비 = \frac{4{,}000\,[L]}{\frac{12\,[L]}{0.03}} = \frac{4{,}000 \times 0.03}{12} = 10$$

112 ③

포의 팽창비

① 저발포 : 팽창비가 6배 이상 20배 이하인 포
② 고발포 : 팽창비가 80배 이상 1,000배 미만인 포
  ㉠ 제1종 기계포 : 팽창비가 80배 이상 250배 미만인 포
  ㉡ 제2종 기계포 : 팽창비가 250배 이상 500배 미만인 포
  ㉢ 제3종 기계포 : 팽창비가 500배 이상 1,000배 미만인 포

113 ①

불활성기체 소화약제 명명법

IG - ABC 세 자리로 구성되며, 성분 함량을 표시한다.
  Inergen(불연성·불활성 기체 혼합가스)
A = 질소(N_2)의 함량
B = 아르곤(Ar)의 함량
C = 이산화탄소(CO_2)의 함량

① IG - 100 → N_2 : 100%
② IG - 01 → Ar : 100%
③ IG - 55 → N_2 : 50%, Ar : 50%
④ IG - 541 → N_2 : 52%, Ar : 40%, CO_2 : 8%

114 ③
할로겐화합물 및 불활성기체 소화약제의 구비조건
① 오존층파괴지수(ODP)가 0일 것
② 지구온난화지수(GWP)가 낮을 것
③ 가격이 저렴할 것.
④ 소화능력이 우수할 것
⑤ 독성이 낮을 것
⑥ 오랜 기간(장기간) 저장이 가능할 것
⑦ 피연소물에 대해 변화를 주지 않을 것
⑧ 소화 후 잔여물을 남기지 않고 깨끗한 약제로 증거보존이 가능할 것

    4) 객석유도등
    5) 유도표지
  라. 비상조명등 및 휴대용비상조명등

5. 소화활동설비: 화재를 진압하거나 인명구조활동을 위하여 사용하는 설비로서 다음 각 목의 것
  가. 제연설비
  나. 연결송수관설비
  다. 연결살수설비
  라. 비상콘센트설비
  마. 무선통신보조설비
  바. 연소방지설비

115 ③
불활성기체소화약제

불활성기체 소화약제	불연성·불활성기체혼합가스 (이하 "IG-100" 라 한다)	N_2 : 100%
	불연성·불활성기체혼합가스 (이하 "IG-01" 라 한다)	Ar : 100%
	불연성·불활성기체혼합가스 (이하 "IG-55" 라 한다)	N_2 : 50%, Ar : 50%
	불연성·불활성기체혼합가스 (이하 "IG-541" 라 한다)	N_2 : 52%, Ar : 40%, CO_2 : 8%

116 ②

[별표 1]
<u>소방시설</u>(제3조 관련)
3. 피난구조설비: 화재가 발생할 경우 피난하기 위하여 사용하는 기구 또는 설비로서 다음 각 목의 것
  가. 피난기구
    1) 피난사다리
    2) 구조대
    3) 완강기
    4) 간이완강기
    5) 그 밖에 화재안전기준으로 정하는 것
  나. 인명구조기구
    1) 방열복, 방화복(안전헬멧, 보호장갑 및 안전화를 포함한다)
    2) 공기호흡기
    3) 인공소생기
  다. 유도등
    1) 피난유도선
    2) 피난구유도등
    3) 통로유도등

편저자 김진수

〈약력〉
[현] 이패스소방사관 소방학개론 대표 교수
　　 이패스소방사관 소방관계법규 대표 교수
　　 이패스소방사관 소방승진 소방법령Ⅱ 대표 교수
　　 이패스소방사관 소방설비기사 전임교수
　　 수원삼일공업고등학교 소방학개론 출강
　　 이패스특성화고사관 전기직 대표 교수
[전] 한국폴리텍Ⅱ대학 출강
　　 신성대학교 출강
　　 세명대학교 출강
　　 대산전기소방학원 원장
　　 대전제일고시학원 소방학개론/소방관계법규 전임
　　 강원대학교 응급구조학과 소방학개론 출강
　　 대원대학교 응급구조과 소방학개론 출강

〈주요저서〉
- 김진수 소방학개론(이패스)
- 김진수 소방학개론 단원별 기출예상문제(이패스)
- 김진수 소방학개론 최종모의고사(이패스)
- 김진수 소방관계법규(이패스)
- 김진수 소방관계법규 단원별 기출예상문제(이패스)
- 김진수 소방관계법규 최종모의고사(이패스)

2025 진수 소방학개론 단원별 기출예상문제

초판 1쇄 인쇄	2024년 7월 23일
초판 1쇄 발행	2024년 8월 6일
지 은 이	김진수
발 행 인	이재남
발 행 처	㈜이패스코리아
	서울시 영등포구 경인로 775 에이스하이테크시티 2동 1004호
팩 스	02-6345-6701
홈페이지	www.kfs119.co.kr
이 메 일	newsguy78@epasskorea.com
등록번호	제318-2003-000119호(2003년 10월 15일)

* 편저자와 협의하여 인지는 생략했습니다.
* 이 책을 무단으로 전재 또는 복제하면 [저작권법] 제136조에 의해 5년 이하의 징역 또는 5천만원 이하의 벌금에 처해지거나 병과될 수 있습니다.
* 파본은 구입처에서 교환해 드립니다.